思
问
siwen

爱智·包容·笃行

From Moral Language
to Moral Thinking

A Study of the Moral Philosophy of R.M. Hare

从道德语言到道德思考

R.M.黑尔的道德哲学研究

郭立东 著

四川大学出版社
SICHUAN UNIVERSITY PRESS

目　录

引　言

自由与理性是近代哲学的两个关键词。信仰的权威逐渐衰落，意味着人必须依靠自身的理性能力去建立知识与道德。笛卡尔在他的沉思中开始了理性的冒险。"我思故我在"这个命题使他相信他终于找到了一个支点，有权希望单凭理性而不借助启示，就能穿透怀疑论的迷雾。理性证明了上帝存在，上帝反过来又保证了这种能力的可靠性（只要不被滥用）。笛卡尔认为人们可以清楚明白地发现某些基本的先天原则，这些原则为认识提供了起点，按照合理的次序，可以从中演绎出更多的真理，直到建立起整个知识体系，而道德也包括在这体系之中。洛克虽然否认了我们有先天的观念和原则，认为我们的观念都来自经验，但是人有能力对这些观念进行分解和组合，通过这种方式，就可以得到我们需要的大部分知识，道德也是知识的一种并且可以有数学一样的确定性。他们都承认一种广义的自由，即知识（包括道德）是由人自己自由地运用自己的能力发现的，而不为信仰或其他预先存在的权威所制约，并且他们都承认这种能力是人的理性，当然，他们对理性理解有差异。在这种意义上，自由与理性是统一的。

休谟则看到，洛克并没有能完全地解释人的知识的获得。如果仅靠对来自经验的观念的分解和组合，我们根本不能获得因果关系的观念。因此，休谟提出需要人性原则来做认识的基础。而人性原则是支配人心灵活动的自然法则。在这种意义上，休谟的哲学具有非理性的色彩，因为人的认识受制于一种自然的必然性，只不过理性在休谟那里意义很宽泛（在这种意义上，动物也有理性），所以他还是认为认识是属于理性的。并且，休谟将道德与知识区分开来，认为"理性是对真与假的发现。真与假在于符合或不符合观念的**实在**关系，或**实在**的存在和实际的事情。因而，凡是与这种符合和不符合无关的，就不可能为真或为假，并且不可能成为理性的对象"①。道德属于实践，其作用是刺激情感，产生或制止行为，情感和行为本身就是事实，而不是观念，不存在与事实是否相符合的问题。从而道德不是理性的对象。休谟提出了一个对后世影响甚大的问题：

> 在我迄今为止遇到的每一个道德学体系中，我总是注意到，作者有时按照平常的推理方式进行论述，确定了上帝的存在，或者对人事做一些评论；可是我突然惊奇地发现，我所遇到的命题没有一个不是由一个"应当"或"不应当"联系起来的，而不再是命题中通常的"是"与"不是"等连系词。这个变化虽难以察觉，却关系重大。因为这个**应当**或**不应当**既然表示一种新的关系或肯定，所以就必须加以评论和解释；同时对于这种似乎完全不可思议的事情，即这个新关系如何能从完全不同的另外一些关系中演绎出来，也应该给出理由。不过既然作者们通常不采用这种谨慎做法，所以我想向读者们推荐这种做法；而且我相信，这样一点点的注意就会推翻一切通俗的道德体系，并使我们看到，恶与德的区别不是仅仅建立在对象的关系上，也不是被理性所察知的。②

康德也区分了实践领域和理论领域，理论领域关心的是认

---

① Divid Hume. *A Treatise of Human Nature*，Oxford：The Clarendon Press 1946，p. 458.

② *A Treatise of Human Nature*，pp. 469—470.

识，而实践领域关心的是欲求能力。道德属于实践领域，并不是纯然认识的对象，但康德从不怀疑理性能应用于实践领域。"纯粹理性单凭自身就是实践的，并给予（人）一条我们称之为**道德法则**的普遍法则。"① 这是因为："自然的每一个事物都按照法则发挥作用。唯有一个理性存在者具有**按照**法则的**表象**亦即按照原则来行动的能力，或者说具有一个意志。既然为了从法则引出行为就需要理性，所以意志无非就是实践理性。"② 这就是说理性并不仅仅是认识实际的事情是怎样的（在这个领域内它不能脱离经验），而且能够为行动立法。从而意志是自律的。但是，这种自律如何能区别于主观任意？或者说，理性为自己立法如何能具有客观性？康德认为我们可以从法则的形式条件中找到答案。而这种形式条件就是其普遍性。形式条件的约束，使得每个有理性者用以指导自己行动的准则对所有有理性者都是有效的。从而具有客观性的道德法则就可以由理性给出。而康德提出理性的特点是自发性，区别于感性的感受性。而意志就是按照理性所颁布的法则去行动，因此意志是自由的。在实践领域内，服从道德法则就是摆脱感性因素的影响按照纯粹理性所颁布的法则去行动。遵循道德法则既是理性的，又是自由的。

　　但是，康德的路线受到了质疑。黑格尔认为康德的伦理学是空洞的形式主义："形式的立法原则在这种孤立的境地里不能获

---

　　① 康德：《康德著作全集》（第五卷），李秋零译，中国人民大学出版社，2007年，第34页。
　　② 康德：《康德著作全集》（第四卷），李秋零译，中国人民大学出版社，2005年，第419页。

得任何内容、任何规定。"①

在尼采看来，上帝死了，一切传统道德价值的根基被抽掉了。只能由人自身来创造价值。同时，尼采否定理性，认为价值的源泉只能是非理性的意志。作为存在主义代表的萨特也沿着这条肯定自由，但否定理性的路线。他说："上帝不存在是一个极端尴尬的事情，因为随着上帝的消失，一切能在理性天堂内找到价值的可能性都消失了。"② 随着上帝的消失，人就是无依无靠的，这就是人的自由，每个人必须自己决定应当怎样生活，去选择，去发明。

在英语世界中，二十世纪道德哲学的一个重要现象是元伦理学（metaethics）③ 的兴起。很长一段时间里，正如有人所说："道德哲学的中心问题，是通常所称的**是－应当**问题。"④ 这个问题，正是前述休谟所提出的那个问题。而这个问题实际上有着更深的根源，英国哲学家 R. M. 黑尔（Richard Mervyn Hare，1919—2002）指出，自由与理性的二律背反是"是几乎所有道德问题的核心争论的根源"。⑤ 他说，面临道德难题的人知道，"这

---

① 黑格尔：《哲学史讲演录》（第四卷），贺麟、王太庆译，商务印书馆，1983年，第290页。

② 让－保罗·萨特：《存在主义是一种人道主义》，周煦良、汤永宽译，上海译文出版社，1988年，第12页。

③ 港台学界把"metaethics"译为"后设伦理学"，这也许更为恰当。因为"元"含有"第一""根本"的意思，但这不是"meta-"这个前缀的本意，而"metaethics"尤其不能理解为"第一伦理学"或"伦理学根本"。

④ W. D. Hudson（ed.）. *The Is-Ought Question*，New York：St. Martin's Press，1972，p. 11.

⑤ R. M. Hare. *Freedom and Reason*，Oxford：The Clarendon Press，1963，p. 3.

是他自己的问题，没有人能替他回答。的确他可以寻求其他人的建议，对于一个所建议的行动，他还可能弄清更多的关于其条件和后果的事实，以及其他这类事实。但终有一个时候，他不能指望通过事实发现任何其他相关的东西，当他知道这一点时，不论别人怎样回答他的问题，他都必须做出自己的回答"①。这个观点与萨特的观点之间存在明显的相似，同时，和萨特一样，黑尔认为回答道德问题事关重大，因此，"当人们成长到这样的阶段，开始理解在道德问题上，他们是自由地形成自己的观点的，这时他们感到这种自由不是一种解放，而是一种负担"②。黑尔曾经的学生安东尼·普赖斯（Anthony Price）引述黑尔的另一个学生约翰·卢卡斯（John Lukas）的话说，黑尔的道德哲学"有存在主义的气质"③。

　　不过黑尔毕竟不是存在主义者，作为一个分析哲学家，他始终坚持哲学是理性的事业。正是因为做出道德决定事关重大，所以不能把它交给盲目的选择，而需要尽力发挥人的理性能力。在这个问题上他反对休谟而追随康德："认为理性的可能作用只是判定事实和发现真相是错误的。除理论理性之外还存在实践理性

---

① *Freedom and Reason*, p. 1.
② *Freedom and Reason*, p. 3.
③ A. W. Price. *Richard Mervyn Hare* 1919—2002, London: The British Academly, 2004, p. 120. 普赖斯和卢卡斯都认为这可能与黑尔在二战期间做过日军战俘的经历有关（尽管在这个问题上黑尔从来都保持沉默）。有趣的是，萨特也有过类似的经历，不过黑尔的经历可能要比萨特更为严酷，差点让他送掉性命。不过黑尔此后的经历就平稳得多了，他在获释后回到牛津大学，完成学业，并留在牛津大学工作，曾长期担任怀特道德哲学讲席教授，后辞职前往美国佛罗里达大学，直至退休。回到英国后于 2002 年去世。

是康德的基本命题。"① 他在他的一本主要著作《自由与理性》中说："道德哲学的工作以及本书的工作正是寻找一种方式，调和这些貌似不相容的立场，因而解决自由与理性的二律背反。"② 他希望能通过他的工作恢复人们把道德看作理性活动的信心，但是又不否定人在回答道德问题上的那种自由。

黑尔认为，做到这一点的关键是要理解用来表述道德问题的概念，而这正是元伦理学的工作。他做了大量的工作来解释道德概念，并把这种解释与康德联系起来："这个解释在于康德所认识到的道德概念的两个逻辑形式特征：它们的规定性（prescriptivity）和它们的可普遍化性（universalizability）。"黑尔像康德一样，认为道德判断的形式特征足以对有理性者所能够同意的道德判断施加限制，从而导致对所有有理性者都有效的道德判断。从这些方面看，黑尔的哲学与康德有明显的相似处，但伯纳德·威廉斯（Bernard Williams，也曾是黑尔的学生）评论说这只是表面形式上的相似，因为"实际上，黑尔现在假设，当一个实质性的道德理论从他的哲学前提中释放出来，它最终将是某种版本的功利主义"③。黑尔不仅要表明自由与理性是相容的，而且要表明康德与密尔是相容的。由于黑尔最终把自己的论证引向了功利主义，他的理论被看作功利主义的一种重要的当代形式。当代功利主义哲学家彼得·辛格（Peter Singer）在他的重要著作《实践伦理

---

① R. M. Hare. "How to Decide Moral Questions Rationally", in *Essays in Ethical Theory*, Oxford: The Clarendon Press, 1989, p. 99.

② *Freedom and Reason*, p. 3.

③ Bernad Williams. "Persons, Character, and Morality", in *Moral Luck*, Cambridge: Cambridge University Press, 1981, p. 1.

学》的序言中说："曾在牛津大学教导过我的 R. M. 黑尔，给本书所取立场的伦理学基础留下了明显的印迹。"[①]

　　自从元伦理学成为一个独立的研究领域，它与实质性道德问题的研究之间便存在某种张力，似乎元伦理学研究会排斥对实质性道德问题的研究。有人甚至主张用元伦理学来代替对实质性道德问题的研究，把元伦理学作为道德哲学的唯一合法形式。因此，在很多人心目中，研究元伦理学的哲学家感兴趣的是道德语言的意义，诸如"说某个行动'对'与'错'是什么意思""做出一个道德判断意味着什么"这样的问题，而不关心现实的伦理问题。但是，黑尔作为战后最活跃和最有建树的元伦理学家之一，却对实质性道德问题的研究表现出明显的亲近。[②] 在《自由与理性》的引论中，他甚至要求："我请读者从这里开始：假设某人（可能是他自己）正面对着一个严重的道德难题——它唤起一个人所具有的一切思维、想象和感受能力。他必须能自己提供例子。因为我不能替我的读者说什么道德问题最困扰他。如果他不能想到一个例子，他不会理解这本书，因而可能该推迟读这本书，直到他有了更多的生活经历。"[③] 实际上，黑尔是率先试图将元伦理学和实质性道德问题研究相结合的哲学家之一，尽管在

　　[①] Peter Singer. *Practical Ethics* (2nd edition), Cambridge: Cambridge University Press, 1993, p. xii.

　　[②] 据彼得·辛格回忆，当他在牛津大学读研究生时，打算做应用伦理学方面的论文，而那时"还不存在'应用伦理学'这样的领域，并且牛津大学对道德哲学的理解以保守著称。"但黑尔不但对他的选题表示鼓励，还向他出示一篇自己几年前写的论和平的论文。见 Peter Singer. "R. M. Hare's Achievements in Moral Philosophy", in *Utilitas*, Vol. 14, 2002, p. 316.

　　[③] *Freedom and Reason*, p. 1.

这个方面并没有受到足够的注意。

黑尔的道德哲学引起了广泛的关注，在西方，特别是英语世界中引起了很大反响。他"大概是他那一代最有影响的道德哲学家，自 1950 年代中期起，他的观念极大地影响了英美道德哲学达二十年以上"[1]。这种关注也意味着极大的争议，按照 W. D. 哈德森（W. D. Hudson）的评论，"肯定很少有在世的哲学家招来过比黑尔更多的批判性评论"[2]。从他对道德语言的分析，到他的道德推理理论，以及他得出的功利主义理论本身，都受到各种各样的质疑。

本书是对黑尔的道德哲学的一个考察。本书题为"从道德语言到道德思考"，但并非指黑尔道德哲学的历时性发展过程。尽管黑尔的道德哲学的确有一个发展过程，在最初的著作《道德语言》中，黑尔提出的只是一种旨在阐明道德语言之意义的元伦理学理论，而在 1963 年的《自由与理性》中才提出一种道德论证方法，并认为从这种方法得出的结论将与功利主义有亲缘关系，并且在他 1981 年出版的《道德思考》中将这种论证方法最终定形，并明确地用它来论证功利主义，从而标志着他的哲学的完成。但我们所感兴趣的并不是这种时间上的发展过程，而是他的理论的逻辑结构（尽管我们还是会在很多地方谈及黑尔在某些问题上观点的变化与发展）。黑尔的道德哲学

---

① Ted Honderich (ed.). *The Oxford companion to philosophy*, Oxford: Oxford University Press, 1995, p. 359.

② W. D. Hudson. "Development of Hare's Moral Philosophy", in Douglas Seanor and N. Fotion (ed.). *Hare and Critics*, Oxford: The Clarendon Press, 1988, p. 9.

包括了对道德语言的分析和对解决实质性道德问题的方法的探索，并最终赞同功利主义的解决方式。对道德语言的分析是他的出发点和整个道德哲学的基础；在此基础上，他建立了道德推理理论，提出了他的道德论证方法；按他的观点，这种论证方法将使我们发现功利主义是最能获得理性支持的道德观点。这样，他的道德哲学构成了一个从元伦理学延伸到规范伦理学的体系。对他的理论体系进行梳理和解释，并不是本书的最终目的，本书的最终目的是考察这样一条理论路线是否在某种程度上和某种限度内是可以得到辩护的，在什么地方需要修正，是否存在不可克服的问题等等。

　　第一章中，我们要考察他的语言哲学观点以及与道德哲学的关系。因为从语言分析入手来探寻道德问题的解决方法，是黑尔的基本思路。在第二章中，我们将考虑黑尔之前的元伦理学理论，特别是摩尔对自然主义谬误的批判与情感主义理论，以及黑尔与它们的关系。因为黑尔的哲学是直接从对这些理论的继承与批判开始的。从第三章到第六章，我们将处理黑尔的普遍规定主义理论。这一理论包括两个主要论点。第一，道德判断的首要意义不是描述性的，而是规定性的。因此它们不能从描述性前提中推导出来。我们将考察黑尔的这一论点，以及他和描述主义者之间的辩驳。第二个论点是道德语言具有可普遍化性。我们将考察这一论点与康德观点之间的关系，并将讨论有关这个论点的种种误解。黑尔用他的道德语言分析理论排除了解决道德问题的自然主义途径和直觉主义途径，同时提出了他所赞同的道德论证方法，我们将在第七章到第九章阐述黑尔的道德论证理论及其所产生的结论，厘清它的各个前提，以及它是否真的可以得出功利主义的结论，还是另外某种结论，又或者根本不能得出任何结论。最后一章我们将对黑尔的道德哲学做出综合评论。

第一章

道德哲学与语言哲学

分析哲学的兴起，深刻地影响了当代哲学，虽然四十年代以后这种影响更多地局限于英语世界。分析哲学的思想路线渗透了哲学的各个分支，道德哲学也不例外。尽管近几十年来，很多人认为原初意义上的分析哲学已经衰落，但分析的传统仍然是英美哲学界中占主导地位的思想传统。R. M. 黑尔也许是战后最典型地体现了这种传统的道德哲学家。

第一节
道德哲学的任务与方法

二十世纪的道德哲学，像这个世纪的其他哲学领域一样，充斥着理论的喧嚣和激烈的争论，特别是在英语世界。这种喧嚣与争论背后是一个巨大的困惑：道德哲学的性质、任务和方法是什么？其中最为核心的问题是，理性在我们的道德思考中究竟能扮演什么角色？

G. E. 摩尔率先提出了要划分伦理学的两个问题。摩尔提出，"'好'① 这个概念的意义是什么"与"什么东西是好的"是两个不同的问题。对第一个问题的回答是对概念的分析，而对第

---

① "good"这个词在哲学文献中，常常被译为"善"。但是现代汉语中的"善"具有明显的道德涵义，而英文中的"good"的涵义却宽泛得多。现代英美哲学家在讨论伦理学问题时，常常是在一般意义上使用"good"一词。故此，除了特别与汉语习惯相违背的地方外，本书一般不把它译为涵义较狭窄的"善"，而译为涵义宽泛的"好"。

二个问题的回答则是作出实质性的价值判断。摩尔断言："除非充分理解了这第一个问题，清楚地认识到了它的正确答案，否则，从系统知识的观点看，伦理学的其余部分几乎等于毫无用处。"① 摩尔的观点意味着伦理学必须有一个分析的部分，这个部分不回答实质性的伦理问题，而是对伦理学做形式的研究。这种形式的、分析性的研究后来被称作元伦理学。元伦理学的产生表明二十世纪兴起的分析哲学思潮已经侵入伦理学领域。

在有些哲学家那里，元伦理学和实质性伦理学是对立的，元伦理学将表明实质性伦理学是不可能的。如 A. J. 艾耶尔，在其颇有影响的著作《语言、真理和逻辑》中声称，伦理学唯一能做的工作就是分析伦理学词项，给出它们的定义，或者判断某些定义的合法性与可能性。其他的伦理学问题都应作为伪问题排除掉。如果伦理学还要作为一门学问而存在，它的工作只能是对道德语词的分析。② 艾耶尔和摩尔一样，反对把伦理学划归为心理学或社会学等经验科学的分支，但他却因此把伦理学完全划归为语言哲学的分支。伦理学一直被看作一门实践学科，认为它的意义在于以某种方式有助于指导人们的生活和行为。而在艾耶尔这里，伦理学完全失去了其实践学科的品格，仅仅具有某种语言学的意义，并仅凭这一点才得以保留其作为哲学的一个分支的资格。他的观点无疑显得太过极端。

与艾耶尔同为情感主义代表的 C. L. 斯蒂文森（C. L.

---

① G. E. Moore. *Principia Ethica*. Cambridge：Cambridge University Press，1993，p. 57.

② A. J. Ayer. *Language*，*Truth*，*and Logic*，London：Penguin Books，1971，p. 137.

Stevenson）则持似乎较为缓和的立场。在他最重要的著作《伦理学与语言》开篇，斯蒂文森说：

> 本书并不处理整个伦理学，而只处理它的一个狭小的专门部分。它的第一个目标是澄清伦理学词项的意义——诸如"好""正当""正义""应当"之类的词项。它的第二个目标是刻画能证明或支持伦理学判断的一般方法。[①]

他申明，他的工作虽然是分析性的，但却是与规范伦理学相联系的。他承认分析性的元伦理学的性质是工具性的，目的是使人在研究伦理学时头脑更清晰，减少无效的工作，为别人的伦理学研究改善工具。这样，斯蒂文森缓和了艾耶尔对规范伦理学的否定，试图使元伦理学间接地关涉实质性的伦理问题。从他的初衷来说，其目的是通过元伦理学来为规范伦理学提供方法论上的帮助。但是，很多人会认为，斯蒂文森的元伦理学理论并不能为规范伦理学提供什么真正帮助，因为在否定伦理学是一个理性的事业这一点上，他与艾耶尔并无太大区别。他的伦理学方法论只会使伦理学误入歧途（我们将在下一章更详细地讨论这个问题）。

黑尔从不认为实质性的道德问题是无意义的。他承认道德问题是存在的，我们必须要面对，道德问题不是伪问题。在他的最后一本书《清理伦理学》中，他说："伦理学，或道德哲学，是哲学家最接近道德和政治中的实际争端之处。因此，研究哲学的

---

① C. L. Stevenson. *Ethics and Language*，New Heven：Yale University Press，1944，p. 1.

实践正当性主要是由它提供的。"① 黑尔虽然主要是作为一个元伦理学家而著名，但是与许多人对元伦理学家的印象相反，他绝非对实践领域中的问题漠不关心。实际上他自始至终认为，道德哲学必须与实践相关涉，并且他本人还积极地把他的理论应用于现实中道德问题的研究。然而，黑尔自始至终坚持的另一个观点是，对于解决政治和道德中的现实问题，需要道德哲学。

在此，有必要弄清什么是黑尔所说的道德哲学或伦理学。黑尔在谈到他对道德哲学功能的看法时说："道德哲学的功能是——至少我研究它是希望——通过揭示表达道德思考的语言的逻辑结构，以帮助我们更好地思考道德问题。"② 在"哲学家在立法过程中的作用"一文中，黑尔解释了他所谓的"伦理学理论"："我用伦理学理论表示这样的理论，首先它有关于道德概念的特性或道德语词的意义，或者有关于当一个人问道德问题（例如政治中的某些争端）时，他问的是什么；其次，它有关于对这些概念的理解所要求的有效道德推理的规则或法规。"③ 在《清理伦理学》中他也是在这样一个较为狭窄的意义上使用"伦理学理论"一词的。

黑尔强调在形式方面，"道德哲学是今天所谓哲学逻辑的分支"④。他认为，实际上，过去称为形而上学的各种东西中，那

---

① R. M. Hare. *Sorting out Ethics*，Oxford：The Clarendon Press，1997，p. 1.

② *Freedom and Reason*，p. v.

③ R. M. Hare. "The Role of Philosophy in the Legislative process"，in *Essays on Political Morality*，Oxford：The Clarendon Press，1989，p. 2.

④ R. M. Hare. *Moral Thinking：Its Levels，Method and Point*，Oxford：The Clarendon Press，1981，p. 4.

些站得住脚的部分就是哲学逻辑。康德的道德形而上学实际上就是这样的一种工作。那么这样一种道德哲学如何能与实践相关？为什么回答实质性的道德问题需要这样一种形式的研究？黑尔认为，这是因为要解决我们面对的道德问题需要道德思考；而道德哲学可以帮助我们更好地进行道德思考。那么什么是更好地进行道德思考？黑尔的观点是，更理性的道德思考是更好的道德思考。道德哲学之所以能帮助我们更好地进行道德思考，就是因为它能使我们的道德思考更理性。黑尔的观点是，我们能进行理性的道德思考，这意味着存在回答道德问题的理性方式或方法。因而也就意味着存在道德思考的法规或规则，理性地思考就是遵循它们而思考。为了能更理性地进行道德思考，就需要发现这些规则或法规。这就是道德哲学家的工作。要知道回答道德问题所需要遵循的规则或法规，就需要理解道德问题，而要理解道德问题，就需要研究构成道德问题的那些语词，特别是构成道德问题的特有语词，即道德语词，如"应当""正当""错误""好"等。黑尔这样来概括他的道德哲学方案：

> 为帮助我们更好地（即更理性地）进行道德思考，道德哲学家必须采取的第一个步骤是，对用来问这些问题的语词进行理解；紧跟着第一步的第二个步骤是，说明这些语词的逻辑属性，从而说明理性地思考道德问题的法规。①

分析哲学家们常常受到的一个指责是，他们企图把所有的哲学问题都还原为语言问题。也许某些分析哲学家的确有这样的主

---

① *Moral Thinking：Its Levels，Method and Point*，p. 4.

张，但这不能用来概括所有的分析哲学家，这也不是分析哲学的本质所在。需要说明的是，黑尔并不是要把道德问题还原为语言问题，把道德分歧还原为语言使用上的分歧（后面我们将看到，黑尔恰恰主张实质性的道德问题与语言问题有着严格界限）。

黑尔区分了语言哲学（philosophy of language）和语言的哲学（linguistic philosophy）。"前者是哲学的一个分支，与科学哲学、法律哲学或历史哲学等等并列。"① 语言哲学家研究的是关于语言的哲学问题，如"什么是语词的意义？"但并不一定采用某种方法，也不一定属于某一学派。而黑尔所说的语言的哲学家则不限于研究语言哲学问题，而可以是任何一种哲学问题，但却是通过一种特殊的方法，即通过研究使哲学问题得以表达的语词的意义，来解决哲学问题。黑尔认为自己是个语言的哲学家。他不否认道德哲学和语言哲学是哲学的两个不同分支，道德问题不是语言问题。黑尔本人也涉猎语言哲学（我们将在下一节讨论他的语言哲学），但他主要是个道德哲学家，只不过他是用与语言相联系的哲学方法来研究道德哲学。

既然道德问题不是语言问题，那么道德哲学家讨论语言问题有什么意义？黑尔这样的"与语言相联系的道德哲学家"常常受到抨击，因为有人认为他们的研究使道德哲学偏离了正轨。批评者认为道德哲学家应当解决的是实质性的道德问题，而不是语言问题。黑尔的回答是，道德哲学诚然应该有助于实质性道德问题的解决，用理性论证来决定实质性的道德原则是所有严肃的道德哲学家的抱负，但是，这些批评者没有看到，对于实质性道德问

---

① *Sorting out Ethics*，p. 2.

题，道德哲学家能作出的独特贡献就是研究道德语词和概念，以及与之相联系的逻辑，而这种研究有助于实质性道德问题的研究。之所以道德问题可以和语言问题联系起来，是因为要解决道德问题需要道德思考和道德论证。这就需要知道道德思考所需要的逻辑法规。"对逻辑的研究不可避免地引起对语言的研究"①（黑尔关于逻辑与语言的关系的看法将在下面讨论）。黑尔坚持对语言问题的讨论具有实践相关性。因为这种讨论最终会提示我们什么是好的道德论证，什么不是。如果我们知道了什么是好的道德论证，那么我们就可能知道，哪些道德判断可以通过这种论证方式得到论证。这就有助于我们（如果我们是理性的）决定要接受何种道德判断。除非我们认为在解决道德问题时不需要论证，否则，我们就必须先做一项工作：找到支配论证的规则。总之，他对道德语言的研究并不是因为这种研究有内在趣味，而是出于一个间接的动机，即，认为这种研究将为解决困扰我们大多数人的实际道德问题做出贡献。

然而，尽管黑尔做了这样的辩护，人们仍然可以质疑，想通过研究道德语言来使道德问题得到阐明是走错了方向。G. J. 沃诺克（G. J. Warnock）在 1968 年发表的《伦理学与语言》一文中，提出语言分析根本不会为道德哲学做出什么特殊贡献。他的理由是，语言的用法是多种多样的。无论是斯蒂文森的情感主义，还是黑尔的规定主义，的确说中了道德言谈（discourse）中的某些东西，但是，道德言谈只是有时是情感性的，或规定性的，但并非总是情感性或规定性的，而且情感性和规定性也不是

---

① *Sorting out Ethics*，p. 38.

道德言谈所独有的。因此情感性也好，规定性也好，都不是道德语言的本质。对情感语言和规定语言的研究也许本身是有趣，但与道德哲学无甚关系。黑尔也许可以告诉我们什么是建议，甚至什么是好的建议，什么是不好的建议。但这与道德并没有特殊关系。"如果我们兴趣在道德哲学，那么，我们想要知道的不是这番讲话（utterence）是如何给出建议的，而是这番讲话是如何给出道德建议的；甚至更感兴趣的是，到底一个人如何才能判定给出的这样一个道德建议是一个好建议还是坏建议。"① 因为我们感兴趣的是什么是**道德**建议，特别是什么是好的道德建议。在沃诺克看来，什么是建议这个问题，对于一个道德哲学家，并不比对于一个医生更有趣。就像一个医生给病人建议，并不特别需要知道什么是建议，道德哲学家也不特别需要关心什么是建议。所以，对规定语言的研究，就语言哲学本身而言可以看作是某种进展，这种进展也一般而言对其他领域有用，但是这种进展并不是道德哲学的进展，也不特别对道德哲学有用。

沃诺克并不是简单地用道德问题不是语言问题来反对黑尔的道德哲学路线。因为黑尔本人承认这一点，并且对语言问题何以与道德问题相关做了回答。沃诺克用来指责黑尔走错了方向的理由是：道德言谈并没有共同的语言学特征。因此对道德言谈进行语言分析不能使我们更好地理解道德问题。如果构成道德问题的语词和概念具有某种共同的语言学特性，那么对这些语词和概念的分析对于我们理解道德问题将有重要的影响。可是，如果使得

---

① G. J. Warnock. "Ethics and Language", in *Morality and Language*, Oxford: Basil Blackwell Publisher, 1983, p. 153.

一个道德问题成为道德问题，一个道德判断成为道德判断的东西并不是某种语言上的东西，那么对它们进行语言分析将不会使我们明白什么是使道德成为道德的东西。沃诺克认为道德言谈所共有的东西是特定种类的根据。道德哲学家该做的是去寻求这种根据，或者说去回答密尔向我们提出的问题：什么是道德的基础？

　　在此不是评价沃诺克对黑尔的批评的恰当之处。因为这涉及对黑尔整个道德哲学的评价。黑尔认为尽管道德语言的用法是多样的，但存在道德语言的核心用法。要弄清沃诺克的批评是否正确，就要弄清是否存在黑尔所说的这种核心用法。这也涉及当代道德哲学中的一个重要争论，即道德言谈的本质在于它们的形式还是内容。在此显然还不能对此做出回答，而需要进一步地考察。

第二节

语言分析的性质

　　与那些在哲学的许多领域都有建树的哲学家不同，黑尔的整个哲学生涯都围绕一个主题，即道德哲学。他的道德哲学路线是一种"语言的哲学"路线，因而不可避免地涉及语言哲学。虽然他感兴趣的是道德语言，但是对道德语言的分析离不开对语言的一般看法。本章的余下部分将考察黑尔在语言哲学的某些一般问题上的观点。

　　战后，黑尔回到牛津大学，重新开始他的哲学生涯之际，正是后期维特根斯坦哲学大行其道之时。后期维特根斯坦批判和修正了自己早期的观点，把语言分析的落脚点转到了日常语言上。

早期维特根斯坦强调的是语言的逻辑形式，语言的共同的、本质的结构；对于语言的其他功用则未予考虑。而后期维特根斯坦则认为日常语言才是实际存在着的语言。这时他关心的是在人的生活中实际存在的日常语言。早期维特根斯坦致力于构造一种理想语言，这种语言能正确地表达逻辑形式，但在后期他对这种努力提出质疑，他说：

> ……好像我们所谈论的是一种理想语言。似乎我们的逻辑是一种适用于真空的逻辑。然而我们当然不是在自然科学处理自然现象这个意义上处理语言或思想的，我们最多只能说我们构造理想语言。但在这里"理想"这个词很易于引起误解，因为这听来就好像这些语言比我们日常语言更好，更完满；就好像为了最终向人们指明一个正当语句看来是什么样子非需要逻辑学家不可一样。[①]

逻辑分析似乎揭示了隐藏在语言的表面形式下的本质结构，但是维特根斯坦认为逻辑分析不同于自然科学处理自然现象，并不是发现了语言的奥秘而是构造一种新的语言。但是有什么理由认为人为构造出来的语言比实际存在的语言更完善，更接近语言的本质？因此逻辑是语言本质的观点不是在研究中得到的结果，而是一种先入之见，他说：

> 我们越是仔细地考察实际的语言，它和我们的要求之间

---

① 维特根斯坦：《哲学研究》，李步楼译，商务印书馆，1996年，第81页。

冲突越尖锐。（因为逻辑的水晶般的纯粹性当然不是研究的结果，它是一种要求。）这种冲突变得不可容忍；我们的要求现在已有变成空洞之物的危险。我们是在没有摩擦力的光滑冰面上，从而在某种意义上说这条件是理想的，但是正因为如此，我们也就不能行走了。我们想要行走：所以我们需要摩擦力。回到粗糙的地面上来吧！①

维特根斯坦的后期哲学要求摆脱这种先人之见，对日常语言的实际状况进行考察，因而提出"要看不要想"的口号。《逻辑哲学论》中维特根斯坦已经提到日常语言不是为了表达逻辑形式而是其他目的而设计的，只不过在那时他认为这些目的并不关乎语言的本性。但现在他已经赋与了这些目的非常重要的地位：说话是为了这些目的而采取的行动，语词是为了这些目的而采用的工具。对于一个表达式是否有意义这个问题的回答就不再是是否满足了一定的形式条件，而是是否在语言游戏中扮演了恰当的角色。一个词的意义就是它在语言中的使用。

在维特根斯坦后期哲学影响下，战后牛津大学，形成了以 J. L. 奥斯汀和 P. F. 斯特劳森为代表的牛津哲学学派。在这种理智氛围中求学和执教于牛津的黑尔自然深受其影响，本人也成了一名"牛津哲学家"。黑尔坚持日常语言学派的基本立场，立足于研究日常语言的用法，而不是企图以某种"理想"的方式重建我们的语言。他在《道德思考》中说："我在道德哲学中做的所有工作，包括本书着手做的工作，使我确信，我们的日常道

---

① 《哲学研究》，第107页。

德概念，一旦获得澄清，就是有用的"①。黑尔认为我们不需要
用语言表象世界的观点来理解语言，"存在的只是在给定境遇中
努力相互理解的人"②。换言之，要从说话是一种交流行为的观
点来理解语言。

后期维特根斯坦指责人工语言学派会陷于空想和先入之见，
然而日常语言学派也难免面对这样的诘难：如果语言分析研究的
是人们实际上如何使用语言，那么得到的只能是关于语言的偶然
事实。③ 分析哲学似乎陷入了两难：黑尔对此的表述是："如果哲
学陈述是关于特定群体的人**实际上**如何使用语词的陈述，那么它
们就是偶然为真，而哲学家似乎追求的是必然真理；但是如果它
们表达的是某个哲学家以某种方式使用语词的**决定**，那么说我们
知道它们为真似乎就不合适了。"④ 这个困境，黑尔认为，起源于
分析哲学的一个早期教条，即有意义的语句不是分析的就是综合
的。这会使得哲学陈述本身的地位变得尴尬，这就是为什么维特
根斯坦在《逻辑哲学论》宣称他自己在这本书中所说的全都是没
有意义的话。如何解决这个问题？黑尔从柏拉图那里获得了启示：

> 柏拉图说发现概念的定义像回忆或回想。如果这是正确
> 的，某些描述这个过程的困难就得到了解释。回忆（某个事
> 实或如何做某件事）不是（至少并不显然是）做出一个经验

---

① *Moral Thinking*：*Its Levels*，*Method and Point*，1981，p. 15.

② R. M. Hare. "Philosophical Discoveries"，in *Mind*，Vol. 69，1960，p.
159.

③ A·J·艾耶尔也受到同样的困扰，见 *Language*，*Truth*，*and Logic*，pp.
93—94.

④ "Philosophical Discoveries"，in *Mind*，p. 146.

发现，但它也不是做出了一个决定。所以这里可能存在一种避开分析困境的道路。①

黑尔将说话与跳舞做了一个类比。一群人在讨论某个舞蹈，例如苏格兰八人舞（eightsome reel），在某个时刻该怎么跳。这群人学过这种舞蹈，但是说不出这种舞是怎么跳的。这种情况下，他们可以通过实际地跳一下这个舞蹈，来弄清楚这一点。但这种探究显然不同于人类学家对某个部落的舞蹈的探究。人类学家的探究是经验性的，他们只是观察记录别人怎样跳舞，然后分类命名。但是，那些会跳舞的人，当他们说八人舞在这个地方应该这样跳时，"说他们只是记录特定的一群舞蹈者在一个特定场合如何跳舞，不是对他们的话的正确描述；因为记录下的不是特定的一群舞蹈者在一个特定场合如何跳舞，而是：八人舞是如何跳的"②。他们既不是做舞蹈的观察记录，也不是定义自己发明的舞蹈，而是在定义一种自己学过的舞蹈，因而他们的陈述具有普遍性和必然性。他们之所以能够定义这种舞蹈，是因为他们懂得这种舞是如何跳的。但他们并不是一开始就知道这个定义，他们一开始具有的只是跳这种舞的能力。"所以，我们在终点所具有的东西不同于我们在起点所具有的东西，说我们**发现**了这个定义听起来是合理的。"③ 类似的方式可以解开前面提出的那个分析的困境。这个解决方式就是区别知道如何使用一个表达式和能够说出如何使用表达式。"我们知道如何使用一个表达式，但不

_____

① "Philosophical Discoveries", in *Mind*, p. 148.
② "Philosophical Discoveries", in *Mind*, p. 152.
③ "Philosophical Discoveries", in *Mind*, p. 155.

能说出它是如何被使用的。"① 语言分析不是"美诺悖论"所说的那种对自己一无所知的东西的探究,而是预设了我们知道如何使用某种语言但又不能清楚地加以表述。正是这种知识的在先存在,使得对语言用法的定义成为可能。这种定义显然不是对语言用法的一种经验陈述,从而不是偶然为真,但也不是一种对语言用法的决定。对某个语词的分析是成功的,就在于这种分析"符合我们尚未清楚表述的关于如何使用这个语词的知识。"② 这种知识在语言的研究中具有优先性,因为,如果没有人具有这种知识,就意味着没有人会说这种语言,这种语言也就不会实际存在。所以,"除非至少有可能存在关于语词这种使用的这些非经验陈述,否则不可能做出关于语词的这种使用的经验陈述"③。

对于这个问题,约翰·塞尔(John Searle)也提出一个类似回答:"作为一个用母语说话的人,当我做出前面例示的那种语言刻画时,我不是在报告一群人的行为,而是在描述我对一种受规则支配的技艺的掌握情况。"④ 不过,在他的回答中,他强调说话是一种受规则支配的行为,懂得一种语言的人就是掌握了这种规则的人。塞尔指出,这种方法依赖于说母语者的直觉。黑尔后来也使用了"语言直觉"这个词,并且提出了在语言研究中我们可以诉诸语言直觉的三点理由:"首先,说母语者是如何说这种语言的权威。第二,说话者的意向对于要怎样理解他的话(这些话意味着什么)具有权

---

① "Philosophical Discoveries", in *Mind*, p. 160.

② "Philosophical Discoveries", in *Mind*, p. 160.

③ "Philosophical Discoveries", in *Mind*, p. 157.

④ John R. Searle. *Speech Acts*: *An Essay in the Philosophy of Language*, Cambridge: Cambridge University Press, 1969, p. 12.

威性。……并且既然语言主要用于人际交流，说一种语言的人在这种语言中的语词如何被理解方面通常是一致的。"[1]

第三节
逻辑与语言

在黑尔看来，逻辑是与语言联系在一起的。在逻辑哲学中，关于什么是逻辑，或者说什么是有效推理规则的基础，有这样几种观点：有人认为现实世界具有逻辑结构，逻辑乃是对这种实在的结构的表达。逻辑推理之所以有效，是因为它与实在的逻辑结构相一致。这是逻辑实在论的观点。另一种观点认为逻辑是对我们如何思维的描述，逻辑规则是由思维规律决定的。这是心理主义的观点。第三种观点认为逻辑规则是语言符号（特别是逻辑词项）的使用规则，推理的有效性的根基在于语言的用法。无疑黑尔主张的是第三种观点。他曾经举过一个例子："假如一个人声称，他承认，所有人都是要死的，并且苏格拉底是人，但拒绝承认苏格拉底是要死的，那么，正确的做法可能不是像人们有时提议的那样指责他逻辑愚钝，而是说：'你显然不懂得"所有"这个词的意义；因为，如果你懂得，那么，你也就当然知道如何做出这种推论。'"[2] 黑尔问，我们怎么知道能从"如果 p，那么 q"和

---

①　*Moral Thinking*：*Its Levels*，*Method and Point*，p. 11.

②　R. M. Hare. *The Language of Morals*，Oxford：The Clarendon Press，1952，p. 33.

"p"这两个前题得出结论"q"？说这是逻辑著作告诉我们的，这显然不够。黑尔说，这个推理规则（即"分离规则"）的有效性可以解释为：它就是我们使用"如果"一词的方式。如果我们承认"如果 p，那么 q"和"p"，但不承认"q"，那么我们就误用了"如果"这个词。所以，违背逻辑规则，归根到底是犯了误用语言的错误。逻辑规则是语言表达式的使用规则，至少是这种规则的一部分。对于逻辑词项，如"所有""有些""并非""蕴涵""或者"等等，它们的使用规则就是逻辑规则。正因为如此，他才主张，为了弄清道德推理的规则，必须对道德语言进行分析。

那么，如果逻辑依赖于，至少部分依赖于研究人们在其言谈中使用的语词，会不会导致逻辑真理成为偶然真理？黑尔的回答是否定的。他又指出："假定逻辑只是发现关于语言的偶然事实是错误的；但认为逻辑独立于对语言的研究也是错误的。"[①]

尽管在上一节我们已经看到了黑尔是怎样将语言分析与经验探究相区分的，但那并不是对这里的问题的回答。因为，按照黑尔的观点，语言分析是从我们已经掌握的使用语言的能力中发现语言用法的清楚表述。这种表述也就是对语言使用规则的表述，但是这并不能改变以下事实：语言的使用规则似乎是约定的产物。不同的民族、不同的时代，语言的用法都不是一成不变的。如果逻辑规则的基础是语言的使用规则，难道不会使逻辑陷入偶然性当中？黑尔承认语词具有意义依赖于某种约定，但是"约定在某些方面是逻辑约定，它们决定什么蕴涵什么，我们能一致地

---

① *Sorting out Ethics*，p. 3.

说什么，等等"①。因此，研究我们使用逻辑词项所依据的约定，是发现逻辑规则的基础。然而黑尔并不认为我们就因此陷入了任何坏的意义上的约定主义，即逻辑是我们主观的约定，因而是偶然的、相对的。

黑尔认为，某个声音表达某个特定含义是偶然的，例如，汉语中"所有"表达的含义在英语中由"all"来表达，这是一个偶然的事实。但是，如果有人要用"all"表达"所有"表达的含义，那么，他就要服从上面提到的关于"所有"的那个推理规则。这是必然的。语言分析要弄清的不是某个声音表达什么含义（这是偶然的），而是，如果一个表达式要表达某个含义，那么它必须服从的规则是什么（这是必然的）。

假设有人采取了不同的约定，因而他使用"所有"一词所依据的规则跟我们的"所有"不同，而是与我们使用的"有些"一词的规则相同。但是这并没有推翻前面所提到的包含"所有"一词的那个三段论推理规则。因为他已经是在另外一个意义上使用"所有"一词了，与我们使用的"所有"一词不是一回事。它们只是有相同的声音、相同的书写形式，但没有相同的含义。即使可以通过任意的约定来改变声音或书写记号的意义，但并不能通过任意的约定来改变逻辑。因为声音或书写记号与意义之间的关系是约定的，但意义与逻辑规则之间的关系却不是约定的。

黑尔的论证中存在一个问题，那就是如何理解"意义"。黑尔曾经对这个问题做过一个粗略的表述："任何种类的意义（只要我们说的是词具有意义）都是，或涉及，表达式的符合特定规则的

---

① *Sorting out Ethics*，p. 4.

使用。"① 这显然是追随后期维特根斯坦所说"意义即使用",不过这里黑尔加上了一个限制,即这种使用是按照特定规则来使用。从而,意义被理解为使用规则。那么,"表达特定意义的词要求特定的使用规则"就成了同义反复。这样一来,意义与规则之间的关系固然是必然的,但也是琐屑的。语言分析的工作不是探究"某个声音表达什么意义"这样的偶然事实,但也不可能是同义反复地说"具有如此这般意义的词具有如此这般的使用规则"。

把"意义"理解为使用规则,既不能说明语言分析的性质,也不能说明逻辑的必然性。如果说关于"所有"一词的三段论之所以有效,是因为它是这个词的使用规则,那么,当我们可以继续问,为什么这个词要有这样的使用规则?黑尔会回答说,这是这个词的意义决定的;如果我们不遵守这个规则,我们就没有理解它的意义,或者说不能使这个词具有它本来有的那种意义。但是,如果意义不过就是使用规则,那么黑尔的回答就是空洞无物的。因为他说的不过是,如果我们没有遵守这个词的使用规则,我们就违反了它的使用规则。这不能说明为什么我们必须遵守这种规则,从而没有说明逻辑规则为什么不是一种相对的、主观的约定。

不过,我们并不需要因此就否定语言主义的逻辑观,因为其他两种观点并不会问题更少。但是对黑尔的论证却需要做某种补充。的确,语言分析的工作不是分析声音、书写记号等等东西表达什么意思,这是一个偶然的事实,正如索绪尔指出的,能指和所指之间的关系是任意的。语言分析要探究的是,如果我们要用

---

① *Freedom and Reason*, p. 7.

语词完成我们在实际生活中进行的某种活动，需要什么样的使用规则。维特根斯坦说，语言跟行动交织在一起，语言本身也是一种活动。但是，语言活动是一种特殊的活动，像塞尔所主张的，"说一种语言就是参与一种受规则支配的行为"①。而这种规则是一种构成性规则（constitutive rule）："构成性规则构成（同时调节）一种活动，这种活动的存在逻辑上依赖这种规则。"② 我们要完成某种语言活动，或者叫言语行为，就需要有某种语言的使用规则，就像做游戏需要游戏规则，缔结婚姻的前提是存在婚姻规则（制度）。如果没有相应的规则，或者采用的是其他的规则，我们就不能完成我们原本可以完成的言语行为，就像如果没有足球规则，我们就不可能进行踢足球的活动；废除了婚姻制度，生活中就不存在婚姻了。言语行为也是这样一种需要规则才能存在的行为。语词的意义就在于它们能被用来完成什么样的言语行为，或者说具有什么样的功能，可以在生活中起什么作用。

逻辑探究的是逻辑表达式完成它们的功能所需要遵循的规则。还是用前面的例子，如果包含"所有"的三段论推理不被看作是有效的，"所有"一词就不能履行它原本可以履行的功能，即全称量词的功能。逻辑并不是一种可以随意改变的约定，一旦改变，语词的功能就会发生改变，我们就不能用语词做我们原来可以用它们做的事了。例如，我们如果令"所有人都要死，并且苏格拉底是人"推不出"苏格拉底是要死的"，并且从"苏格拉底是要死的"可以推出"所有人都是要死的"，那么我们改变的

---

① *Speech Acts：An Essay in the Philosophy of Language*，p. 22.
② *Speech Acts：An Essay in the Philosophy of Language*，p. 34.

并不是逻辑，而是"所有"一词的意义，现在"所有"可以做原来"有些"做的事。如果没有一个词来顶替原来"所有"一词占据的位置，我们可以说我们的语言有了某种缺陷，它缺少了全称量词，但我们却不能说，量词逻辑已经改变了。

当然，语言分析的性质和逻辑的本性都是非常困难和令人困惑的，这里显然不是展开详细讨论的地方。在此，我们只是做了一些简单的解释，作为对黑尔观点的补充。

第四节
语内力量与意义

不同的元伦理学理论往往与不同的语言哲学观点，特别是关于意义的不同观点相联系。摩尔的元伦理学理论有指称论的深刻烙印，而斯蒂文森的情感主义理论以心理主义的意义论为基础。黑尔则深受奥斯汀的影响①，赞同言语行为论②。他认为语言分析最有前途的道路是言语行为论。

奥斯汀首先提出了现代语言哲学意义上的言语行为概念，是言

---

① 二十世纪五十年代，奥斯汀会在每周六早上邀请一些同事和学生进行自由的哲学讨论，这就是牛津有名的"周六晨会"（Saturday Morning Meetings），黑尔是参加者之一。

② 当然，并非主张言语行为论的人都会赞同黑尔对道德语言的分析。一个人可以同意从言语行为论的观点来看待道德判断，但在道德判断属于什么言语行为类别这个问题上不同意黑尔。

语行为论的开创者①。黑尔尽管不是专门的语言哲学家，但出于建构自己的道德哲学的需要，参与了言语行为问题的探讨。而他在言语行为论方面的观点，也构成了他的道德哲学的语言哲学基础。

奥斯汀提出了著名的言语行为的三重区分，即语谓行为（locutionary act）、语内行为（illocutionary act）和语介行为（perlocutionary act）。② 他用语谓行为来表示最通常的"说某事"（saying something）的行为。这种行为又可以区分出三种层次。第一是"发音行为"（phonetic act），即发出声音。第二是"发语行为"（phatic act），即说话者不仅发出了声音，而且这些声音是属于某一语言的词汇库的词汇的声音，并且这些声音是以符合语法规则的方式排列起来的。第三是"发言行为"（rhetic act），即发出的声音不仅有语法结构，而且是在说某件事，也就

---

①　由于奥斯汀的早逝，他未能把自己的理论系统化。对言语行为论的系统化以及修正和发展主要是由奥斯汀的学生约翰·塞尔进行的。

②　"locutionary act"、"illocutionary act"和"perlocutionary act"这三个术语有不同的翻译，许国璋主张分别译为"以言表意行为"、"以言行事行为"和"以言取效行为"；而周礼权曾主张译为语谓行为、语力行为和语效行为；周的学生蔡曙山则将"illocutionary act"译为"语用行为"。许国璋的翻译稍显冗长，而且，"以言表意行为"译得太实，我们将看到，黑尔就主张 locutionary act 不能单独表达意义。而"locutionary"的词根来自拉丁语，本意是"说话"，故此译为"语谓"可能更妥当，也不影响对此概念的哲学讨论。用"语力"来译"illocutionary"的问题也在于在翻译中加入过多解释，而且一旦遇到"illocutionary force"，就要翻译成"语力力量"，非常别扭。翻译成"语用"，虽可避免这种翻译上的别扭，但无法与"pragmatical"区分。既然"illocutionary"一词是由 in（在……中）和 locutionary（说话）构成的，表示的是"doing sth in saying sth"，不如采用更接近其构词的方法，译为"语内行为"。同理，"perlocutionary"一词是由 per（通过）和 locutionary（说话）构成的，表示"do sth by saying sth"，故此翻译为"语介行为"，指以说话为中介来完成的行为。而如果译为"语效行为"，就要将"perlocutionary effect"翻译为"语效效果"，显得不够方便。

是说出的语句带有确定的涵义（sense）和指称（reference）。语内行为是指在说话中完成某个行为，如提问、承诺、陈述、命令。它可以用公式"In saying x, I was doing y"来表示。语介行为是指通过说话而取得某种效果的行为，它的公式可以表示为"By saying x, I did y"。

黑尔赞同语内行为和语介行为的区分，但不同意在语谓行为和语内行为之间做出区分。黑尔之所以不同意在语谓行为和语内行为之间做出区分，是因为他比奥斯汀更鲜明的主张要将语词的语内力量（illocutionary force）[①]纳入意义中。他把这种主张表述为："当一个特定词被结合到适宜语句的适宜位置时，它给予整个句子这样的属性，即，在适宜的语境中说出它将完成一个特定种类的言语行为；这种说法使这个词的意义得到解释，或部分解释。"[②]语词的这种参与完成某种言语行为的作用，就是语内力量。语谓行为和语内行为的区分会使人认为，语词的意义和它们的语内力量是两回事。而且，奥斯汀也确实说过："我想要在意义等同于涵义和指称的意义上把**力量**和意义区别开，就像在意义中区分涵义和指称已经变得必不可少一样。"[③]这正是黑尔不同意语谓行为和语内行为有区别的原因。黑尔要把语内力量纳入意义中，是因为他认为对价值词的意义的理解需要考虑它们的语

---

① "力量"指语句发挥的作用。狭义的力量仅指语句完成预测、建议、提问等言语行为的功能，而广义的力量还包括语句引起的效果。本文在这里主要是在狭义上使用这个词的。

② R. M. Hare. "Meaning and Speech Acts", in *Practical Inference*, Berkeley: University of California Press, 1972, p. 75.

③ Austin, J. L. *How to Do Things with Words*, Oxford: The Clarendon Press, 1962, p. 100.

内力量。

黑尔认为奥斯汀之所以要在语谓行为和语内行为之间做出区分，是源于他早期的施事（performatives）语言和记述（constatives）语言的区分。奥斯汀做出这个区分是表明把语言仅仅看作对世界的报道、描述是极其不充分的，语言还存在其他的极其不同的功能。奥斯汀把语言的这种与描述极不相同的功能概括为施事性的，即做某事，而不仅仅是说某事，以与报道、描述世界的记述语言形成对照。但是，他后来发现要把施事语言和记述语言严格地区分开是很困难的，因而放弃了这一区分。

黑尔也认为奥斯汀早期的这种区分是不正确的，这种区分之所以发生困难，其根源是："……最初的区分本来根本不应当表达为**说**某事与**做**某事的对立，因为并不存在一种做某事的相关含义，在这种含义上说某事的**所有**情形都不是做某事；因为说任何事（在我们此处关心的那种"说"的含义上）都是完成某种言语行为。它本应当表达为**做**不同种类的事，陈述（只）是其中一种。"①

在黑尔看来，奥斯汀虽然放弃了把"说某事"和"做某事"对立起来的施事语言和记述语言的区分，但是，这种区分的残余却以区分语谓行为和语内行为的形式保留下来。因为奥斯汀想从他的最初区分中拯救出某种东西。

仅仅指出语谓行为和语内行为的区分与早期的错误区分有渊源关系不足以说明这个区分不能成立。因此黑尔试图进一步指出

---

① R. M. Hare. "Austin's Distinction between Locutionary and Illocutionary Acts", in *Practical Inference*, Berkeley: University of California Press, 1972, p. 104.

把语谓行为和语内行为区别开来存在的困难。按照奥斯汀的定义，完成一个语谓行为包括：发出一定的声音，并且这些声音具有一定的结构，并且带有涵义和指称。如果要把语谓行为和语内行为区别开，把某一话语具有何种意义和以何种语内力量说出这一话语区别开，就需要把意义限定为涵义和指称，并且把力量看作某种与涵义和指称不同的东西。

黑尔指出，传统上涵义和指称，包括更早的术语——内涵和外延，主要是被语词所拥有，而不是命题和语句。同时，一般也不认为所有语词都具有涵义和指称，具有涵义和指称的主要是形容词和名词，以及其他可以做主词或谓词的语词。这种观点的起源是认为语词的意义是它们所代表的东西。像"如果"这样的词由于不能被假设代表某种东西，因而通常不被视为具有涵义。

这种传统的对涵义的理解能否应用到所有的语词上去？比如"猫是在垫子上的"这个语句中的"是"（is）的涵义是怎样的？黑尔认为我们在这个语境中理解这个词时，不仅要理解这个词表示"某物是某物"，而且要理解这个词是陈述语气。这个词不仅具有述谓功能，还是这个语句的语气的承担者。我们不能不带任何语气地、中立地说出一个有意义的句子，我们说出的话要么是一个陈述，要么是一个命令，要么是一个承诺或一个提问。语气是一个言语行为的语内力量的标志。奥斯汀对语谓行为和语内行为的区分面临两难困境。

黑尔所说的两难困境是这样的：要么"是"的语内力量构成了这个词的涵义的一部分（告诉我们该语句不是一个命令或提问，而是一个陈述），从而涵义并不排除语内力量。那么做出一个语谓行为就是做出一个语内行为。这不是说做出一个语谓行为的同时总是做出一个语内行为，而是说做出一个语谓行为本身与做出一个语内行为并无区别。因为，如果语谓行为是以一定的涵义和指称说出一个语句，既然语内力量本身就是涵义的一部分，那么，就没有什么东西能把语谓行为和语内行为区分开了。黑尔问道：如果一个人对另一个人说"走开"，"难道'他命令他走开'不是对'他说什么？'的一个自然的回答吗？"①

因此沿着这个方向，奥斯汀的区分行不通。另一个方向是认为任何语词的涵义中，都没有任何部分告诉我们，说出一个语句是在做一个陈述、一个承诺还是一个提问，也就是说，不包含语内力量。那么这将意味着做出一个语谓行为时，我们还没有说清楚我们在做什么。对此，黑尔说："如果，当一个人说了某事时，他没有表明他是不是在陈述一个事实，或者告知我去做某事，或者问我一个问题，那么我不会准备同意他说完了他打算说的东西。"② 这种情况下，奥斯汀意义上的语谓行为不能看作一个完整的言语行为。进一步说，做出这样一个语谓行为不能看作说出了一个**意义**完整的句子。因而把意义和语内力量区分开，是不成立的。

这一争论的落脚点是语言哲学的老问题：什么是意义。黑尔认为"意义"是一个著名的模糊概念，因此，奥斯汀本人其实很少使用它，他也并不想（像他的某些门徒那样）在意义和语内力量之间划出一条严格的界线，因为"意义"这个概念本身并没有

---

① R. M. Hare. "Review of G. J. Warnock's. *Contemporary Moral Philosophy*", in *Mind*, Vol. 77, 1968, p. 437.

② "Austin's Distinction between Locutionary and Illocutionary Acts", in *Practical Inference*, p. 108.

个精确、清楚的界限。实际上，黑尔争辩的问题是，到底是使用广义的意义概念，使得能够将力量包括在内，还是使用狭义的意义概念，将力量排除在外？对此显然很难有一个绝对的答案。所以黑尔承认："关于语谓－语内区分我可能是对的，可能是错的"[1]。从某种意义上说，每个人都有权利按自己的喜好使用术语，因而，如果不把这个问题放到一定的语境当中去，力量是不是意义的一部分就是一个琐屑的问题。黑尔的哲学旨趣是通过分析道德语词的意义，引出道德论证的规范，从而为解决道德问题提供哲学帮助。所以关键性的问题是，如果把力量和意义区分开，对道德语词的意义分析还是不是一条反思道德论证方法的充分途径？前面我们已经提到，黑尔认为意义和逻辑推理的规则之间存在必然的联系，而使这一点成为可理解的，就需要把意义理解为按一定的**规则**使用语词所能完成的活动或者所能发挥的作用。在这种情况下，认为意义只包括狭义的涵义和指称，而不包括语内力量就显得不充分了。因为，正如黑尔所论证的，如果语词仅仅具有这样的狭义的意义，就不能完成**有规则**地使用语词所能完成的活动，如做出陈述、承诺、提问以及发出命令等等。

在把意义问题和逻辑问题联系起来的背景下，黑尔所争辩的问题就不是一个琐屑的问题。因为语内力量与涵义和指称一样是受规则支配的，例如，一个语句表达的是一个陈述还是一个命令，取决于语言的使用规则。而逻辑规则与语言的使用规则有着密切的联系。如果要想从道德语词的意义中提炼出道德思考的逻

---

[1] "Austin's Distinction between Locutionary and Illocutionary Acts", in *Practical Inference*, pp. 109-110.

辑，那么只关心狭义的涵义和指称就很可能是不够的。这样，我们就可以理解为什么黑尔说："……我确信真正关键的区分是在广义的意义（它既表征语谓行为又表征语内行为，因为二者都受规则或约定的支配）和不受这种支配的语介作用或预期作用之间。"①。

---

① "Austin's Distinction between Locutionary and Illocutionary Acts", in *Practical Inference*，pp. 109-110.

第二章

二十世纪前半期的元伦理学

黑尔作为一个元伦理学家崭露头角是在第二次世界大战之后。他在晚年这样描述他当时道德哲学领域的状况："当时在大不列颠，整个哲学已经经历了一场革命，道德哲学尤其如此。艾耶尔（A. J. Ayer）在 1936 年相当年轻的时候就发表了《语言、真理与逻辑》一书，并因此激起了一场争论。在我开始研究道德哲学时，人们认为，摩尔在他的《伦理学原理》一书中，已经决定性地驳倒了他所说的'自然主义'。他主张道德属性是一些科学研究无法进入的'非自然'属性，也许只有通过'直觉'才能加以理解。同时，这属性对道德思维来说又是难以捉摸的，以致在这个世界上似乎根本没有什么确定的道德属性或道德事实可以被我们的思维所把握。因此，正如情感主义者所说的，所谓的道德命题根本不是关于道德事实或道德属性的陈述，而仅仅是道德情感或道德态度的表达。这种观点在当时非常有吸引力。"①本章将要考察这些构成黑尔思想的直接背景的学说。

第一节
摩尔对自然主义谬误的批判

摩尔于 1903 年出版的《伦理学原理》，掀开了二十世纪道德哲学的序幕。在这本书中，摩尔提出了对价值词进行概念分析的

---

① 欧阳康主编：《当代英美著名哲学家学术自述》，人民出版社，2005 年，第193 页。

任务，从而成为元伦理学的肇始；并且他通过这种分析，发起了对自然主义谬误的批判，成为了后来旷日持久的"是－应当"问题之争的开端。

对摩尔来说，最基本的价值词是"好"。他区分了两种"好"：内在的好，或作为目的的好，和外在的好，或作为手段的好。一个东西是外在好的，也就是它能带来内在好的东西。显然，要理解外在的好，必须以理解内在好为前提。那么什么是"内在好"？摩尔认为，在这个问题上，人们极易犯一个谬误，"几乎在每一本关于伦理学的书中都能遇到它"①。摩尔称之为"自然主义谬误"。根据摩尔的观点，这一谬误的典型例子，是把"好"定义为"快乐"或"被欲求的"，等等。他批判的直接矛头指向的是约翰·斯图亚特·密尔的《功利主义》。摩尔引用了如下的话，作为靶子：

> 关于目的的问题，换言之，就是（关于）什么东西可欲（desirable）的问题。功利主义的学说是，幸福是作为目的而可欲的；其他东西只是作为该目的的手段而可欲。

> 对于一个对象被看见，所能给出的唯一证明是人们实际地看见它。一个声音能听到的唯一证据是人们听到它；对于我们经验的其他来源也是如此。我认为，以同样的方式，能得出任何东西可欲的唯一证据是人们实际地欲求它。②

对此，摩尔的反应是：

---

① *Principia Ethica*, p. 65.

② John Stuart Mill. *utilitarianism*, London: Longmans, Green, and Co. 1907, pp. 52−53.

好了，这就足够了。那是我的第一点。密尔如此稚拙、不加掩饰地运用自然主义谬误，达到了任何人能想象的极限。他告诉我们，"好"意谓着"可欲"，而只有寻求发现什么是实际被欲求的，才能发现什么是可欲的。

对伦理学来说，……企图证明"好"意谓着"被欲求"这一步是重要的一步……那么，这一步中的谬误是如此明显，密尔竟没有看到它，真是非常令人惊讶。①

摩尔这里所说的谬误指的就是自然主义谬误。然而，"自然主义谬误"是一个很不幸的术语，因为它容易使人误解。摩尔也没有给它一个统一、确切的说明。摩尔曾解释说，之所以称它为"自然主义谬误"，是因为这种谬误是把"好"与自然对象（如快乐）相混淆，而"好"不是一个自然对象。把一个自然对象和另一个自然对象相混淆，这种谬误不能称为自然主义谬误，而把一个非自然对象与自然对象相混淆，才能称为自然主义谬误。但是，摩尔紧接说："即使它是一个自然对象，也不会改变这个谬误的本质，或者使它的重要性减损分毫。"② 只不过这会使"自然主义谬误"这名称显得不恰当，但是，摩尔说，他不在意名称，他在意的是这个谬误。况且，自然主义谬误也不仅指把非自然对象与自然对象相混淆。摩尔认为形而上学伦理学也犯了自然主义谬误。形而上学伦理学所犯的谬误是认为"是好的"意谓着"具有某些超感觉性质"，也就是把"好"与某种超自然对象相混淆。

---

① *Principia Ethica*，p. 118.
② *Principia Ethica*，p. 65.

　　所以，玛丽·沃诺克在《一九零零年以来的伦理学》中说，摩尔说的自然主义谬误，首先是指企图定义"好"，然后才是用什么来定义"好"。而 W. K. 弗兰克纳（W. K. Frankena）则在 1939 年发表的《自然主义谬误》一文中指出，摩尔所说的自然主义谬误实质上与伦理学对象与非伦理学对象、自然对象与非自然对象的二分无关，也与"是－应当"的二分无关。这种谬误本质上是一种更为一般的谬误，即把不同的对象混为一谈，将两个不同的对象当作了一个对象。弗兰克纳把这种谬误称为"定义论谬误"："定义论谬误是把两种属性相混淆或相等同，把一个属性定义为另一个属性，或用一个属性代替另一个属性的做法。"① 但是，弗兰克纳说，并非给"好"下定义本身就是谬误，要证明给"好"下定义犯了定义论谬误，必须先证明"好"和被定义项是两种不同的属性，或者它是不可定义的。

　　应该说，弗兰克纳对摩尔意义上的自然主义谬误的解释是有道理的。摩尔的确需要证明，任何对"好"定义都会犯自然主义谬误，"好"这个概念是不可定义的。他用来论证这一点的武器是所谓"待决问题论证"（opening question argument）。这个论证可以这样来表述：如果我们把"是好的"定义为"是如此这般的"，我们总可以有意义（with significance）地问："如此这般的东西本身是好的吗？"这表明，我们的定义是不正确的，因为，如果我们的定义是正确的，那么，"如此这般的东西本身是好的吗？"这个问题就不是一个有意义的问题，一个有待于解决的问

---

① W. K. Frankena. "The Naturalistic Fallacy", in Philippa Foot（ed.），*Theories of Ethics*，Oxford：Oxford University Press，1967，p. 57.

题（opening question），而是一个琐屑的问题，一个答案显而易见，不问可知的问题。举例来说，如果我们把"好"定义为"我们意欲欲求的"，那么说"a 是好的"，就等于说"a 是我们意欲欲求的"。这样一来，我们就不能有意义地问："a 是我们意欲欲求的，但是，a 是好的吗？"因为这等于问："a 是我们意欲欲求的，但是，a 是我们意欲欲求的吗？"不论我们给出的定义是什么，我们都可以使用待决问题论证来反驳它。所以，任何定义"好"的企图，都是不成功的。因而，"好"是不可定义的。

摩尔认为，由于自然主义谬误，人们没有正确地回答"什么是'好'"这个问题，导致了伦理学的混乱，特别是无法建立起作为一门系统知识的伦理学，把伦理学与心理学、进化论等其他门类的知识混淆在一起。摩尔从"好"不可定义得出的结论是，好是一个单一的、不可分析的独特对象。

摩尔区分了三种定义：（1）任意的语词定义，即某个人说某个词时所表示的意思；（2）语词的通常定义，即大多数人说这个词时所表示的意思；（3）一个词所意谓的对象是如何构成的。前两种定义都是语词层面上的，是关于语词所意谓的是什么；而第三种是概念层面上的，它不是关于语词所意谓的对象是什么（这被当作已知的），而是关于被意谓的对象是怎样的。在这种意义上，定义一个概念，就是把这个概念的组成部分分别列举出来。在前两种意义上，摩尔不否认"好"可定义，但在第三种意义上，"好"不可定义。摩尔对定义的看法应该与二十世纪初期发展起来的指称意义论联系起来理解。这种理论的最简单的版本认为，一个词的意义就是它所指称的东西。有些词指称个体，如"苏格拉底"，有些则指称共相，如"黄"，它是所有黄色的东西所共有的属性。不过，摩尔心目中的共相与柏拉图式的理念仍有不同。柏拉图式的理念都是单一不可分的东西，但是，摩尔的共相却并非都是单一的东西。比如"马"这个词所指称的共相（概念），在摩尔看来，就是一个复合概念，是可以分析的。对"马"的定义，就是把这个概念的构成成分列举出来。所以有学者指出："……只有在洛克主义的语境中，摩尔的论证才看起来有道理。"① 洛克认为语词的意义是它们表达的观念，而观念有复杂观念和简单观念之分，复杂观念乃是简单观念的结合，简单观念则是单一不可分的东西。在这个方面，摩尔回到了洛克。当然，与洛克不同的是，摩尔并不认为语词指称的对象是是主观的观念，是某种心理的东西。摩尔相信"黄""马"所指称的共相是某种客观存在的抽象实体，在这个方面摩尔又表现出柏拉图主义的色彩。

既然"好"不可定义，那么就只有两种可能，一种可能是"好"指称的是一个简单的不可分析的概念；另一种可能则是"好"根本是无意义的，即它不指称任何对象。但是摩尔否定了后面这种可能。在此，摩尔并没有给出任何强有力的论证来证明"好"（在指称论的意义上）是有意义的。虽然他声称，待决问题论证同样可以消除"好"没有意义的假设，但是，如果我们考察他的论证的话，就会发现，他论证的是，"快乐"，或其他任何东西，不可能与"好"指的是同一个东西，因为问"快乐是好的吗？"不同于问"快乐是快乐吗？"② 他说，任何人，如果他理解

---

① Peter Simpson. *Goodness and Nature*：*A Defence of Ethical Naturalism*, Leiden：Martinus Nijhoff Publishers，1987，p. 16.

② 见 *Principia Ethica*，p. 68.

"好"这个词，都会意识到这个概念，虽然他不一定意识到这个概念和其他他所意识的概念之间的区别。然而，证明"好"所表达的概念不同于"快乐"所表达的概念，其前提是"好"的确表达了某种概念，这正是摩尔需要证明的。但是摩尔实际上没有给出证明，而是把它当作显然的。在这个问题上，摩尔显然有偷用论题之嫌。待决问题论证，如果成立，也只能证明像"好"这样的价值词是不可定义①的，并不能证明"好"指称某种对象。因此，人们可以认可待决问题论证，进而认可"好"不可定义，但仍然可以否认"好"具有摩尔所认为的那种指称论上的意义。故此，即使证明了"好"不可定义，摩尔对"好"之所以不可定义的解释，即"好"指称一个单一的、不可分析的对象，仍然是成问题的。

摩尔认为，证明"好"是一个单一、不可分析的概念，这个结论不是无足轻重的，因为，它等于说"关于好事物的命题全部都是综合的，而不是分析的"②。任何人都不能通过声称"那就是'好'这个词所意谓的"，来贩卖"唯有快乐是好的"或"好的就是被欲求的"这样的主张。不过，需要指出的是，摩尔的前一个解释包含着某种循环。因为摩尔对"好"是一个单一、不可分析的概念这一断言的证明，依赖的是待决问题论证。而待决问题论证恰恰是以关于好的命题都是综合的，而不是分析的这一观点为前提的。如果可以把"好"定义为 x，那么"x 是好的"就成了分析命题，"x 是好的吗?"就不成其为待决问题了。所以摩

---

① 严格来讲，所谓"好"不可定义，是指不能给出特征性定义或者描述性定义，即用某个或某一组描述性特征来定义它。

② *Principia Ethica*，p. 58.

尔是从所有关于好的命题都是综合的，来表明"好"不可定义，因此是单一的、不可分析的概念，而不是相反。摩尔的关于"好"不可分析的结论，其真正的重要性，是像他的第二个解释那样，在于对道德论证的影响。

自然主义谬误与伦理学的关系是什么？摩尔看法是这样的：第一，它不能提供伦理原则所需要的理由；第二，它使人容易接受错误的原则。要避免在道德推理上犯错误，就必须弄清称某个东西好意谓着什么。如果"好"表示的是事物的属性，并且是一种单一的、不可分的、自成一类的属性，那么如下的论证就是无效的：

> 凡是具有属性 x 的东西是好的，因为这是"好"的定义。
>
> A 具有属性 x。
>
> ————————————————
>
> A 是好的。

摩尔认为快乐主义之所以会流行，就是因为犯了自然主义谬误。批判自然主义谬误虽然不等于驳倒了快乐主义，但至少揭示出快乐主义并不像乍看起来那样理由充分，而是成问题的，从而为进一步揭示其错误敞开了大门。既然"好"不可定义，"好"所表示的属性就不能还原为其他任何属性。因此，我们就不能以断言某个东西具有某种属性的自然科学命题或形而上学作为推论伦理学命题的基础。这也表明，伦理学是一门独特的学科，不能被归并到其他学科中去，其他学科的研究方法，不论是自然科学的还是形而上学的，对于伦理学来说都是不充分的。

那么，从"好"的意义的探究中能得出什么样的伦理学方法论方面的结论呢？摩尔的看法是，从对"好"这个概念的本性的理解中，可以得出，所有的伦理学命题，最终依赖于必须直接接受或拒斥的命题，这也可以表达为"伦理学的基本原则必须是自明的"①。但是，摩尔特意澄清，这个表达并非表明，伦理学的基本原则之所以是真的，是因为它们对所有人都是显然的。他并不认为对所有人显得是真的，可以用来有效地论证一个命题为真。在这里，说一个命题是自明的，摩尔指的是，它没有进一步的理由，除了它自身之外，没有什么能作为它为真的**逻辑**根据；它处于论证链条的终端，本身是不可论证的。除了直接把握它的真之外，没有其他途径来把握它的真。我们不能做这样的推论：因为我们不能设想事情是另外一个样子，所以，这个命题是真的。如果要做这样的推论，这个命题就不是自明的，因为它的证据不是自身，而是别的东西，即我们对它的确信。的确，摩尔承认，我们只有通过直觉才能把握伦理学的基本原则，但这并不是说，直觉成了伦理学原则为真的**逻辑**根据。摩尔在说明"好"不可论证时，曾把"好"与"黄"相类比。它们都是单一的、不可分析的、不可定义的概念。在此，我们可以用这个类比来说明摩尔的"自明性"概念和直觉的地位。因为黄色是单一、不可分析的属性，因此我们除了直接看到一个东西是黄色的之外，不能借助于任何其他事实，如这个东西反射的光的波长，来**演绎地**推论这个东西是黄色的。因此，"这个东西是黄色的"是一个自明的命题。但是，"我看见这个东西是黄色的"，在逻辑上推不出"这

---

① *Principia Ethica*，p. 193.

个东西是黄色的",虽然除了**看见**它是黄色的之外,我们无法知道它是不是黄色的。因此,尽管在认识论上视觉观察是最终确定地把握一个对象颜色的唯一合理的方式,但是,第一,视觉观察不是一个对象具有某种颜色的逻辑根据;第二,视觉观察也并非不可错的,不能保证我们对对象颜色的把握一定为真。虽然直觉是与视觉不同的认识能力,好性也是与自然属性黄色不同的非自然属性,但是类似的结论也可以用于对好性的直觉:尽管在认识论上直觉是把握一个对象好坏的唯一可能的方式,但是,直觉既不是一个对象好或坏的逻辑根据,也不保证我们对对象好坏的把握一定正确。因此,虽然可以在一定意义上说,摩尔是个伦理直觉主义者,但这种直觉主义主要是概念分析的逻辑结果,而不是为直觉做认识论上的辩护。

与摩尔同时代的 H. A. 普理查德(H. A. Prichard)和 W. D. 罗斯(W. D. Ross)也是直觉主义者,但摩尔是效果论者,普理查德和罗斯是道义论者。摩尔认为"好"是比"正当"(right)更基本的概念,行为的正当性可以用后果的好性来定义。事物的内在价值要通过直觉来认识,行为的正当性则需要论证。普理查德和罗斯都坚决反对用"好"来定义"正当",而认为"正当"同样是一个基本概念,是不可定义、不可分析的非自然属性。罗斯指出,摩尔关于好性不可定义的论证同样适用于正当性和义务性。因此,什么是义务,只能通过直觉来判断,而不是从行为的后果的好坏来推论。普理查德和罗斯在摩尔留下的基础上,建立起了道义论直觉主义。

彼得·辛格说,直觉主义阵营内部的这种分歧"是导致人们后来最终拒绝直觉主义的原因之一。……但是导致这种否弃的,除了上述原因之外，还有一种更强有力的哲学动因"①。这种哲学动因就是逻辑实证主义的兴起。

第二节
逻辑经验主义

逻辑实证主义发端于维也纳学派，石里克、卡尔纳普是其代表人物，后又由艾耶尔加以普及，对英国哲学界产生了巨大影响，逻辑实证主义的理论核心是它的意义理论。逻辑实证主义的意义理论，与摩尔的那种指称论的一个不同之处在于，它不是孤立地谈词的意义，而是把句子作为意义的基本单位，词的意义要在一个句子中才能得到澄清。卡尔纳普说："**一个词的意义**是什么呢？必须制定哪些关于词的规定，才能使词有意义呢？……首先，必须确定词的**句法**，即词在它可以出现的最简单句型里的出现方式；我们把这种句型称为这个词的**基本句子**。"② 弄清词的意义，必须弄清句子的意义。如果包含某个词的句子不可能有意义，这个词也就是无意义的。

逻辑实证主义把有意义的句子限定在陈述句的范围内。但是，并不是任何貌似陈述句的句子都是有意义的。如果一串词，貌似构成一个陈述，实则这串词不是一个有意义的陈述，那么这

---

① 艾伦·格沃斯等：《伦理学要义》，戴杨毅等译，中国社会科学出版社，1991年，第128～129页。

② 洪谦编：《逻辑经验主义》，商务印书馆，1982年，第15页。

串词就只是一个伪陈述。逻辑实证主义承袭了罗素的观点，即某些表达式的真正结构与它的表面结构是不同的。因此，会有某些表达式表面上是一个陈述，但是，如果揭示出它们的实际结构的话，就会发现，它们并非真正的陈述，只是一些伪陈述。

逻辑实证主义把有意义的陈述分为两类，一类是分析陈述，一类是综合陈述。分析陈述是因其逻辑结构而为真的陈述，这样的陈述是重言式。分析陈述只是重言式，所以，它们没有任何事实内容，并不告诉我们事实是怎么样的，在这个意义上，可以说它们什么也没有说。但是，由于分析陈述的真是可判定的，逻辑实证主义者仍然认为它们是有意义的陈述。

综合陈述的真假则不能通过陈述的形式来判定。逻辑实证主义提出可证实原则作为综合陈述的意义标准，即，一个综合陈述是有意义的，当且仅当它在原则上是可以通过经验来证实（或证伪）的。这并不要求综合陈述是已经得到证实的，甚至不要求它们实际上可以证实，而只需要能指明，什么样的经验观察，可以确定它们的真值。只有这样的综合陈述，才是有事实内容的，才对世界是怎样的有所言说。最强的可证实原则要求综合陈述原则上能得到完全的证实，但这个要求过强，以至于几乎没有什么语句是可以完全证实的。所以，卡尔纳普提出用确证来代替证实，只要经验观察能使一个语句得到一定程度上的确证，或使该语句的否定得到一定程度上的确证，那么，就可以承认这个语句是一个有意义的陈述。艾耶尔则提出了弱的可证实原则，即只要一个语句的真假判定与经验观察相关，就可以了。

逻辑实证主义者都认为，形而上学语句不满足可证实性的要求，因此主张把形而上学作为无意义的东西予以排除。不过，逻辑实证主义者对这里的意义概念做了限定，认为可证实性原则是有无认识意义，或字面意义，或描述意义的标准，形而上学在某种含义上也可以说是有意义的，但这种意义不是认识意义，或字面意义，或描述意义。

是否应该把道德判断也作为没有意义的东西从知识领域中排除出去，在逻辑实证主义者中不是完全一致的。石里克的《伦理学问题》代表了逻辑实证主义对于伦理学的早期观点。他反对以摩尔为代表的直觉主义观点，因为"它并不能说明道德判断为什么会有许多变化。即使在进一步假设道德感觉在许多人中很不发达或者完全缺乏这种感觉，那也仍然不足以解释这种变化"①。虽然他承认，密尔从一个事物是所欲的，推出这个事物是可欲的，应该受到批评，但是，这不是因为"所欲"和"可欲"是两个不同的概念，而是"可欲"根本没有意义。"是否有东西因为自身的缘故才是可欲的，这个问题根本构不成问题，只不过是一些空洞的词语而已。另一方面，关于什么东西因为自身的缘故而实际上被人所欲，则当然是个非常可以理解的问题，伦理学其实只是同回答这个问题有关系。"② 后面这个问题是一个经验问题，因此是有认识意义的。伦理学的任务不是去证明道德规范，道德规范不可能得到最终的证明，只能作为一个事实被接受下来；伦理学是心理学的一部分。

不过，除了石里克之外，逻辑实证主义者大都不赞同道德判断有认识意义，逻辑实证主义关于伦理学的主流观点是以艾耶尔

---

① 石里克：《伦理学问题》，商务印书馆，1997年，第18页。
② 《伦理学问题》，第26页。

为代表的情感主义。

前面我们已经指出，按摩尔的推论，既然"好"不可定义，那么，要么"好"指称单一的、不可分析的属性，要么它不指称任何东西，从而是无意义的。摩尔否定了后者（虽然他并未做出强有力的论证），因此他断定"好"指称单一的、不可分析的属性，道德判断只能通过直觉来认识。然而，大多数逻辑实证主义者，虽然和摩尔一样，认为"好"不可定义，但却不承认"好"，以及其他价值词有意义。卡尔纳普就主张，整个规范哲学和价值哲学都应该被宣判为无意义。

艾耶尔反对对价值词的功利主义分析和主观主义分析。在他这里，前者指的是把行为的正当性和目的的好性用该行为或目的引起的快乐、幸福或满足来定义；后者指的是把好性或正当性定义为某个个人或群体对目的或行为的态度或情感。这两种观点都把道德判断还原为心理学或社会学的判断。如果这两种定义方式可以成立，那么道德判断就可以满足可证实性的标准，从而是有认识意义的。艾耶尔的论证与摩尔的待决问题论证并无实质性差别。他说，说一个被普遍赞同的行为或东西是错误或坏的并不自相矛盾；同样，一个人承认他赞同错误行为或坏的东西也不自相矛盾。这就表明主观主义的观点站不住脚。类似的论证也可用于功利主义。说有时做会带来最大幸福或快乐的最大余额的事是错误的，并不自相矛盾。因此，把道德判断还原为心理学或社会学的判断是行不通的。

艾耶尔进一步辩称，承认价值词不可定义，并不意味着为直觉主义敞开了大门。因为直觉主义存在难以解决的认识论上的困难。对某个人来说在直觉上确定无疑的东西，在另一个人看来却是可疑的，或虚假的。如果没有任何标准可以在冲突的直觉之间做出判定，那么仅仅诉诸直觉，对于检验陈述的真假毫无用处。既然直觉主义不能提供任何可以证实价值判断的方法，那么，直觉主义就无权主张价值是有认识意义的，或价值判断为我们提供了某种知识，所以，直觉主义的元伦理学不可能是正确的。

由于道德判断或价值判断无法满足可证实标准，那么它们没有认识意义。然而，在日常生活中，不可避免地会使用道德判断，它们是人类生活中不可缺少的东西。如果把道德判断作为无意义的废话加以拒斥，很难为常识所接受。如果从逻辑实证主义出发必定得出道德判断是无意义的废话的结论，那么逻辑经验主义也很难被人们接受。逻辑实证主义也必须承认，道德判断毕竟是有所言说的，因而是有某种意义的。卡尔纳普称道德判断是"伪装的命令"。在逻辑实证主义者中，对道德判断的意义的解释最为系统的是艾耶尔。

艾耶尔认为道德判断具有的功能是情感性的，虽然伦理学陈述不具有描述意义，但具有情感意义。具体来说，伦理学陈述的功能是，第一，表达说话者的情感或态度，第二，具有唤起听话者相似的情感和态度的倾向①。艾耶尔特别强调了他的观点与主观主义的区别。主观主义认为道德判断描述（describe）了说话者的态度，因而这样的陈述是或真或假的。而艾耶尔则认为伦理学陈述表达（express）了说话者的态度，这样的陈述无所谓真假。为了说明表达与描述的不同，艾耶尔把伦理学陈述与呻吟、

---

① 最早提出这种观点的可能是 I. A. Richards 和 C. K. Ogden。见 I. A. Richards，C. K. Ogden. *The Meaning of Meaning*，London：The Morland Press Ltd.，1923，p. 113.

吼叫相类比。呻吟、吼叫是情感的表达，而绝不能看作情感的描述，表达与描述之间有重大区别。因此情感主义不可与主观论混为一谈。

艾耶尔承认道德判断虽然不同于事实陈述，但却是与事实相关的。因为情感和态度总是关于事实的情感和态度。只不过道德概念并不增益任何事实内容。他说：

> 一个伦理学符号出现在一个命题中并未给该命题的关于事实的内容增加任何东西。因此，如果我对某人说："你偷那笔钱是错误的"，比起我只说："你偷了那笔钱"，并没有陈述更多的东西。……我只是在表明我对那种行为在道德上是不赞成的。这就如同我用一种特别憎恶的声调说："你偷了那笔钱"，或者如同我加上一些特别的惊叹号写出这个句子。那个声调或那些惊叹号对那个句子的字面意义没有增加任何东西。[①]

这种情感主义理论可能会遭到的一个反驳是：如果情感主义是正确的，人们怎么可能就伦理学问题或者说价值问题进行争论？既然当一个人说"x 是好的"而另一个人说"x 是坏的"时，他们只是在表达各自的情感，类似于一个人用喜欢的语调说"x"，而另一个用厌恶的语调说"x"，他们之间并不产生任何争论。然而，在常识看来，能够就伦理问题进行争论似乎是显然的。对此，艾耶尔的回答是，人们的确不可能就伦理问题或价值问题进行争论。按他的观点，只有两个语句不可能同真，必有一

---

① *Language*，*Truth*，*and Logic*，p. 142.

假，才能说它们是矛盾的。伦理学陈述是表达情感和态度的，本身无所谓真假，也就无所谓矛盾。如何解释实际中似乎存在伦理争论呢？艾耶尔说，在这些争论中，我们争论的实际上并不是伦理问题本身，而是事实问题。因为道德判断是关于事实的，事实认定的不同会导致不同的伦理判断。例如，由于对于某人的某行为发生的环境、行为的动机以及可能产生的后果等事实问题有不同的认识，一个人可能会认为这个人的这一行为是正当的，而另一人则会认为是错误的。当他们发生争论时，他们能够争论的只是这些事实问题。他们能够论证的是，对方对行为的动机、后果等诸方面的了解是错误的。一旦对方同意了自己对事实的认定，对方对于这一行为的态度也就可能改变。可见我们之所以可以在伦理问题上说服别人，是因为我们在更深层次上的态度一致，分歧只发生在事实层面上。可是如果不存在这种深层次的态度一致，如果分歧不是关于事实的，而是纯粹关于价值问题的，情况又如何呢？对此，艾耶尔说："……当他承认了全部事实时，他仍然与我们在所讨论的道德价值上有分歧，那么我们就放弃用论证来说服他的企图……这只是因为，当我们处理与事实问题有别的纯粹价值问题时，论证无效，最后只得求助于谩骂。"①

艾耶尔的情感主义否认了道德论证的可能性，也就把道德问题从理性领域中排除出去了。在他看来，规范伦理学是没有合法性的。我们所能做的合法探究只能是探究一个给定群体的道德习俗是什么，这种习俗和情感产生的原因是什么；分析伦理学概念的意义。前者属于心理学和社会学的范围，不属于伦理学，而留

---

① *Language*, *Truth*, *and Logic*, p. 147.

给伦理学的任务就只是对伦理学概念的分析了。

第三节
斯蒂文森的情感主义

逻辑实证主义造成了元伦理学的一个重大转折，突破了传统的指称论观点对价值词的解释，而试图从新的角度来审视价值词和道德判断的功能。但是逻辑实证主义的意义理论妨碍了它的这一工作。如果道德判断具有的是情感意义，那么逻辑实证主义缺乏一种能够涵盖认识意义和情感意义的一般意义理论，在解释什么是情感意义上，更显得无能为力。另一方面，由于逻辑实证主义者的兴趣主要在认识论方面，所以他们对伦理学问题的分析显得过于简单粗暴，以至于走到了完全否定规范伦理学存在的合法性这一极端的立场上。情感主义在 C. L. 斯蒂文森手中才得到了更为充分和成熟的发展。

斯蒂文森认为，要说明什么是情感意义，就需要说明什么是意义。对意义的一般阐述，要能说明情感意义是意义的一个子类，要能对它和其他种类的意义，如描述意义，给予某种统一的说明。把意义定义为符号所指的东西满足不了这种要求，"因为某些词（例如'哎呀'），并没有指称，但确实拥有一种意义——即情感意义。"①

---

① *Ethics and Language*，p. 42.

在斯蒂文森看来，更有希望的解释是心理主义的解释。按照这种解释，"一个符号的意义必须根据使用该符号的人的心理反应来定义。……情感意义和描述意义都是这一属意义下面的不同种意义，因为人们可以用所涉及的心理过程来区分这些不同的种意义"①。

不过，这种意义的心理学解释存在一个难题。因为"意义"的任何定义都要满足一个要求，即意义要保持某种相对的稳定性，而符号所伴随的心理反应则是变动不居的。

为了解决这一困难，斯蒂文森引入了倾向（disposition）这个概念。这个概念可以用刺激—反应模式来解释。一种能产生某种明显影响的简单因素称为广义的"刺激"（如咖啡的量），刺激所能造成的某种影响称为广义的"反应"（如咖啡引起的兴奋感）。此外还存在比较复杂的因素（如初始的疲劳程度、胃的吸收状况，以及神经系统的素质等），它们是伴随条件，刺激在这些伴随条件下才产生反应。单独来看，刺激和反应之间并不存在稳定的联系，因为这种联系会因伴随条件的变化而变化。但是，如果在每一固定的伴随条件下，特定的刺激都以固定的方式与特定的反应相联系，那么，我们就可以说，这种刺激具有引起这种反应的倾向。这样一来，斯蒂文森就可以用一种修正了的方式来表述他的心理主义意义论："在所要求的心理学含义上，符号的意义不是在任何一个时刻伴随符号的某种具体心理过程，而是符号的倾向性属性。"② 伴随符号的心理过程是变动不居的，而这

① *Ethics and Language*，p. 42.
② *Ethics and Language*，p. 54.

种倾向性却是相对稳定的。

符号和心理过程之间的关系是双向的，既可能符号是刺激，心理过程是反应，也可能心理过程是刺激，符号是反应。因此，符号的意义从听话者的角度来说，是符号引起某种心理过程的倾向；而从说话者的角度来说，是符号被某种心理过程引起的倾向。

这样一种对意义的一般解释，可以把情感意义和描述意义都包括在其中。它们的差别在于它们所涉及的心理过程不同。对于情感意义来说，作为刺激或反应的心理过程是感情（feeling）或态度（attitude）；对于描述意义来说，则是认知性的心理过程，如相信、思考、假设、假定等。

斯蒂文森强调，他所说的感情和态度有一个重要的区别。"感情"指仅凭直接内省就能觉察到的感情状态。态度则要复杂得多，斯蒂文森并没有给它一个精确的定义，只是解释说："实际上，它本身是一个倾向性属性（因为倾向在整个心理学中无处不在）的复杂结合物，标志它的刺激和反应关联着阻碍或助长所谓态度'对象'的一切东西。"[1] 不过，这个解释表明了情感意义具有动力性，即与行动相关联，因为态度是与（阻碍或助长态度"对象"的）行动相关联的一种倾向，而情感意义又是与态度相关联的一种倾向。实际上，斯蒂文森的情感主义中，对态度的谈论要比感情多得多，有人甚至说最好称之为"态度理论"[2]。

艾耶尔强调对情感的表达和描述是不同的，但是，区分究竟

---

① *Ethics and Language*, p. 60.

② 参见汤姆·L·彼彻姆：《哲学的伦理学》，中国社会科学出版社，1990年，第531页。

何在，他并没能给出说明。斯蒂文森的意义理论则能做出更好的解释：一个符号表达情感，是指这个符号有被情感或态度引起的倾向；而对情感的描述中，符号的倾向所涉及的心理过程是某种对情感的认知。

斯蒂文森也注意到，并非一个符号能使我们想到的任何东西都是意义。例如，当有人说"那个人是猪"时，这句话传达的信息显然不能全部归入这句话的意义中，因为，从字面意义来看，这句话是假的，然而，听话者却可能从中得到某些真实信息。斯蒂文森认为暗示与意义的区别在于暗示不受任何规则的限制，具有很大的模糊性。需要注意的是，实际上，斯蒂文森涉及的只是描述意义和描述性暗示的区别，他似乎并不认为这种区别对情感意义也适用，也就是说，似乎情感意义与规则无关。

斯蒂文森不像艾耶尔那样用经验证实原则来作为划分事实陈述与非事实陈述的标准，而是通过分析伦理分歧的性质来说明伦理学与科学的不同。他认为分歧可分为两大类，即信念分歧和态度分歧。前者是科学、历史、传记及相应的日常生活中出现的分歧，后者是意图、愿望、需要、爱好、欲望等等的对立。"两类分歧的区别主要在这一方面：前者是关于如何真实地描述和解释事情；后者是关于这些事情如何受到赞成或不赞成，以及如何为人类的努力所左右。"① 艾耶尔认为，只有事实判断才可能有矛盾，因为只有事实判断才有真假。这使得他没能解释为什么有伦理分歧。斯蒂文森认为态度分歧也是一种真正的分歧，分歧的信念不能同时为**真**，分歧的态度不能同时得到**满足**。在他看来，伦

---

① *Ethics and Language*，p. 4.

理分歧具有两重性，即往往既包含态度分歧也包含信念分歧。然而斯蒂文森强调的是态度分歧，实际上他认为态度分歧对与伦理学分歧才具有本质性。他指出，首先，态度决定在当前的讨论中，哪些信念是相关的；其次，态度决定了伦理学争论何时会结束；只要态度分歧存在，即使没有信念分歧，伦理学争论仍然存在。反之，如果消除了态度分歧，尽管仍有信念分歧，伦理争论也已经结束了；第三，把伦理学与其他科学区别开来的主要是态度因素而非信念因素。可见，按斯蒂文森的观点，伦理学分歧的实质是态度分歧，态度分歧是伦理学分歧存在的充分必要条件。而信念分歧只在能够引起态度分歧，与态度分歧有因果关系时，才与伦理学分歧相关。

斯蒂文森对伦理分歧的分析，为他分析伦理学语言开辟了道路。他认为对伦理学的语言分析应与伦理分歧的两重性相适应。与艾耶尔只承认伦理学术语的情感意义不同，斯蒂文森认为伦理学术语既具有情感意义，也具有描述意义。伦理学陈述与事实陈述的不同不在于前者没有描述意义，而在于前者不仅有描述意义，而且有情感意义。

斯蒂文森采用两种模式来分析伦理学词项。他认为我们很难确定地区分哪些事实信息是由伦理学词项所意谓（mean）的，哪些是暗示（suggest）的。意义和暗示的边界并不是既定的事实，毋宁说，这一边界是通过分析才形成的。因而，边界的划定方式不只一种。他认为可以有两种分析模式。第一种模式可以看作以下工作模型的扩展：

（1）"这是错的"，意思是：我不赞成它，你也别赞成吧！

（2）"他应该这样做"，意思是：我不赞成他不这样做，你也别赞成吧！

（3）"这是好的"，意思是：我赞成它，你也赞成吧！①

斯蒂文森不把（1）－（3）当作对"正当"（错误）、"应当"、"好"（坏）的定义，而称它们是工作模型，原因是他认为具有情感意义的词无法定义，因为几乎没有两个词能具有相同的情感意义。所以工作模型只是一种分析伦理学词项意义的模式。第一种模式的特点是将描述意义限制在对说话者本人态度的描述上，而将其他信息归为暗示。他采用这个模式的目的是突出强调伦理学词项的情感意义，以显示伦理学判断具有与科学判断迥然不同的特征，同时为进一步理解更为复杂的第二种分析模式提供基础。

值得指出的是，工作模型中，情感意义是用祈使句来表示的。不过，斯蒂文森意识到这样做是有缺陷的，因为，他认为，道德判断影响别人情感的功能是通过更为复杂而微妙的方式实现的："道德判断借助这种意义来改变态度，不是诉诸有意识的自觉努力（像祈使句通常所做的那样），而是诉诸较灵活的联系机制。"② 但是，这并不改变斯蒂文森对祈使句的基本理解，即，它们的功能是影响听话者的态度，这也是它们与道德判断的共同特征。

---

① *Ethics and Language*，p. 21.
② *Ethics and Language*，p. 33.

第四节
斯蒂文森的伦理学方法

正是由于道德判断的意义中存在情感性成分，道德判断不可能像没有情感成分的科学判断那样得到证明。对道德判断来说至关重要的是要唤起听话者对某事的相应态度，而不是相信某事。斯蒂文森认为伦理学问题产生于态度分歧，解决伦理学分歧就是消除态度分歧，包括改变对方的态度，改变双方的态度，甚至改变自身的态度。因而伦理学所要求的方法是改变态度的方法。

在第一种模式下，使对方接受或放弃一个道德判断的方法也就是使对方赞同说话者所赞同之事、不赞同说话者不赞同之事的方法。斯蒂文森对这样的方法进行了详细的描述和分类。大体上讲，可以分为使用理由的方法和不使用理由的方法。

使用理由的方法即理性的方法。按照理由与伦理判断有无逻辑关系，这种方法又可分为两类。其一是理由与伦理判断有逻辑关系，例如通过指出对方在逻辑上不一致来反驳对方。其二是理由与伦理判断没有逻辑关系，而有心理学上的因果关系。这种方法所使用的理由是"表达信念的陈述"①，因而可以用科学的方法来证明这些理由，或换一种说法，使对方接受这些信念。斯蒂文森主张事实判断与伦理判断没有逻辑关系，但有心理上的因果

---

① *Ethics and Language*，p. 140.

关系，从而可以起到支持或反驳伦理判断的作用。这里支持与反驳都不能在逻辑意义上理解，所谓支持某个伦理判断是指有助于让人接受这个判断，反驳指有助于使人不接受这个判断。理由的使用是利用信念与态度之间的因果作用，通过改变信念来改变态度。理性的方法实际上只能直接用于解决事实问题，只有当态度根植于信念时，理性的方法才能影响到态度，才有可能消除态度分歧，解决伦理问题。但是斯蒂文森指出，因为态度分歧和信念分歧的关系不是逻辑上的而是事实上的，所以一切态度分歧皆根植于信念分歧是一个无法证明的假设。我们只能说，在某些情况下理性的方法可以最终解决伦理问题，但不能保证情况总是如此。

因此，斯蒂文森主张，仅有理性的方法对于伦理学是不够的，不过不必因此而感到失望，因为还存在非理性的方法，也就是不使用理由的方法。他论证说：

> 像所有心理现象一样，态度是诸多决定因素的结果，信念只是多组因素中的一组。其他因素在争论过程中受到控制，因而可以有助于改变一个人的态度，就此而言，它们都能够被用作获致伦理一致的手段，事实上它们也的确被这样使用着。这样的方法就构成了伦理学的"非理性方法"，这是我们现在必须加以研究的。①

斯蒂文森所说的非理性的方法甚至可以包括奖励和惩罚。不过，它们不能算作正常意义上的"论证"。他所重点考虑的是作

---

① *Ethics and Language*，p. 139.

为日常争论的一部分并被大量使用的"说服性方法"。对说服性方法的研究构成了斯蒂文森伦理学方法论的一大特色。说服性方法区别于其他非理性方法（如奖励与惩罚）的特点在于它使用语言为手段。不过说服性方法所利用的是语词纯粹的、直接的情感性影响，包括情感性意义，修辞性语调，恰当的隐喻，洪亮的、刺激性的或恳求的声调，戏剧性的手势，注意与听众或观众建立和谐关系等。

例如，在论辩中，为了让人赞同某件事，反复地强调这件事是"义务"，是"应当的"，是"道德责任"等。按第一种分析模式，除了说话者的赞同态度外，这些词并没有告知听者更多的信息，然而，由于这些词的情感意义，通过适当的强调而产生的积累效应，就能产生改变对方态度的效果。不过，斯蒂文森承认，纯粹的情感词和纯粹的描述词都是很少的，因而也很少有纯粹的说服性方法。说服的方法往往与理性的方法相伴随。例如我们在使用"独裁者""民主"这些字眼时，一方面利用了它们的情感意义进行说服，另一方面，由于它们的描述意义，传达了某种信息，因而又具有理性方法的性质。斯蒂文森强调说服方法对伦理学的必要性，他说："我们也许可以有根据地说，任何人，不论他多么热爱理性，当他受到说服加理由的影响时，其效果比他仅仅受到理由的影响要更大更持久。"[①] 他认为规范伦理学著作的风格之所以与科学论文明显不同，原因就在于此。

第一种分析模式把伦理学术语的描述意义减到了最低限度，仅限于描述说话者本人的态度，以至于几乎可以忽略。斯蒂文森

---

① *Ethics and Language*，p. 140.

认为还存在第二种分析模式。这种分析模式将第一种分析模式归为暗示的描述内容纳入伦理学术语的描述意义中：

> "这是好的"这个判断，除了具有褒扬的情感意义，使之能够表达说话者的赞同并倾向于激起听者的赞同外，还有这样的意义，即"这具有性质或关系 x，y，z……"[①]

有趣之处在于，这里的描述内容是用变项来表示的，可用不同的性质、关系来代入 x，y，z 等变项。因此，斯蒂文森实际是认为描述意义和情感意义是两个分离的成分，而不是在逻辑上必然地结合在一起。可以用不同的描述意义与情感意义组合，得到不同的定义。因而第二种模式的定义往往是所谓说服性定义。这种定义是说服性的，是因为它有调整人们的态度的功能，这种功能是通过把情感意义同某种描述意义结合来实现的。接受一个说服性定义，就是对具有某种特征的事物采取特定的态度。例如，"文化"这个准伦理学术语，对它如何定义将会决定我们是否称某种人为"有文化的人"，由于"文化"一词的情感意义，是否称他们为"有文化的人"，实际上表达了我们对他们的态度。

斯蒂文森告诫说，虽然第二种模式将更多的描述性内容纳入伦理学术语的意义中，却并不会使伦理学变得更"客观"或更"丰富"。两种模式的区分主要是在语言学上有趣，而非在伦理学上。如果说第一种模式表明伦理判断具有情感功能，那么，第二种模式表明伦理学中定义也具有情感功能。特别是分析模式的转换并不改变关于伦理学方法的结论。如果给定了"好"这个词的

---

① *Ethics and Language*，p. 207.

一个第二种模式的定义，将在逻辑上有效地得出"某物是好的"这一判断，只要该物具有定义中所提及的 x，y，z 等性质或关系。而"某物具有 x，y，z 等性质或关系"是一事实陈述，完全可以用科学的方法来论证。然而这并不表明在第二种模式下，伦理学方法是完全理性的。因为第二种模式的定义是说服性的，如果不接受特定的定义，上述论证将没有有效性。而关于是否接受某一说服性定义的分歧，本身就是伦理分歧，而不是纯粹语词问题。如何就是否接受某一说服性定义达成一致，所需采用的方法就是第一种模式下所述的那些方法。例如理性的方法：如果对定义中的描述性内容 x，y，z 等的态度与某些信念有心理关系，就可以通过论证这些信念来调整对 x，y，z 的态度，从而使对方同意将 x，y，z 纳入（或排除出）定义中。同样，非理性的说服性方法也可以应用于支持或否定某个说服性定义。凡是能使一个定义的描述内容 x，y，z 更有吸引力的方法，都能说服性地支持该定义。一个支持说服性定义的说服方法与一个支持判断的说服方法无异。

不论采取哪一种方式，斯蒂文森的分析都得出同样的结论，那就是道德论证中，理性所起的作用是十分有限的，道德论证的主要方法是心理的，也就是通过态度和其他心理因素（包括信念）的关系，来调整人们的态度。因此，尽管斯蒂文森缓和了艾耶尔的调子，没有主张取消规范伦理学，甚至主张元伦理学的目的是为规范伦理学提供方法论的帮助，但是，他和艾耶尔一样，都否认了规范伦理学可以是一项理性的事业。

第五节
黑尔的修正与批判

二十世纪上半期的道德哲学，一方面对黑尔产生了深刻的影响，成为他的许多重要思想的来源，另一方面，他也意识到了这一时期的主要元伦理学理论中的重要困难。

摩尔对自然主义谬误的批判对二十世纪的伦理学产生了深远的影响，成为一直被人们争论的议题。如前所述，弗兰克纳指出，自然主义谬误的本质是用一个属性定义另一个不同的属性。但是，是否任何试图给价值词下定义的人都犯了自然主义谬误？如果我们说，任何试图用来定义"好"的属性都是与好性不同的属性，所以，任何试图给价值词下定义的人都犯了自然主义谬误，那么我们就是在偷用论题。似乎最能支持摩尔观点的论据，是他提出的待决问题论证。A. N. 普赖尔（A. N. Prior）在他的《逻辑与伦理学基础》中说，即使面对摩尔的论证，一个自然主义者"只要他愿意，他仍然可以保留他的自然主义"①。自然主义者可以说，像"快乐是唯一好的东西"这样的断言，对于他就是一个分析陈述。我们前面已经指出，摩尔的待决问题论证，所利用的正是"关于好的断言是综合的而不是分析的"这一

---

① A. N. Prior. *Logic and the Basis of Ethics*，Oxford：The Clarendon Press，1956，p. 9.

前提。因此，如果自然主义坚持说，关于好的断言就是分析的，我们无法用摩尔的待决问题论证来反驳他，否则我们就是在偷用论题。

当然，摩尔可以辩称，如果"快乐并且只有快乐是好的"这样的命题是分析的，那么它就等于"快乐并且只有快乐是快乐"这样的同义反复，可是我们分明**感到**，在我们的日常言谈中，当我们说前一个命题时，我们并不是在做这样的同义反复。但是，自然主义者可以回答说，这个问题可以这样解释：在日常言谈中，"好"是一个含混的词，当我们称一个东西好时，我们可能意谓着它是快乐，也可能意谓着它是有助于生存的，等等。这使得当我们把"好"定义为"快乐"，我们并不满足，我们认为仍然可以有意义地问："快乐是好的吗？"因为，日常语言的含混性使得我们感到"好"除"快乐"之外还有别的意思；同样，当我们把"好"定义为"有助于生存的"，我们还是感到可以有意义地问："有助于生存的就是好的吗？"待决问题论证之所以似乎有说服力，实际上是由于日常语言的模糊性和定义的精确性之间的差异造成的，因此并不能证明对价值词的定义是一种谬误。

黑尔是摩尔的自然主义谬误批判的拥护者，也许是其中最著名的拥护者。他认为摩尔的论证是有可靠基础的。不过，黑尔也认为，摩尔的表述有缺陷，并且摩尔也没有能清楚地看到，自然主义谬误的根本错误是什么。他说，使得摩尔所抨击的那种立场不能成立的是"某种与我们使用'好'这个词的方式和目的有关的东西"①。这里我们看到，黑尔与摩尔存在的一个差异，摩尔

---

① *The Language of Morals*，p. 83.

认为"好"之所以不可定义是"好"所表达的**概念**的本性（即它是单一的，不是复合的）造成的，黑尔则认为这是"好"这个语词的用法造成的。摩尔想通过概念分析来澄清这个问题，黑尔则是通过语言分析来澄清这个问题。

黑尔对摩尔的论点进行了修正，他把摩尔批判的那种自然主义表述为：价值词的意思相当于一组描述性谓词的合取。黑尔认为，我们可以这样来揭示这种观点的谬误：如果这就是价值词的意思，那么，我们就不能用价值词来做我们在日常言谈中可以做到的事，即用价值词进行赞许。价值词的这种赞许功能，就是它的评价意义①。所谓价值词不可定义，并不是在任何意义上都不能定义，而是说不能用表示纯粹描述性特征的词来定义。因而，自然主义谬误，在黑尔那里，并不是像弗兰克纳说的那种简单的定义论谬误，而是（用奥斯汀的术语）一种描述谬误。由于价值词具有纯描述词所不具有的评价意义，它不能用纯描述词来定义。这一观点我们将在第四章第一节中更详细地阐述。

黑尔曾经在一段自述中谈道："情感主义者否认道德思考可以是理性活动，而他们的对手坚持它可以是理性的活动。由于这个原因，所有的好人和大人物都对情感主义不以为然。实际上，那是使得它在年轻人中大受欢迎的东西。当我进入这个领域时，我是情感主义的一个反对者，因为，只要我能做到，我的确想证

---

① 评价意义只是一种一般性的说法，还需要进一步澄清，评价意义是一种什么样的意义。对于情感主义者来说，评价意义是情感性的，而这是黑尔不同意的。但是，在做进一步论证之前，为了避免独断的嫌疑，黑尔采用了"评价意义"这样一种较为宽泛的说法。

明道德思考可以是理性的。"① 他指责情感主义导致了无法把道德判断的功能和宣传功能区别开。

尽管如此，黑尔仍然深受情感主义，特别是斯蒂文森的理论的影响。首先，黑尔与斯蒂文森都从属于这样一条语言哲学路线，即语言的意义应当从语言的用法中去寻找；其次，黑尔同意价值词和价值判断的首要功能不是描述性的，而是评价性的；再次，黑尔赞同斯蒂文森关于价值判断也有描述意义的看法，认为它们具有双重意义；从黑尔对自然主义的批判中，可以看到他受益于斯蒂文森关于说服性定义的思想。

但是，尽管有人因为这些相似之处，而把黑尔的规定主义看作情感主义的一个变种，二者仍然有着重要的差别。这种差别在于二者对评价意义有不同理解。对于艾耶尔和斯蒂文森，评价意义就是语言表达感情或态度和唤起感情或态度的功能。对这两个方面，黑尔都进行了批评。

黑尔虽然认为在不严格的意义上说道德判断表达态度并无大碍，但是由于"表达"这个词的含混性，却会带来哲学上的混乱。艾耶尔把"表达"（express）和"表明"（evince）当作同义词使用。黑尔指出，所谓表明态度，就是一个人把他所具有的某种称为态度的心理状态显示出来，就像某种情绪积累到无法忍受的地步而通过语词喷发出来一样。这种意义上说道德判断有表达态度的功能实际上是说道德判断可以作为某种心理状态的结果。而斯蒂文森的心理意义论正是这样来解释的，虽然由于他引入了"倾向"这个概念而使得这个观点更精致。

---

① *Sorting out Ethics*，p. 114.

黑尔对这种解释意义的方式进行了批驳。当我们对一个人说"你干得好"时就是在赞扬他了，并不需要我们说话时内心要伴随什么情感。道德判断的赞扬（或贬抑）功能是内在于语句本身的，是由语句的使用规则决定的，不是由语句的使用和心理过程之间的因果关系决定的。况且，"态度"本身就是一个非常复杂的词，用它来分析道德判断是不合理的。如果说"做某事是正当的"表达了一种道德上赞同的态度，那么，什么是道德上赞同的态度呢？对于一个不理解这个道德判断的人来说，也无法向他解释什么是道德赞同的态度。

情感主义的另一个与此紧密联系的观点是说伦理学术语有唤起情感的功能。卡尔纳普把伦理判断看作伪装的命令，艾耶尔认为伦理判断有命令的效果，斯蒂文森认为伦理判断中包含着类似于祈使句的部分。黑尔则认为，看到道德判断与祈使句有着某种共性是正确的，但是，由于情感主义者错误地理解了祈使句的功能，也就对道德判断做出了错误的分析。黑尔说："在日常谈话中，说我们使用命令的意图是使某人做某事并无妨害；但是为了哲学目的却必须做出一个重要区分。**叫**（tell）某人做某事的过程，和**使**（get）某人做某事的过程，在逻辑上是彼此不同的。"[①]

在《意志自由》一文中，黑尔分析了"建议"、"命令"（order）、"指令"（command）、"叫"等词表示的活动和"说服"（persuade）、"引诱"（induce）、"促成"（cause）、"使"（get）等词表示的活动之间的一系列区别：

（1）第一组词可以施事地（performatorily）使用，如

---

① *The Language of Morals*，p. 13.

"我建议你在他来之前避开"，但第二组不行，如，我们不能说"我说服你在他来之前避开"。因为，不论听话者随后会做什么，只要我们说了前者那样的话，他都算得到我们的建议了。而只有得到某种效果（即改变听话者的行为），或有得到某种效果的倾向，我们的话才是说服。

（2）出于类似的理由，我们可以说"我建议了他，但他不做"，但不能说"我说服了他，但他不做"。

（3）第一组活动必须是某种通过语言的交流活动，但第二组则不必。我们可以用非语言手段来使某人做某事，比如折磨。

（4）第一组活动是把听话者当作一个理性存在者，而第二组活动是把听话者当作受激情影响的人。

（5）当我们不知该做什么时，我们可以要求建议或者命令，但不能要求说服或引诱。①

（6）对于一个有逆反心理的人，我可以反其道而行，为了**使**他做某事，而**叫**他不要做某事。当我叫他不要做某事时，我的话的意思就是叫他不要做某事，并不因为我的意图是使他做这件事，而使我的话的意思发生改变。

---

① 斯蒂文森把人与人之间的伦理分歧作为典型的道德情境，而黑尔则认为应对个人的道德选择或道德决定给予同样的重视。斯蒂文森并非完全没有考虑这一点，但他认为面临道德选择可以看作面对个人内部的分歧，因此可以参照人际分歧来理解。于是他认为存在自我说服。我们认为，斯蒂文森的见解是站不住脚的。因为，当我面临分歧的选择时，如果我要自我说服，首先要考虑我要说服自己接受哪一个选择，所以，在自我说服之前我必须先做出选择。因此道德选择或决定不是一个自我说服的问题。如果我不知道该做什么，我也就不知道该怎样说服自己。

　　黑尔对情感主义的批判是基于奥斯汀做出的一个重要区分，即语内行为和语介行为之间所做的区分，并且认为应该把语内力量作为意义的一部分，但是坚决反对把语介力量也纳入意义的范围内。而斯蒂文森的心理主义理论恰恰是把语言对听话者心理的因果作用，当作了语言的意义，或者意义的一部分，这就混淆了语内和语介的区分。一个表达式有无语内力量，以及有怎样的语内力量，是由语言的规则决定的，而有无语介作用，以及具有怎样的作用，则不是规则和约定所能决定的。正因为如此，黑尔赞同语内力量和语介作用的区分，并反对把后者纳入意义中。黑尔认为这个区分"造成了情感主义和规定主义的主要差别"①。

　　由于不是从语内而是从语介的角度分析道德判断的意义，情感主义者不能把道德判断的功能和宣传功能区别开，不能说明人作为意志自由的主体的地位，不能把道德思考理解为理性的活动，不能找到道德论证的逻辑。

---

　　① "Review of G. J. Warnock's *Contemporary Moral Philosophy*", p. 437.

黑尔对道德语言的分析开始于对祈使句的分析。因为他注意到，关于祈使句意义的各种理论"为关于道德判断的类似理论提供了一个极其引人注意的类比，并且，这一类比显示二者之间可能存在某种重要的逻辑相似性"①。例如自然主义可与把祈使句还原为陈述句的努力相类比，而情感主义则与对祈使句的情感主义分析相平行。所以，他把对祈使句的分析看作澄清道德判断意义的钥匙。因为祈使句是最典型最纯粹的规定语言，对祈使句的分析是理解道德判断的规定性的基础。言语行为理论则为他分析祈使句提供了基础。

第一节
对言语行为的剖析

从说出一个有完整意义的语句就是完成一个言语行为的角度看，早期的语言分析是有缺陷的。因为早期的分析注重的是涵义和指称，而且只狭隘地考察陈述句，而对其他类型的语句无能为力，因此，其他类型的语句，如祈使句，往往被视为无意义的，至多只有某种次等的意义。如果要分析其他类型的语句，要说明陈述句和其他类型语句的差别，就需要对原有的解析方式做出修正和发展。

黑尔在他发表于 1949 年的第一篇论文《祈使句》中，试图

---

① *The Language of Morals*，p. 5.

对祈使句做出说明。他的方法是把祈使句和陈述句进行比较，以发现它们的异同。他提出，陈述句和祈使句都有一个共同的部分，如：

(1) 玛丽，请带普伦德嘉夫人去她的房间。

(2) 玛丽将带您去您的房间，普伦德嘉夫人。

这两个句子，尽管一个是陈述句，一个是祈使句，但它们都是与同一件事有关，即玛丽将带普伦德嘉夫人去她的房间。黑尔把它表述为"由玛丽在时间 t 带普伦德嘉夫人去她的房间 (showing of her room to Mrs Prendergast by Mary at time t)"。在英语中，这个表达式用的是动名词结构，不是一个语法上完整的句子，因为它缺乏了某些东西。如果要把它补充完整，就需要说明，我们是把这件事描述为将发生的，还是命令它发生，抑或是问它是否要发生。这个不同语句共有的、指涉某件事的部分，在"祈使句"中，黑尔称之为描述项（descriptor），因为其功能是描述某件事。

除了描述项外，语句中还需要包含一个因素来表示这个语句是陈述语气还是祈使语气，或其他种类的语气。黑尔在"祈使句"中把它们称为"措辞项"（dictor），因为他认为它们的功能是"措词"，是它们在真正起着"说"的作用，即陈述（stating）或命令（commanding）等等。[①] 也就是说，黑尔认为，当一个人说一个语句时，其中的措辞项表示他以何种方式（陈述、命令、提问等等）说，而描述项则描述被他说的是什么。

[①] R. M. Hare. "Imperetives", in *Practical Inference*, Oxford: The Clarendon Press, 1952, p. 9.

在英语以及其他许多自然语言当中，描述项和措辞项的区分是隐含的，而不是外显的。黑尔用一种人为的方式改写陈述句和祈使句，以使描述项和措辞项的区分能显示出来：

（1.1）由玛丽在时间 t 带普伦德嘉夫人去她的房间，请。

（1.2）由玛丽在时间 t 带普伦德嘉夫人去她的房间，是的。

（1.1）中的"请"和（1.2）中的"是的"都是措辞项，而"由玛丽在时间 t 带普伦德嘉夫人去她的房间"则是描述项。

1952 年出版的《道德语言》，是黑尔的第一本著作，也是他最为重要和最有影响的著作。在这本书中，黑尔对言语行为的结构的分析基本上沿袭了他在《祈使句》一文中的看法。不过他改变了使用的术语。"措辞项"所指的部分，被重新命名为"首肯"（neustic）。这个词来源于希腊文 neustazw，意思是"点头同意"。"描述项"所指的那个部分被称为"指陈"（phrastic），这个词来自希腊文 frazw，意思是"指出或表示"。黑尔把说出含有首肯和指陈的语句形象地解释为："（1）说话者指出或表示他打算当作事实陈述，或命令使之成为事实的东西；（2）他点头，仿佛说'这是事实'，或'干吧'。"①

虽然措辞项和首肯是对应的［都指（1.1）中的"请"和（1.2）中的"是的"］，但"祈使句"中主要把措辞项的功能解释为表示语气；而《道德语言》中对首肯的解释则有所不同。黑尔

---

① *The Language of Morals*，p. 18.

更多地赋予它表示肯定的功能。一个语句如果只有指陈，就像一张没有签名的支票。它只是被提及而没有被使用；加上首肯，就像给支票签名一样，它才得到了认可。首肯是对指陈的表态。而陈述句和祈使句的区别就在于它们的首肯不同。因此，首肯同时也表达着语气，即，表示说的语句属于何种类型。在《道德语言》中，他把表示被使用和表达语气看作一回事。

指陈和首肯（包括其最初形式，描述项和措辞项）的区分，来自弗雷格和罗素的启示。弗雷格在他的《概念文字》中说："一个判断将总是借助├这个符号表达出来，这个符号处于表示判断内容的符号或符号组合的左边。如果省略这条水平线左端的小竖杠，那将使这个判断变为一个纯表象组合。对于这样的表象组合，写下这个符号的人并未表达出是否判定它是真的。"[①] 弗雷格把一个完整的判断分为两个部分，一个部分是被判断的内容，另一个部分是对判断内容的断定。断定符号的使用被罗素所接受，却受到维特根斯坦的反对。维特根斯坦在《逻辑哲学论》中说："弗雷格的'断定号''├'逻辑上是完全无指谓的：在弗雷格（和罗素）的著作中，它不过表示作者主张用这个记号标记的命题是真的。因此'├'不是命题的组成部分，就像命题的编号不是命题的组成部分一样。一个命题不可能宣称自己为真。"[②] 我们注意到，维特根斯坦对弗雷格批评中有某种错位。因为弗雷格所谈的是判断，而维特根斯坦所说的则是命题。维特根斯坦所说的命题，相当于弗雷格的去掉断定符号的判断内容，弗雷格并

---

① 弗雷格：《弗雷格哲学论著选辑》，王路译，商务印书馆，2001年，第6～7页。

② 维特根斯坦：《逻辑哲学论》，贺绍甲译，商务印书馆，1996年，第58页。

没有把断定符号包括到维特根斯坦意义上的命题中去。如果用言语行为论的观点来看，我们可以说，弗雷格的意思是，仅仅说出一个命题，还不能算下了一个判断，必须加上断定语气，才能构成一个完整的判断行为。黑尔无疑是赞同弗雷格的。维特根斯坦的观点不仅包含对弗雷格的误解，更严重的是，他认为断定符号完全是逻辑之外的东西。正如前面所述，黑尔主张把语内力量[①]纳入意义当中，因为他认为语内力量也是受规则支配的，从而在逻辑中是有其地位的。所以，黑尔不会赞同维特根斯坦在《逻辑哲学论》中的观点。

黑尔的指陈和首肯的划分是弗雷格对断定符号和判断内容的区分的推广。弗雷格和罗素等人的研究仅限于陈述句，黑尔则将这一划分推广到其他类型的语句，特别是祈使句。奥斯汀的学生约翰·塞尔在他的言语行为理论中也采用了这种划分，并称："这种区分有这样那样的版本，它是一个早已有之的区分，被以不同方式标示出来，略加列举就有弗雷格、谢弗（Sheffer）、刘易斯（Lewis）、赖欣巴哈（H. Reichenbach）和黑尔等各色作者。"[②]

然而，黑尔后来发现，他原来的分析并不完善。在《道德语言》中，黑尔认为尽管陈述句和祈使句的首肯是把陈述句和祈使句区分开来的东西，但二者仍有某种共同的东西，因为它们都是表示认可。也就是说两种首肯既有共同之处，又有不同之处。这

---

① 毫无疑问，黑尔会认为弗雷格的断定符号是表达语内力量的符号。

② John R. Searle. "What Is a Speech Act?", in A. P. Martinich (ed.), *The Philosophy of Language* (3rd. edition), Oxford: Oxford University Press, 1996, p. 133.

暗示首肯之中应该包含两种因素。但在那本书中，黑尔并未做进一步的分析。后来，黑尔感到有必要做进一步的划分，即把表示认可的功能和表示语气的功能加以区分。① 他决定把"首肯"仅仅用来指语句中表示认可的那一部分，而用一个新的术语"口吻"（tropic②）来命名表示语气（也就是语内力量）的那一部分。把不同的语句类型区分开来的是口吻而不是首肯。这样做的好处之一是，可以处理这样的问题：用直言形式说"我承诺……"，是完成了一个言语行为（做了一个承诺），但在条件从句"如果我承诺……"中，说出"我承诺……"却并未完成一个言语行为（并未做出承诺）。如何能在这些不同的形式下，都用言语行为论的观点来解释语词（例如这里的"我承诺"）的意义？黑尔认为，在条件从句中的"我承诺……"没有做出一个承诺，因为这个条件从句缺乏首肯，首肯是属于整个句子的。但是，在条件从句中，口吻仍然存在。要理解"如果我承诺……"就要理解其中的承诺口吻，要理解承诺口吻，就要理解，在典型的用法中，用直言形式说"我承诺……"是做了一个承诺。

此外，一个有完整意义的句子还包含有表示这个语句已经完结的符号。黑尔称之为"闭合"（clistic③）。所以，按黑尔最终的观点，说出一个语句，完成一个言语行为，要包含四个要素：口吻、首肯、指陈和闭合。其中，对于道德语言的分析来说，最重要的是口吻和指陈。

---

① R. M. Hare. "Some Sub-Atomic Particles of Logic", in *Mind*, Vol. 98, 1989, pp. 23—37.

② 黑尔说这个词来自希腊语，意思是"语气"（mood）。

③ 黑尔说这个词来自希腊语，原意为"关闭"。

第二节
祈使语气与陈述语气

　　黑尔将祈使句与陈述句对比，来说明祈使句的特性。如前所述，要通过说出一个句子完成的一个言语行为，这个句子必须具备口吻、首肯、指陈、闭合四个要素。首肯、指陈、闭合都不是把陈述句和祈使句区别开的东西①，标志句子类别的是口吻。简单来讲，可以说祈使句的口吻表达是对行为的指导。黑尔也常常说规定性指的就是这种对行为的指导性："说道德判断指导行为，和说它们衍推祈使句，很大程度上是一回事。"② 但是，有人会反驳说，不能用是否对行动提供指导来区分陈述句和祈使句。因为，像实用主义者早就提出的，要弄清一个对事态的描述是什么意义，只需弄清它会引起什么样的行为。即使抛开实用主义的对错不谈，我们通常也会承认陈述句可以指导行为。比如我们常常可以看见指示牌上写着类似"会议室在第七层"这种陈述句，难道这种指示牌不是用来指导行动的吗？因此，有必要就所谓指导行为的功能做更多的探讨。

－－－－－－－－－－

　　① 前一节中，我们已经说明，在《道德语言》中，黑尔只把一个句子分析为首肯与指陈两个成分，并认为把祈使句与陈述句区分开的因素包含在首肯中。但后来黑尔修正了自己的观点，将这个因素分离出来，称为"口吻"。而首肯只表示指陈是被使用的，而不是被提及的，而这一点，在普通的陈述句和祈使句中是相同的。所以，我们务必记住，这里说的口吻，相当于《道德语言》中所说的首肯。

　　② *The Language of Morals*，p. 172.

黑尔把陈述句和祈使句的差异做了一种更为严格的表述："对前者的真诚同意包含着**相信**某事，真诚地同意后者包含着（在时机恰当并且为我们力所能及时）**做**某事。"① 也就是说，祈使句与我们的行为之间有着一种密切关系，但这种关系不是情感主义主张的那种直接或间接的因果作用关系，而是一种逻辑关系。如果我们对某人说"去把门关上"，而他答应："好的。"然而却始终不肯行动，那么我们就可以指责他的言行在逻辑上不一致，或者说，他的答应是不真诚的，或者说他答应之后又改变了主意（当然，这里有一个不可忽略的限制条件，即他有能力去做他答应做的事情）。这就是为什么说祈使句具有指导行为的功能。对于陈述句来说，是否也存在这样的关系？对于一个同意会议室在七楼的人来说，是否在逻辑上要求他做出特定的行为？如果一个人同意"到七楼去"，逻辑上他就必须去七楼，否则就不是真诚地同意这个祈使句，但是，即使一个人不去七楼，我们也不能说他不是真诚地相信会议室在七楼。黑尔的这种表述，似乎可以避免上面提到那种反驳。

但是，用"会议室在七楼"这样的陈述句来和"到七楼去"这样的祈使句对照似乎不太公平，艾伦·格沃斯（Alan Gewirth）说黑尔"在这里做出的陈述与命令之间的这种对照，似乎建立在一种抽掉了对比双方应有的某种重要对应的基础之上。他坚持把命令规定为必须以第二人称形式出现，但他却并没有相应地规定那些关于行为者所要做的行为的有真假的陈述，也必须是以第二人称形式出现的，如'你正在做 x'、'你将做 x'

---

① *The Language of Morals*，p. 20.

或'你已做x'。"① 更确切地说，这种对照应该在指陈相同的陈述句与祈使句之间进行。与"你去把门打开"指陈相同的陈述是"你将要去把门打开"。如果我们对某人说了这句话，如果他不打算要去做所陈述的行为，他会真诚地同意这个陈述吗？格沃斯试图表明，黑尔所说的那种差别似乎不存在，或者说，黑尔的说明没有真正切中陈述和命令之间的区别。

这种反驳的确指出了黑尔的疏漏。因为"做x!"这类祈使句中，按照黑尔的分析方式，可以改写为："你将做x，请。"也就是说，所要求的行为是属于指陈的，这样一来，有人可能会说，祈使句与行为的密切关系是来自指陈，而不是来自口吻，进而，与行为的密切关系不是祈使语气特有的，不能作为区分祈使句与陈述句的标准。虽然上述黑尔对祈使语气（或更一般地说，语言的规定功能）与行为之关系的表述不确切，但并不能否认他在这个问题上的洞见。只不过，祈使语气和陈述语气与行为之关系方面的差异，需要用更迂回的方式来说明。在《祈使句》一文中，黑尔说："陈述句是对'什么是事实'这个问题的回答；祈使句是对'让什么成为事实'或'我要使什么成为事实'这种问题的回答。第一种问题预设了存在某个要陈述的无可变更（unalterable）的事实，第二种问题则相反，预设了存在备选（alternative）事实，即备选的行为过程之间的选择。"② 在这个说明中的关键词是"选择"（choice），即祈使句表达了选择，而

---

① 艾伦·格沃斯等：《伦理学要义》，戴杨毅等译，中国社会科学出版社，1991年，第66页。

② R. M. Hare. "Imperetives", in *Practical Inference*, Berkeley：University of California Press, 1972, p. 6.

选择的对象是备选的行为过程（这个限制对祈使句必不可少）。因此，祈使句是通过"选择"概念而与行为相联系。陈述句固然可以与行为相联系，只要陈述是关于某个行为的陈述，但这种关联不涉及选择。选择的前提是存在备选项，也就是（1）要有不只一个事项，并且哪一个事项将成为事实尚不确定；（2）这些事项对选择者是可及的，即他有可能使得其中任何一个事项成为现实。对陈述句而言，并不需要存在备选项，相反，哪个事项将成为事实已经确定。

而实际上，即使是关于行为的陈述，同意一个陈述也只是表明说话者相信这个行为会发生，或正在发生，或已经发生，而并不表明对这个行为的选择倾向是什么。对于说出一个陈述句或同意一个陈述句来说，所需要的真诚性条件①是具有某个以指陈为内容的信念，而对于说出或同意一个祈使句来说，需要的真诚性条件是具有某个以指陈为内容的意愿、偏好（preference）、决定或选择倾向。当涉及关于本人的未来行为时，信念与选择之间似乎有一种难以分割的关系，因为我不可能选择做某个行为却不相信自己会这样做，或者相信自己会这样的同时选择不这样做。这是格沃斯攻击黑尔的根据所在。但这种难以分割的关系并不取消两种心灵状态的区别。这种关系实际上是认识论上的关系，即，我总是能意识到我的某些心灵状态。如果我意识到我的选择或意愿，并且相信我能够施行我选择的行为过程，那么我就会相信我会做我选择去做的行为，但这种选择与信念仍然是两回事。当这

---

① 这个术语来自塞尔，见 John R. Searle. "What Is a Speech Act?", in *The Philosophy of Language*，p. 138.

样一个人考虑是否要同意别人对自己行为的预测时，他需要考虑的是预测与自己的决定是否一致，而一个人考虑是否要同意别人的命令时，他的考虑完全不一样，他考虑的是要不要决定履行别人的命令。要不要同意别人的命令与要不要决定做别人命令之事是一回事；但是，我们不能说要不要同意别人对自己行为的预测与要不要决定做别人预测之事是一回事。

如果从说话者和听话者双方来考察，会更加明了。在《道德语言》中，黑尔是从听话者一方来对祈使句与陈述句的区别进行阐述；而在"祈使句"中，黑尔似乎是从说话者一方来阐述的。实际上这两个角度可以统一起来。听话者同意说话者的话，如果他们二者都是真诚的，他们要在意向上达成一致（这是"同意"这个词的涵义所在）。而对陈述句而言，需要达成一致的是信念，但他们的意愿不必一致。例如，说话者说"你将去开门"，但他可能并不愿意对方这样做。听话者如果同意这句话，他将与说话者有共同的信念，但是，他们的意愿或选择倾向可能并不一致，因为在正常情况下，相信自己会去开门的听话者必定有去开门的意愿或选择倾向。反之，对祈使句而言，说话者与听话者达成真诚同意的条件是他们的选择一致。如果说话者说"请你开门！"，而听话者表示同意，意味着他们的意愿一致，[①] 但他们的信念并不一定相同，因为说话者在说话时并不一定确信听话者会服从他。

当黑尔说"真诚地同意祈使句包含（在时机恰当并且为我们

力所能及时）**做**某事"时，他的意思可以解释为，真诚地同意一个祈使句就是选择、打算或决定去做这个祈使句所指陈的行为，而这在逻辑上等同于（在时机恰当并且为我们力所能及时）**做**这个行为。只不过当黑尔把"**相信**某事"与"**做**某事"并举的时候，"做某事"这个表达式中表达选择的意味被遮蔽了，所以在挑剔的评论者看来，黑尔忽略了行为可以包含在指陈中，从而以为可以通过与行为的关系来说明祈使语气与陈述语气的差别。

第三节
祈使句的推论规则

过去的哲学家和逻辑学家一般认为只有陈述句才受逻辑支配，因为只有陈述句才有真假，而似乎只有真假的东西才有逻辑可言。故而，当卡尔纳普和斯蒂文森等人认为道德判断与祈使句有共同性时，他们就认为道德判断与逻辑无缘了。黑尔向这种看法提出了挑战，他试图证明，即使是祈使句这样最极端、最纯粹的规定语言也是服从逻辑的。麦金太尔说："事实上，黑尔是祈使句的逻辑研究的先驱。"[1]

妨碍人们认为祈使句之间存在逻辑关系的首要因素是祈使句无真假，而传统逻辑学中，语句的逻辑关系都是用真假来定义

---

[1] A. MacIntyre. *A Short Story of Ethics*, London: Routlege, 1995, p. 261.

的。有些逻辑学家试图给祈使句找到一个"值"，它类似于陈述句逻辑中真假的作用。这条路线可以称为语义学路线，但黑尔不赞同这条路线。他在后来的一篇文章中评论说："我将大胆地提出一个观点，既然就命令（command）而言不存在与真值相对应的东西，那些寻求一种**人造**真值来作为祈使句逻辑的基础的人，是在错误的地方寻找。"① 黑尔自己采用的路线可以称为一种语用路线，也就是用对语句的承认（commitment）——同意、赞同或认可等等——来定义逻辑关系。例如，他这样来定义"衍推"（entail）："语句 P 衍推语句 Q 当且仅当一个人赞同 P 但不赞同 Q 这一事实足以作为他误解了其中某个语句的判据。"②

按照黑尔的分析，指陈是陈述句和祈使句的共同成分。在《祈使句》一文中，黑尔指出普通的逻辑连接词，如"如果""并且""或者"等都属于语句的指陈。只涉及这些连接词的那些逻辑关系是以指陈为基础的，而不是以口吻为基础。换言之，就这些逻辑关系而言，陈述句与祈使句相比并无特殊性。

否定的情况比较复杂，黑尔指出它既可以用于指陈，也可以用于口吻。"你将不去关门"可以改写为"你不马上关门，是的"；"不要关门"可以改写为"你不马上关门，请"这两个句子中，否定都属于指陈的一部分，并分别冠以不同的口吻。③

---

① "Some Alleged Differences between Imperatives and Indicatives", in *Practical Inference*, Oxford: The Clarendon Press, 1952, pp. 42−43.

② *The Language of Morals*, p. 25.

③ 否定也可以施加在口吻上，如"我没有说你将不关门"可以改写为"你不马上关门，不一是的"，而如果把否定施加在祈使语气上，就是一个表示许可的语句。如"你可以关门"近似于"我没有叫你不关门"，它可以改写为"你不马上关门，不一请"。但是对这种情况黑尔没有深入讨论。

常常有人认为矛盾是与真假有关的，因此只有陈述句才会发生矛盾，因为只有陈述句才可以说是有真假的。但是，黑尔提出，"矛盾"这一术语也适用于祈使句。如"左满舵"和"右满舵"是两个矛盾的命令，因为不能同时同意这两个命令，就像不能同时同意"你将要左满舵"和"你将要右满舵"这两个陈述一样。同样的道理，排中律的问题上，陈述句也不特殊。如果排中律适用于陈述句，那么，它也将适用于祈使句。在黑尔看来，因为这些逻辑特征是属于指陈的，而不是像许多哲学家和逻辑学家认为的那样，是属于陈述语气的。

除了"不"、"如果"、"并且"和"或"这样的逻辑连接词外，另一个重要的逻辑常项是量词，如"所有"。黑尔的论证使用了我们前面提到的一个观点，即，逻辑词的意义在于使用它们所必须遵循的逻辑规则。因此，除非我们知道包含"所有"这个量词的祈使句的逻辑规则，否则，我们就不能说我们知道祈使句中的"所有"的意思，例如，如果我们同意"把所有箱子搬到车站去"这一命令，并且同意"这是其中一只箱子"，那么，如果我们不知道这蕴涵着"把这搬到火车站去"，就不能说我们知道"所有"这个词的意义。

黑尔由此认为，语句的许多逻辑关系是由指陈来承担的，而指陈是祈使句和陈述句共有的因素，因此，并非只有陈述句才受逻辑支配，"既然普通的逻辑词出现在祈使句的指陈中，似乎从原则上说，我们可以只用指陈重新构造普通的语句演算（sentential calculus），然后只靠添加合适的首肯，就可以把它以同样的方式应用于陈述句和祈使句"①。

　　不过，在讨论量词问题时，黑尔引出了一个更深刻的问题，即语气对推论的影响。只包含"不"、"如果"、"并且"和"或者"的祈使句，它们可以只与祈使句发生逻辑关系，但对于包含"所有"的祈使句来说，却很难只出现在一个完全由祈使句构成的推理当中。例如刚才提到过的那个推理：

　　　　把所有箱子搬到车站去
　　　　这是其中一只箱子

　　　　──────────────

　　　　把这搬到火车站去

　　这个推理大前提是祈使语气，小前提则是陈述语气。由于已往的逻辑学家处理的都是只包含陈述句的推理，因此他们没有考虑语气对推理会产生什么影响。可是，当我们面对这样混合语气的推理时，却不得不考虑这个问题。黑尔注意到，如果上面那个三段论的有效性只在于指陈"你把所有箱子搬到火车站去并且这是其中一只箱子"和指陈"你不把这搬到车站去"之间不一致，那么为什么我们不能把结论中的祈使语气改为陈述语气呢？这表明这个推论的有效性不仅与指陈有关，而且受着语气的影响。

　　黑尔认为，有两个规则支配着这种混合语气的推论：

　　　（1）任何陈述语气的结论，如果不能单从一组前提中的陈述式有效地引出，则不能从这组前提有效地引出。

　　　（2）任何祈使语气的结论，如果一组前提中不包含至少

────────────

①　*The Language of Morals*，p. 26.

一个祈使式，则不能从这组前提中有效地引出。①

按照这两个规则，祈使句和陈述句之间不能相互推论，而如果前提中两种语句都有，则结论是祈使语气。第二条规则对道德哲学非常重要，黑尔认为，这是休谟法则——"是"不能推出"应当"——的基础，艾耶尔、康德、摩尔、苏格拉底和亚里士多德等的道德哲学都或多或少在某些地方依赖这个规则。②

对于第一个原则，有人认为它不成立。如 W. D. 哈德森引述了两个反例：

(1)

约翰，把你的车开回家。（祈使句）

————————————

约翰有一辆车。（陈述句）

(2)

千万不要做任何不合法的事。（祈使句）

做a。（祈使句）

————————————

a是合法的。（陈述句）③

不过第一个反例并不那么有力，哈德森承认："的确，在某些情况下似乎可以貌似有理地辩称陈述性结论隐藏在祈使性前提

————————————

① *The Language of Morals*，pp. 28.

② *The Language of Morals*，pp. 29—30.

③ W. D. Hudson. *Modern Moral Philosophy*，London：The Macmillan Press，1983，p. 235.

中。"[1] 例如，第一个反例的前提"约翰，开你的车回家"就可以分析为：

> 约翰，你有一辆车。（陈述句）
> 把它开回家。（祈使句）

如果这种分析成立，那么第一个例子就不构成黑尔的第一条规则的反例了。但是，哈德森指出，对于第二个例子，这个策略就不那么有效了，因为无法把"做 a"分析为"做 a 是非法的；做 a"。

哈德森的第二个例子似乎的确构成了黑尔的第一条规则的反例，如果是这样，那么黑尔所提出的第一条规则似乎不能成立。哈德森的反例显示了前提都是祈使句，而结论却可以是陈述句。黑尔的第一条规则却认为陈述语气的结论只能从陈述语气的前提中得出，而不能单从祈使语气的前提中得出。尽管对于黑尔的道德哲学研究而言，第一条规则没有什么作用，黑尔说："在这一研究中，只有第二条规则才是我们所关心的。"[2] 哈德森也认为第二条规则是黑尔道德哲学的逻辑支柱，这个规则可以很好地成立，因此，他认为虽然第一条规则无法得到捍卫，但这对于黑尔的整个哲学来说并无大碍，只是一个小小的枝节问题。

但是黑尔的第一条规则所显示的问题，似乎并不能作为枝节问题而简单放过。黑尔的两个规则的提出，是基于对前面提到的混合语气三段论的观察。黑尔的两条规则结合在一起才能解释为什么这样的混合语气的三段论得出的是祈使性结论，而不是陈述

---

[1]　*Modern Moral Philosophy*，p. 235.
[2]　*The Language of Morals*，p. 28.

性结论。因此，这两条规则在某种意义上是作为一个整体而提出的，如果其中一条受到质疑，那么另外一条的可靠性也就要受到影响。而且，在论证他的第二条规则时，他诉诸一般性的逻辑思考：

> 除非前提中至少有一个祈使句，否则一个祈使句不可能出现在一个有效推理的结论中，这一规则可以通过诉诸一般性的逻辑思考来确证。因为现在人们一般认为下述观点从定义上为真，即（先大致上说一下），在一个有效的演绎推理中，不因其自身的意义而隐含在前提的合取中的东西，不能出现在结论中。由此可得，如果结论中有一个祈使句，那么不仅前提中必须有**某**一祈使句出现，而且，该祈使句本身也必须隐含在这些前提中。①

要支持黑尔的第二条规则，即除非前提中存在祈使句，否则结论不可能是祈使句，仅仅求助于"有效推理的结论总是隐含地存在于前提的合取中"这一一般原则还不够，还需要另外一个前提：祈使句不能隐含地存在于陈述句或陈述句的合取中。如果陈述句或陈述句的合取中可以隐含地包含着祈使句，那么，凭借"有效推理的结论必须隐含在前提中"这一原则并不能否认从陈述性的前提中得出祈使性结论的可能性。

显然，黑尔认为，他对祈使句与陈述句的对比分析已经可以证明祈使句与陈述句存在异质性，这一异质性因素就是二者有不同的口吻，祈使句的口吻是祈使性口吻，陈述句的口吻是陈述性

---

① *The Language of Morals*，p. 32.

口吻。祈使句和陈述句在口吻上的异质性使得二者不可通约。但是，从黑尔的分析来看，这种异质性应该是对称的，如果祈使句不可能以任何方式包含在陈述句中，反过来陈述句也不能以任何方式包含在祈使句中。既然如此，如果"有效推理的结论总是隐含地存在于前提的合取中"这一一般原则可以作为黑尔的第二条规则的根据，那它也能作为第一条规则的根据。但是，为什么存在第一条规则的反例，而第二条规则能"很好地成立"？为什么可以从纯粹由一组祈使句构成的前提中有效地得出陈述句结论，而不能从一组纯粹由陈述句构成前提中得出祈使句结论？所以不能赞同像哈德森那样将黑尔的两条规则分别对待，以为对第一条规则的质疑对第二条规则不构成影响。下一节将尝试考虑这样几个问题：（1）黑尔的第一条规则为什么是错误的？（2）如何解释混合三段论的推论规则？（3）黑尔的第二条规则是否成立？

第四节
单一口吻与多重口吻

我们先从哈德森举出的反例开始：

（大前提）千万不要做任何不合法的事。（祈使句）

（小前提）做 a。（祈使句）

（结论）a 是合法的。（陈述句）

按照黑尔对祈使句和陈述句的分析方式，这个推理可以改写为：

（大前提）你不做任何不合法的事情（指陈），请（口吻）！①

（小前提）你做 a（指陈），请（口吻）！

———————————————————————

（结论）a 是合法的（指陈），是的（口吻）！

从黑尔构造祈使句逻辑的思路看，他认为普通的逻辑关系主要存在于指陈（或者用他在《祈使句》一文中的术语：描述项）中②，要使逻辑推论规则扩展到对陈述句和祈使句都同样适用，只需要考虑如何添加合适的口吻（或者用他在《祈使句》一文中的术语：措辞项）。如果说，"a 是合法的"这一指陈隐含在指陈"你不做任何不合法的事"和"你做 a"的合取中，那么，结论的陈述性口吻又隐含在哪里呢？按照黑尔的这种分析模式，我们似乎只能说，陈述性口吻隐含在祈使性口吻中。但是，在黑尔的分析中，口吻是区分祈使句和陈述句的因素，祈使性口吻与陈述性口吻相异，说陈述性口吻隐含在祈使性口吻中，显然与黑尔的核心观点不相容。何况，如果陈述性口吻隐含于祈使性口吻中，那么，从"你去开门"这个祈使句将可以推论出"你将去开门"这个陈述句，因为它们的指陈相同，而结论的口吻又隐含在前提的口吻中。但这个推论显然不是有效的，故此，陈述性口吻隐含

———————————————————————

① 正如黑尔认为"把所有箱子搬到火车站去"的指陈是"你把所有的箱子到火车站去"。参见 *The Language of Morals*，p. 28.

② "Imperative Sentence"，in *Practical Inference*，p. 16.

于祈使性口吻的论点不能成立。

　　剩下的可能是祈使句中隐藏着陈述性口吻，但它并非包含在祈使性口吻中，而是相互独立。在《祈使句》一文中，黑尔考虑了这一可能性。在考虑"当你来到十字路口时，向右转"这样的例子时，黑尔说："在这种情况中，……有人可能会问，是否在从句中隐藏着陈述性措辞项。"① 但是黑尔排除了这种可能性，他的理由是这种祈使句可以改写为动名词结构："你来到十字路口时向右转，请（On coming to the cross-roads turning right by you，please）"，从而消除掉从句。这个理由本身似乎并没有很强的说服力，更重要的是他认为"……祈使句和陈述句都包含着描述项，它们是句子中我们通常进行推论操作的部分。因此，大多数推论是从描述项到描述项的推论，并且我们可以添加任何我们喜欢的任何措辞项系列"②。黑尔陷入了这样一种分析模式中（对假言祈使句的分析是一个例外）：每一个陈述句和祈使句有一个口吻（用以表示句子的语气）；和一个指陈（即句子所涉及的事态）；普通的逻辑词，包括量词和逻辑联结词等，都被纳入指陈中。正是受到这种分析模式的吸引，使得他不愿意同意祈使句的条件从句中可以有一个单独的陈述性口吻。黑尔的祈使句逻辑遇到的很多问题，都与局限于这一模式有关。

　　首先，我们将看到，条件祈使句不能用这种方式来分析。考虑这样一个例子："如果你容易失眠，请不要经常喝咖啡。"按照上面的分析模式，它将可以推出："如果你经常喝咖啡，请勿容

① "Imperative Sentence", in *Practical Inference*, p. 15.
② "Imperative Sentence", in *Practical Inference*, p. 15.

易失眠。"我们可以像黑尔那样把这个推理改写为：

如果你容易失眠，你不经常喝咖啡，请。

如果你经常喝咖啡，你不容易失眠，请。

结论的指陈是对前提的指陈运用假言易位规则得到的，结论的口吻与前提属于同一系列，都是祈使性的，因此，这个推理按照黑尔的祈使句理论应该是有效的，但直觉上显然无效。造成这种结果的原因就是把"如果"从句纳入了指陈中。由此可见不能把这种"如果"从句纳入指陈，这种从句应该有自己的口吻，并且是陈述性口吻。因为条件祈使句要求的是在某一条件下做某事，服从这个祈使句的人需要识别条件是否满足，一旦他认为条件满足，就要决定去做某事。例如，赞同"如果你容易失眠，请不要经常喝咖啡"这一建议的人，如果发现自己的确容易失眠，就会决定不再经常喝咖啡。条件只是做出决定的前提，并不是决定的一部分。把条件祈使句的的条件从句部分纳入指陈，就是使得条件成了决定的一部分，从而导致荒谬的推理。

黑尔在区分祈使句和陈述句时，实际上是指出了它们以不同的意向作为真诚性条件，祈使句是以决定或选择的意向作为真诚性条件，陈述句则是以信念作为真诚性条件。条件祈使句显然涉及了信念，因为真诚地同意一个条件祈使句就是打算在确信条件得到满足时做某事。赞同"如果你容易失眠，请不要经常喝咖啡"这一建议的人，并不一定要放弃经常喝咖啡，除非他**相信**自己是一个容易失眠的人。这也表明，条件祈使句的条件从句部分应该包含自己的口吻，并且是陈述性口吻。

　　其实，并非只是条件祈使句是这样，因为祈使句常常隐含着条件。祈使句不仅要求人们在一定的时间、地点、条件下行动，而且通常要求对一定的对象施以行动。例如像"不要做任何假陈述"这样的全称祈使句，它并非要我们不说话，而是不要说某种类型的话，它要求的是，如果任何陈述是假的，就不要做此陈述。因此，我们上面关于条件祈使句的观点也适用于全称祈使句，由于全称祈使句中包含着条件，这个条件部分自身包含着一个陈述性口吻。不仅如此，单称祈使句也可以看作包含着条件。例如有人对我说"请给我找张三来"，而我同意了他的要求，那么我要找的不是任意一个人，而是找符合条件的人——张三。故此，我们可以说，由于范围广泛的祈使句都或隐或显地包含着条件，祈使句中包含陈述性口吻的情况是非常常见的。

　　这样，就可以解释为什么黑尔的第一条规则不能成立。这条规则否定了可以从祈使句前提中得出陈述句结论，但实际上陈述句结论可以隐含在祈使句中。但需要注意的是，以上的论述并没有否定陈述性口吻与祈使性口吻的异质性，并没有认为陈述性口吻可以隐含地包含在祈使性口吻中，而是，陈述性口吻作为一个独立于祈使性口吻的逻辑要素，可以存在于祈使句中。既然祈使句中可以包含陈述性口吻，那么，即使前提全都是祈使句，仍然有可能将陈述性口吻和相应的指陈从前提中分离出来，得到陈述句结论。

　　例如，在哈德森所举的反例中，大前提"千万不要做任何不合法的事情"可以改写为：

　　（1）任何事情，如果，<u>它不合法，是的</u>，那么，<u>你不做</u>

<u>它，请</u>。①

它当然蕴涵着：

（1'）如果，<u>a不合法，是的</u>，那么，<u>你不做a，请</u>。

小前提可以写为：

（2）<u>你做a，请</u>。

很显然，对（1'）和（2）运用假言推理否定后件规则，就可以分离出结论：

（3）<u>a合法，是的</u>。

这里运用的都是普通的逻辑规则，特殊的地方只在于对祈使句的结构分析。

哈德森举出的另外一个反例属于另外一种情况，对它可以给出另一种一般性解释。祈使句往往都预设了某种条件，只有这种条件成立，这个祈使句才可能被执行。例如，我说"约翰，把你的车开回家"，就预设了约翰有车。任何人，如果认为预设不成立，就不可能真诚地同意这个祈使句。我们可以把这个祈使句改写为：

（4）<u>约翰有一辆车，是的</u>，并且，<u>约翰，你将把它开回家，请</u>。

对于混合三段论，黑尔认为是前提和结论的语气对推论产生

---

① 每一个下划线部分都是由首肯和相应的指陈所构成，这样的祈使句不能简单地分为一个首肯和一个指陈；此外，"任何""如果……那么……"也不能被放入指陈中。

了影响，但是这个问题"被那些眼光不曾超出陈述语气的逻辑学家所忽略"。[①] 他的两条规则就是对这个问题的说明。而我们已经知道，他的第一条规则不成立，那么混合三段论的推论规则应该是怎样的？为什么一个祈使句大前提和陈述句小前提得出的结论只能是祈使句，而不能是陈述句？在我们前面关于祈使句的分析的基础上，应该不难回答这个问题。实际上，混合三段论的结论为什么是祈使句，并不需要关于语气的特殊推论规则，只需要普通的逻辑推论规则就够了。黑尔的混合三段论的例子可以按照我们的方式改写，大前提可以写为：

　　（6）任何对象，如果，它是一只箱子，是的，那么，你将把它搬到火车站去，请。

这显然蕴涵着：

　　（6'）如果，这是一只箱子，是的，那么，你将把它搬到火车站去，请。

小前提可以写为：

　　（7）这是其中一只箱子，是的。

对（6'）和（7）运用假言推理肯定前件式（即分离规则），就可以得到结论：

　　（8）你将把这只箱子搬到火车站去，请。

这里没有用到与语气有关的特殊推理规则，用到的都是普通的逻辑推理规则。黑尔的规则不仅包含着错误，而且，也只是一

---

① *The Language of Morals*，p. 28.

种表面规则，不能说明前提和结论的语气为什么对推论有这样的影响。他的两条规则不是对称的，第二条规则认为要得出祈使性结论前提中必须存在祈使句，第一条规则则认为，要得出陈述性结论，不仅前提中必须存在陈述句，而且，陈述性结论只能从陈述句中得出，而他对祈使句和陈述句的分析不能说明为什么有这样的不对称。[①] 我们的分析方式可以解释为什么存在违反第一条规则的反例，也能解释混合三段论的结论为什么是祈使句而不是陈述句。黑尔的分析模式如果称为单一口吻模式，那么我们的分析方式可以称为多重口吻模式。

不过，这并不是说语气对于推理并非毫无影响，因为在推理过程中，不能无视语气的存在：我们不能任意地把祈使性口吻与陈述性口吻互换。因此，关于语气对推理的影响问题，有这样的规则：祈使性口吻与陈述性口吻在逻辑上相互独立，它们之间不能相互推论。我们也可以这样来陈述：

在一个有效推理中，（1）如果祈使性口吻在前提中不存在，则在结论中也不存在；（2）如果陈述性口吻在前提中不存在，则在结论中也不存在。

只要承认祈使语气和陈述语气是相互区别的，在逻辑上相互独立，上述规则不过是"有效推理的结论必须隐含在前提中"这个一般原则的特例而已。

---

① MacKay 指出黑尔构造祈使句逻辑的方式是一种"附加首肯"模式，即普通的逻辑推论规则支配着指陈之间的推理关系，只需要在这个基础上补充附加首肯（这是《道德语言》中的用法，相当于我们这里说的口吻）的规则，就可以得到祈使句推理规则。他指出，黑尔的规则不充分，因为很多无效推理按照他的规则将是有效的。见 Alfred F. MacKay. "Inferential Validity and Imperative Inference Rules", in *Analysis*，Vol. 29，1969，pp. 145－156.

在回答黑尔的第二个规则是否能成立之前，需要重新明确什么是祈使句，什么是陈述句。按照黑尔的观点，口吻是一个语句的语气的标志，一个语句通常只有一个口吻（对黑尔来说大概只有假言祈使句是一个例外）。祈使句与陈述句的区别在于，祈使句的口吻是祈使性的，而陈述句的口吻是陈述性的。但是，前面已经论证了黑尔的这个观点不成立，所以我们很难简单地说包含祈使性口吻就是祈使句，包含陈述性口吻就是陈述句。黑尔的这样一个基本的说法当然成立："陈述句告知我们某事属实。祈使句告知我们去实现某事。"[①] 我们的分析只不过表明，如果要实现某事，往往需要注意到某些情况是否属实：祈使句中包含着条件，要求的是在这些条件被满足的情况下去行动；或者祈使句中包含着预设，预设不成立所要求之事就不可能完成。所以我们可以说，祈使性口吻的确是祈使句的标志，但不排除祈使句中也有陈述性口吻。但反过来却很难成立，因为我们很难理解陈述句中如何可能包含着祈使性口吻。一个语句中存在祈使性口吻，标志着这个语句不是仅仅告诉我们事情实际上是怎么样的，而且要求我们去实现某事，因此，这样一个语句既不真，也不假，赞同这样一个语句涉及决定、打算，而不仅是信念。因此包含祈使性口吻的句子很难再被理解为真正的陈述句。简言之，祈使句与陈述句的区别是，祈使句中必定包含着祈使性口吻，而陈述句则只包含陈述性口吻。

如果祈使句和陈述句可以这样来区分，那么，根据祈使性口吻与陈述性口吻相互独立的规则，我们可以说，黑尔的第二条规

---

① "Imperative Sentence", in *Practical Inference*, p. 7.

则仍然是成立的。既然陈述句中不可能包含祈使性口吻,那么就不会有祈使句隐含在陈述句前提中,因而也就无法从纯粹由陈述句组成的前提中有效地得出祈使句结论。

用多重口吻分析模式来代替黑尔的单一口吻模式,并不会妨碍黑尔的主要理论意图,他的两个核心观点仍然可以保留下来,即(1)祈使句也服从逻辑;(2)单纯的陈述性前提中得不出祈使性结论。

第五节
假言祈使句

对于陈述性前提得不出祈使性结论的观点,仍然有一个需要考虑的反例,就是假言祈使句的问题。黑尔注意到,以下的推理是有效的:

> 格林布利·休斯杂货店是牛津最大的杂货店。
>
> ─────────────────────────────
>
> 如果你想要(want)去牛津最大的杂货店,就请去格林布利·休斯杂货店。

黑尔首先对假言祈使句的概念进行了限制:"必须指出,并非所有包含假言从句的祈使句都在这个含义上是'假言的'。"[1]

---

[1] *The Language of Morals*,p. 33.

例如，"如果任何陈述不是真的，则不要做这个陈述"。就不是传统意义上的假言祈使句（实际上，在上一节中，我们把这种祈使句称为条件祈使句）。对于"如果你想要（want）去牛津最大的杂货店，就请去格林布利·休斯杂货店。"黑尔的看法是，这个句子中的"想要"（want）一词，不是表示心理状态的。如果它是表示心理状态的，那么，这个句子就是一个条件祈使句，这样一来，上述推理就不是有效的。黑尔论证说，假如一个宗教团体的首领要求克制所有的欲望，那么，尽管他会同意格林布利·休斯杂货店是牛津最大的杂货店，但他不会同意一个人在有去牛津最大的杂货店的欲望时去格林布利·休斯杂货店，因为那与他的克制欲望的要求相违背。所以，如果上述推理是有效的，那么，其中的"想要"一词就不是表示某种心理状态的词。"在此，'想要（want）'是一个逻辑词项，正如我们将看到的，它在一个从句中代表祈使语气。"[1] 黑尔的分析如下：

> ……假言祈使句中的"如果"的逻辑地位，多少不同于它在"如果任何陈述不为真，则勿做此陈述"（If any statements is untrue, do not make it）中的地位。如果后一句子被分析为指陈和首肯，对我来说，似乎"如果"会进入指陈；整个句子会成为这样：

> 在任何陈述不为真的情况下，你不做此陈述，请（In the event of any statements being untrue, your not making it, please），

> 或者这样：

---

① *The Language of Morals*，p. 34.

你不做不真实的陈述，请。

但是在一个真正的假言祈使句中，"如果"从句自身就包含了一个祈使性首肯，隐藏在"要"这个词中。[①]

我们看到，这里黑尔对假言祈使句的分析采用了多重口吻模式，即假言祈使句的"如果"从句自身带有一个口吻，独立于主句的口吻。不过在分析条件祈使句时，他还是采用了单一口吻模式，认为那里的"如果"可以纳入指陈中。不过，上一节已经表明，承认条件祈使句的条件从句中也带有口吻，并且是一个陈述性口吻，可能是一个更恰当的分析方式。

回到上述反例。基于对假言祈使句的逻辑结构的分析，黑尔对这个问题做了这样的解释：如果一个三段论推理是有效的，那么，我们可以把一个前提去掉，把它作为假言语句的前件纳入结论中。例如，我们可以从"该动物是骡子"衍推出"如果所有骡子都不育，那么该动物不育"。而这是因为如下的三段论是有效的：

所有的骡子都不育。

该动物是骡子。

————————————————————

该动物不育。

如果把"所有骡子都不育"从前提的位置上移走，纳入结论中，作为假言语句的前件，上述推理形式就成了：

该动物是骡子。

————————————————————

如果所有的骡子都不育，该动物不育。

同理，上述假言祈使句推理可以看作如下三段论的改写形式：

去牛津最大的杂货店。

格林布利·休斯杂货店是牛津最大的杂货店。

————————————————————

去格林布利·休斯杂货店。

如果用黑尔那种人为形式来表达，就是：

你将去牛津最大的杂货店，请！

格林布利·休斯杂货店是牛津最大的杂货店，是的。

————————————————————

你将去格林布利·休斯杂货店，请！

而将大前提纳入结论，就成了：

格林布利·休斯杂货店是牛津最大的杂货店，是的。

————————————————————

如果（你将去牛津最大的杂货店，请），那么（你将去格林布利·休斯杂货店，请！）[①]

而按照黑尔的分析，这个结论用自然语言表达就是"如果你

————————————————————

①　我们可以观察到，按同样的道理，可以将小前提而不是大前提移到结论的位置。既然将大前提移动到结论的假言从句的位置时，会保留自己的口吻，那么，移动小前提时难道不是同样如此吗？也就是说，我们将得到"如果（格林布利·休斯杂货店是牛津最大的杂货店，是的），那么（你将去格林布利·休斯杂货店，请！）"这从另一个角度证明了上一节对条件祈使句的分析。

想要（want）去牛津最大的杂货店，就请去格林布利·休斯杂货店"。从而变成从陈述语气的前提得出假言祈使句的结论了。

黑尔追随康德，认为假言祈使句中，祈使的因素是分析的，换言之，前件和后件的祈使因素相互抵消了，因此，它所具有的内容只是陈述语气的小前提的内容。① 故而，假言祈使句的问题并不真正构成一个反例。不过他并不想否认假言祈使句也是祈使句，因为，尽管假言祈使句可以被陈述句所衍推，并且其中的祈使因素相互抵消，但是相对于陈述句来说，祈使因素毕竟是一个新增的因素。就像尽管"$x=2$"衍推"$x^2=4$"，但是，要理解这一点却需要理解一个前提中所没有的东西，即"平方"符号的涵义。同理，假言祈使句，"对于某个已经了解陈述语气的动词形式但不了解祈使语气的动词形式的人来说，它是不可理解的；而后者在假言祈使句中并没有特殊意义"②。也就是说，对假言祈使句的理解必然包含对祈使语气的理解，而假言祈使句中的祈使语气与普通祈使句中的祈使语气并无分别。

黑尔对祈使句的分析并不完善，因为他没有把许多复杂情况纳入考虑，特别是不同语气混合的复合句，因此他提出的祈使句推论规则也需要修正，但是，他关于陈述语气和祈使语气之间存在逻辑间隙、不能相互推论的观点，仍然可以得到支持。黑尔认为他的第二条规则是"是"不能推出"应当"，或者说事实判断

---

① 康德的论述是："谁意欲目的，就（只要理性对他的行为有决定性的影响）也意欲为此目的的不可或缺的、他能够掌握的手段。就意欲而言，这个命题是分析的。"见《康德著作全集》（第四卷），第424～425页。在黑尔对祈使句的分析中，我们已经看到他是如何将祈使语气与"意欲"这类概念相联系的。

② *The Language of Morals*，p. 37.

不能推出价值判断这一主张的逻辑基础。不过，虽然黑尔规则（经过适当修正）很可能能够成立，但这还不等于"是"不能推出"应当"的休谟法则能够成立，要证明这个法则能够成立，还必需对价值判断和祈使句之间的关系做出说明。这将是我们下面将要讨论的。

第四章

道德语言的规定性

规定性是道德语言最基本的逻辑特征之一，这是黑尔道德哲学的核心观点，也是争议的焦点。为了说明道德语言的规定性，黑尔采用了种加属差的方法。道德语言是价值语言的一个类，因此它会和非道德的价值语言有相同的特征。黑尔首先通过说明价值语言的共同特征来证明道德语言具有规定性，然后在通过将道德语言与其他规定语言如祈使句和非道德的价值语言的区别，来说明道德语言的本性。

第一节
对自然主义谬误的解释

如前所述，摩尔对自然主义谬误的批判对黑尔有重大影响。通过对摩尔的捍卫与重新解释，黑尔提出了自己的价值词的分析。

在《伦理学原理》中，摩尔并没能说明"好"是什么，而只是在说"好"不是什么。他所持的指称意义论的观点使他认为"好"表示的是一种非自然属性，但是，非自然属性与自然属性的区别是什么呢？似乎只能说非自然属性与自然属性的区别在于前者不是自然属性。这就是为什么摩尔对自然主义的批判容易受到攻击。因为他只是断言了价值词表示不是自然属性，却没有表明它们的区别究竟何在。黑尔说："的确存在着关于我们使用'好'这个词的方式和目的的某种东西，使得不可能坚持摩尔所攻击的那种立场，虽然摩尔也没有看清楚这种东西是什么。因而，让我们用一种方式来重述摩尔的论证，这种方式就是弄清'自然主义'为什么站不住脚，不仅对他所思考的'好'的道德使用站不住脚，而且对很多其他使用也站不住脚。"①

摩尔会受到的一个攻击是，他的未决问题论证会使任何定义都不可能。例如，我们可能给狗仔（puppy）下一个定义，说"狗仔就是小狗"。而按照摩尔的论证，这就等于说"小狗就是小狗"，从而成了无意义的同意反复。但是在日常语言中我们的确有时会说"狗仔就是小狗"。并且这样说并不等于无意义的同义反复。因此，摩尔使得我们不能说在日常语言中本可以有意义地说的事情。黑尔的辩护是："如果一种定义是正确的，那么它总是在某种含义上是分析的，而在另一种含义上是综合的。"② 即，定义是对词的意思的解释，因此对于被定义的词（例如"狗仔"）而言，是综合的，因为它可以帮助不懂得这个词的人理解词的意思，但是对于词所指的事物而言，例如狗仔，它是分析的，因为它没有提供除语词用法之外的信息，没有做出对狗仔这种东西的任何断言。因此，黑尔提议把上述定义改成："'如果任何东西是只狗仔，它就是只小狗（反之亦然）'这个语句是分析的。"因为这样一来定义的分析因素和综合因素就区分开了。整个语句是综合语句，但其中所包含的"如果任何东西是只狗仔，它就是只小狗（反之亦然）"这个语句则是分析的。这样做还有一个好处，就是能清楚地表明，为什么有时说"狗仔是小狗"不同于说"小狗是小狗"，尽管二者都是分析的。因为在"'狗仔是小狗'是分

---

① *The Language of Morals*，pp. 83–84.

② *The Language of Morals*，p. 87.

析的"这种语句里，"狗仔是小狗"处于内涵性语境中，所以，尽管"狗仔"与"小狗"是同义词，但是在这种语境下却不能相互替换而不改变整个语句的意思。黑尔的这个解释说明了两个问题，即，下定义本身不是无意义的同义反复；下定义只与语词用法有关。我们已经谈到（第二章第一节）摩尔并不否定语词定义的可能，他是在一种特殊的含义上否认"好"可定义。黑尔所说明的是，摩尔对自然主义谬误的批判，并不使得一切**语词**定义不可能。

不过，黑尔发现，存在一种多义性，使得一个语句既可以作为一个语词定义，又可以作为一个实质性的综合判断。例如，"蝌蚪就是幼蛙"。这个语句既可以看作对"蝌蚪"这个词的定义，又可以看作一种动物学上的综合陈述。但是，这也不能用来反驳摩尔，因为"我们不能同时既主张'蝌蚪'与'幼蛙'意思相同，又主张'蝌蚪就是幼蛙'是一种综合性断言"[1]。如果要主张"蝌蚪就是幼蛙"是一个关于动物学事实的综合断言，那么，"蝌蚪"与"幼蛙"就不是同义词。这种情况下，我们不能借助"幼蛙"来定义"蝌蚪"，而要用其他方式，例如直指的方式来解释"蝌蚪"的意思。但是，如果把"蝌蚪"定义为"幼蛙"，我们就不能够用"蝌蚪就是幼蛙"来表达一个动物学事实了，而只能用来表达关于语词用法的事实。黑尔认为，摩尔对自然主义谬误的批判的要害恰恰在这里，即，那种自然主义定义会使得我们不能表达我们本可以表达的某种伦理学上的综合断言：

我们现在对"好"的自然主义定义的攻击是基于这样一

———————————

[1] *The Language of Morals*，p. 88.

121

个事实，即，如果"一个好的 a"意思等同于"一个是 c 的 a"，那么就不可能用"一个是 c 的 a 是好的"这个语句来称赞是 c 的 a；因为这个语句会将是分析的，并等值于"一个是 c 的 a 是 c"。[①]

这就像把"蝌蚪"定义为"幼蛙"，会使得"蝌蚪就是幼蛙"不能用来表达关于动物学上的经验事实的综合判断一样。不过，正如"蝌蚪"在日常语言中具有多义性一样，"好"这样的价值术语也具有多义性。但是，无论如何，如果"好"这样的价值术语要用来称赞，那么就不可能给它一个自然主义定义。

黑尔的论证有一个前提假设，那就是，在日常语言中，价值词有着一种特殊的功能，那就是进行称赞，这是其他非价值词所不具备的。如果价值词只是表示某种特征，那么对于具有这种特征的事物，我们就不能用价值词对它进行称赞了，因为说它好只不过是说它具有这种特征罢了。这就是待决问题论证的力量所在。自然主义谬误就在于"用本身不行使［称赞］这一功能的语词"[②] 来定义价值术语。

自然主义者似乎可以声称，价值词对于他就意谓着这种描述性特征，就像逻辑学家常常按照自己的需要来定义自己准备使用的技术术语一样。对此，黑尔回答说，这样一种随意性定义在此完全不适合。因为"如果他用随意的定义给这个词一种与现在具有的功能不同的功能，那么他就不是在研究同一件事了；他是在

---

① *The Language of Morals*，pp. 90—91.
② *The Language of Morals*，p. 91.

研究一种他自己设计的虚构物"①。

　　所以，与其说黑尔是在为摩尔对自然主义谬误的批判辩护，不如说他是对这一批判进行了重新解释。摩尔认为他的观点不是关于人们实际上是如何使用语词，而是关于"好"这个概念（这里的"概念"一词具有某种柏拉图主义的色彩）的分析；而黑尔则将自然主义谬误看作对价值术语的日常使用的一种误解。摩尔认为"好"这个词表述的是一种独特的属性，不过他显然在说明这种属性上遇到了困难，而最终诉诸直觉；黑尔持有一种与摩尔不同的语言哲学，这使得他能够认为价值术语的功能不是指称某种属性，而是进行称赞。黑尔的这种解释，将对自然主义的反驳和描述与评价的区分联系了起来，而在摩尔那里，并没有做出这种区分。有人评论说："黑尔是迄今为止最卓越和最有影响的现代非自然主义者，并且他的观点，特别是关于评价与描述之间存在区别以及这种区别的性质的观点，处于关于自然主义的争端的核心。"②

　　尽管黑尔同意摩尔对自然主义谬误的反驳，但他指出摩尔认为价值词指称简单的、非自然属性同样是犯了错误。摩尔认为在指称简单、不可分析的属性的意义上，"好"可以与颜色词相提并论；黑尔却看到，在一个重要的方面，"好"与颜色词不同。这种差别就是，"好"具有随附性（supervenience）。我们可以说，两个东西除了颜色之外，在其他方面均相同；但是，我们却不能说，两个东西，尽管在别的方面都一样，但一个是好的，另

---

　　①　*The Language of Morals*，p. 92.
　　②　Peter Simpson. *Goodness and Nature：A Defence of Ethical Naturalism*，Leiden：Martinus Nijhoff Publishers，1995，p. 81.

一个不好。也就是说，"好"是随附在其他特征上的，是这些特征致使一个东西好。这样的特征，黑尔称为"致好（good-making）特征"。这种随附性也适用于其他价值词。黑尔认为"这就是摩尔教授称为'自然主义的'那一类伦理学理论的起源"①。所以，价值词不是像摩尔设想的那样表示一种独特的、自成一类的属性。

而且，黑尔更进一步的观点是，价值词不是严格意义上的表示属性的词。即使是"红"这样的简单属性词②，虽然不能给予通常的定义，但是，仍然可以用直指的方法来解释它的意义。比如我们可以带人去看各种红色的东西，告诉他这些是红色的；带他去看不是红色的东西，告诉他这些不是红色的。通过这种程序，我们可以使人明白我们用"红"这个词表示什么。但是，这种程序不适合"好"这样的价值词。对此，我们会在下一节进行考察。

第二节
价值词的意义与应用标准

我们已经注意到，在对价值词的解释上，黑尔与摩尔都赞同"好"不能用自然属性来定义。但是，在一个非常重要的方面，

---

① *Goodness and Nature：A Defence of Ethical Naturalism*，pp. 81—82.

② 什么是简单属性是一个非常困难的问题，不过，红色是不是一个简单属性，与这里的论证无关。

摩尔与黑尔有区别。摩尔仍然认为"好"指称一种属性，只不过是单一的、不可分析的、自成一类的属性，在这个方面"好"与"红"可以类比。但是，黑尔指出，"好"与"红"有着重要的不同，其中一点是"好"这个词具有"红"这个词所没有的随附性；而另外一点则是，那种用来教授"红"这种词的意义的程序不适用于"好"。

"红"这个词尽管不能定义，但我们仍然可以用示例的方式教人如何识别红色的东西和非红色的东西。换言之，如果一个人知道了"红"这个词可以应用到哪些东西上面，他也就知道了"红"这个词的意义。而且，在正常情况下，"红"这个词可以应用的那些东西都具有相似性，不论它们所属的类别是什么。例如，虽然汽车和花属于不同的类别，但是红色的汽车和红色的花之所以都可称为"红色的"，是因为它们在某个方面具有相似性。因此，学习"红"这个词其实是在学习分类，学习将红色的东西和非红色的东西区分开。如果"好"像摩尔说的那样指称一种自成一类的属性，那么学习"好"这个词仍然是在学习一种分类方式，

但是，黑尔指出，"好"这样的词则不然。第一，"'好'的一个特征是它可以用于不计其数的不同对象种类"[①]。我们称之为"好"的东西可以千差万别。好的汽车的标准显然非常不同于好的花，"然而，我们似乎能学会'好'这个词的使用，而不用别人教我们在一个特定对象类中，是**什么**使我们有权将这个词用

---

① *The Language of Morals*，pp. 95—96.

于那个类的一个成员"①。如果学会"好"这个词像学会"红"这个词一样，是学会它的应用标准，就无法解释为什么对于一种全新的对象种类，以前我们从未学习过这类对象中好的标准，但我们还是能够正确地把"好"这个词用于这类对象。黑尔认为，这个问题已经被亚里士多德注意到，但却没有被柏拉图发现："柏拉图没有机会读到亚里士多德的《尼各马科伦理学》第一卷第六章，因而错误地认为使得所有各类事物好的限制性属性都是一样的。"② 黑尔所指出的这个问题不是维特根斯坦所提出的"家族相似"的问题。家族相似的事物，虽然没有一个贯穿所有个体的共同特征，但个体之间总能找到相似性，通过这种相似性能把这些事物都联结为一个"家族"。黑尔企图揭示的情况则是，不同类别的好事物之间可能毫无任何相似之处，被统称为"好"的形形色色的事物并不是靠家族相似的关系连缀在一起的。在这个方面，"好"不同于任何纯粹描述性语词。"家族相似"概念，只是说明同类对象并不是因为有共同特征而成为一个类的，但它仍然是一个关于分类的问题。但黑尔在这里试图表明的是，学会"好"的用法非常不同于学会一种分类方式。黑尔接受了维特根斯坦的观点，认为懂得一个词的意义就是学会它的用法，所以，如果"好"的意义就是它的应用标准，那么"好"这个词在"好汽车"中的意义就不同于在"好花"中的意义了；"但是，'好'这个词具有一种恒定的意义，一旦了解了它，不论讨论的是哪一类对象，都能理解这种意义。"③

---

① *The Language of Morals*, p. 97.
② R. M. Hare. *Plato*, Oxford: Oxford University Press, 1982, p. 65.
③ *The Language of Morals*, p. 102.

　　黑尔还进一步指出，即使我们把问题限制在"某种含义的好"，例如"工具性的好"，我们也不会找到一个共同标准。他论证说，好灭火器、好的计时器和好的板球棒它们的性能各不相同，无法识别出共同点。如果把这种共同点说成是它们都能达到它们各自的目的，那么就会引出一个新的问题，即，如何识别各类对象的目的？"'目的'这个词表现出与'好'这个词相同的问题这一事实，暗示两种情况下问题的根源是相同的。"① 黑尔暗示，"目的"可能反过来要靠"好"来定义〔他认为，亚里士多德曾把"目的"定义为"靠行动达成的善（好）"〕，因此无法用它来给"好"找到共同标准。

　　"好"与"红"的另一个不同点是，在不同的人那里，"好"的应用标准也可能是不同的。关于什么东西算是好东西，什么行为算是好行为，是一个很容易引起争端的事情。这表明，关于"好"的应用标准，不同的人之间，特别是不同民族、不同文化的人之间常常有差异。当然，非价值词也存在应用标准不同的问题，比如某种边缘情况下，尽管没有视觉上的差别，人们还是可能就某个东西到底是红色的还是橙色的发生分歧。但是，黑尔指出，这种分歧和关于"好"的应用标准的分歧不同。在《自由与理性》一书中，黑尔用了例子来说明这一点。假设关于"树"和"灌木"之间的界限划在哪里，两个人发生分歧。可以想像这样一个语词差异导致重大误解的情况（比如要砍掉灌木而保留树）。但这些误解可以通过一个用词的协议而被很容易地消除。② 但

---

① *The Language of Morals*，p. 99.

② *Freedom and Reason*，p. 28.

是，如果两个人关于某个行为好还是不好发生的分析，则不能通过用词的协议来消除它们的分歧。前一个分歧是关于语词意义的，而不是关于实质性问题的，而后一个分歧则是实质性的分歧。尽管两个人在"好"的应用标准上各不相同，但仍可以说他们是在同一种意义上使用"好"这个词的，因此，他们仍可以进行实质性的争论。如果在描述词的应用标准上发生了分歧，他们就不是在同一个意义上用词，也就无法进行真正的争论。

事实上，黑尔的观点与摩尔和斯蒂文森是一脉相承的。摩尔坚持"好"不可定义时，他的根据在于，如果"好"可以定义，道德判断就成了依赖于语词的意义而成立的分析判断。只是摩尔还不够彻底，他没有意识到，即使"好"不可定义，只要"好"的意义仅是表示某种属性，可以由它的应用标准决定，道德问题仍然可能塌陷为语词问题。斯蒂文森提出的"说服性定义"概念，如果去掉其心理主义色彩，那么，我们就可以说他揭示的问题正是黑尔在这里想要揭示的问题。

总之，黑尔的结论是，价值词的意义不是它们的应用标准，或者用更准确的话说，它们的应用标准不能穷尽它们的意义。它们的意义应该是使用中的一种共同因素，而这种因素不是应用标准，而是它们的评价功能。因为，不论我们说哪种东西好，我们都是在称赞它们。但是，黑尔认为，并不能把应用标准从价值词的意义中完全排除出去，因为，在某种日常涵义上，问一个价值词意谓（mean）着什么，就是问它的应用标准是什么。如，我们问一个人："你说这辆汽车好是什么意思？"他可以很自然地回答说："我的意思是它速度很快、平稳……"这个人在这里回答的实际是好汽车的标准。正因为如此，黑尔采用了斯蒂文森的双重意义论，认为价值词既有评价意义，又有描述意义。描述意义就是价值词的应用标准。因而，价值词也可以有传达信息的功能。"一般来说，标准越固定、越为人们所接受，所传达的信息就越多。"①

不过，黑尔认为对于"好"这样的价值词，它的评价意义是首要的，描述意义是从属的。他陈述了两点理由："首先，对于这个词所用于的每一类对象来说，评价意义是恒定不变的。当我们称一辆汽车、一个计时器、一根板球棒和一幅画好时，我们就是在对它们分别进行称赞。……把评价意义称为首要意义的第二个理由是，对于任何一类对象来说，我们都可以用这个词的评价意义去改变其描述意义。"② 正因为如此，我们才能说，当两个人在评价标准上有不同时，他们仍然是在同一意义上使用价值词的，他们也才能就价值问题进行争论。

第三节
评价与规定

"评价"是一个需要进一步分析的词。而这正是黑尔与情感主义分道扬镳的地方。做出评价意味着什么？黑尔的回答是，说语词或判断有评价意义，也就是说它们有规定性。在某些方面，

---

① *The Language of Morals*，p. 122.
② *The Language of Morals*，pp. 118—119.

道德判断（或更一般地说，评价判断）可与命令（祈使句）相类比。把道德判断或原则与命令联系起来的哲学家早已有之。康德已经明确地提出道德原则"就该原则对于一个意志是强制性的而言，就叫作一个（理性）的诫命，这个诫命的公式就叫命令式"[①]。西季威克也接受这个看法。卡尔纳普也称道德判断是伪装的命令。

在分析祈使句时，黑尔已经表达了这样的观点，即同意一个祈使句就是做出决定，或在可供选择的行为之间做出选择。在分析"好"这个词时，黑尔力图表明，它与"选择"概念具有重要的联系："我说过，'好'一词的首要功能便是称赞。因此，我们必须探究什么是称赞。当我们称赞或谴责任何事物时，总是为了引导（至少是为了间接地引导）各种选择，即我们自己的或他人的、现在的或将来的各种选择。"[②]

黑尔虚构了一个例子来论证这种联系。假设我有一个外国朋友，他不知道"好"这个词的意思，但他知道"最好"是"好"的最高级。他要教我玩一种"smashmak"[③] 游戏，这是一种用"shmakum"来玩的游戏。当他告诉我，其他条件相同时，他会选择购买能让他做出最多的"smashe"的 shmakum，我就会猜出，他认为最好的 shmakum 就是能用来做出最多 smashe 的 shmakum。而我就可以借此向他解释清楚"最好"乃至"好"

---

① 《康德著作全集》（第四卷），第 420 页。

② *The Language of Morals*，p. 127.

③ "smashmak"是一个虚构的词，可能是由 smash 与 make 合成。smash 的复数是 smashe。shmakum 是用来玩这种游戏的用具，黑尔并没有赋予 smash 和 shmakum 任何具体的意义。

的意思。在这个例子中，我不知道什么是"shmakum"，也不知道什么是"smash"，而他知道这两个词的意思，却不知道"最好"的意思，所以，我们两人都不会说："'最好的 shmakum'的意思就是'我可以用来做出最多 smashe 的 shmakum'。"因而我并无把握说"我可以用来做出最多 smashe 的 shmakum 就是最好的 shmakum"，但我却会多少有把握地说"他认为最好的 shmakum 就是他可以用来做出最多 smashe 的 shmakum"。我之所以有把握这样说是因为我知道他的选择倾向。不过，黑尔强调，这里要注意另外一个可能的误解，就是以为这个例子可以说明"'最好的 shmakum'的意思就是'我会选择的 shmakum'"，这就把"好"这个词看作与某种内心经验，如目的性（purposive）或偏好性（preferental）经验相联系，就像"红"这个词与某种感觉相联系一样。实际上，这个例子想要说明的是，如果我们知道一个人会选择什么，我们就可以据此断言他**认为**什么是好的，而不是据此同意他所选择的就是好的。

根据黑尔，即使我们知道如何把好的东西和坏的东西区别开，也就是说我知道好坏的标准，但是，如果需要选择时，我们却不知道应该选择好的那种东西，那么，我们就没有理解"好"这个词的意义。因此，知道什么是好的，就是知道该选择什么。告诉别人什么样的东西是好的，就是向人推荐这样的东西，而向人推荐一样东西，就是叫别人在其他条件相同时选择这样东西。黑尔坚持认为，价值词在典型的和核心的用法中具有规定性，而"规定性"概念可以定义为：一个判断具有规定性，当且仅当它蕴涵着祈使句："如果价值判断是指导行为的，那么就必须主张它们衍推祈使句。"① 同意一个规定性的判断就要同意它所蕴涵的祈使句，也就要决定做出相应的行为。所以，真诚地同意一个道德判断，就是决定做这个判断所要我们做的行为。黑尔坚持道德判断（或更一般地说，价值判断）具有规定性的一个关键理由是，这样能说明道德语言和我们的行为的关系。黑尔认为"如果我们要问一个人'什么是他的道德原则？'我们做出正确回答的最有把握的方式就是研究他的**所作所为**。"② 这绝非黑尔独有的观点。因此，对道德语言的正确分析应当能说明道德语言何以与我们的行为有密切关系。描述主义（包括自然主义和直觉主义）不能说明这种关系，而情感主义则是用道德语言的心理学作用来解释这种关系，因而把这种关系当成了事实关系。黑尔则试图表明这种关系是逻辑关系。

黑尔的规定主义观点遭到了各种批评。特别是他关于评价性就是规定性，规定性就是衍推祈使句的观点。沃诺克认为使用道德语词的人所做的事情多种多样，并不只是规定："当然，他们可能进行规定；但也可能进行建议、劝诫、恳求；命令、谴责、哀痛；下决心、忏悔、承担；等等，等等。"③ 黑尔对此的回答是"［沃诺克］的分类法明显只有一个层次。"④ 因为沃诺克错误地假设了言语行为除了种之外不可能有属。实际上"规定是一个言语行为的属的方便名称，识别它的特征是'与行为的密切关

---

① *The Language of Morals*，p. 163.

② *The Language of Morals*，p. 1.

③ G. C. Warnock. *Contemporary Moral Philosophy*，London: The Macmillan Press，1967，p. 35. 转引自 *Modern Moral Philosophy*，p. 205.

④ "Review of G. J. Warnock's. *Contemporary Moral Philosophy*"，p. 438.

系'和行动"与语词一致或不一致"的可能性①。因此，沃诺克所列举出的其他言语行为是规定这个属所包含的种，因为它们都与行为有密切关系，并且可能与行为一致或不一致。这个回答，的确如哈德森所评论的："它确实表明，提出一个像沃诺克那样的列举，本身并不会破坏规定主义。"②

我们将考察的另一个反对规定主义的论证是 J. C. 麦肯锡（J. C. Mackenzie）提出的：如果道德判断功能像黑尔所说的那样是指导行为，那么，我对一个人说："你应当做 a"不过是意图对方做 a。如果我预知对方有相反的道德观点，我这样说就是非理性的。因为"按照黑尔的观点，道德分歧最终不过是**意志冲突**"③。所以，我没有理由改变对方的道德观点。所以，我说出这个判断不会让对方做 a，也就是说，不会实现我的意图。"很清楚，这暗示黑尔的分析是不可接受的。不可能仅仅因为某人与自己有道德分歧，告诉他应当做某事就是非理性的。"④ 麦肯锡的论证基于这样一个假设，即按照黑尔对道德判断的分析，理性地消除道德分歧是不可能的。而黑尔在从《自由与理性》到《道德思考》等著作当中发展出了一种道德论证理论，这种理论表明，他对道德判断的分析不但不否认理性地达成道德一致是可能的，而且为此奠定了基础。我们将在最后几章中考察黑尔的这个理论。如果黑尔的道德论证理论是有效的，并且与他对道德概

---

① "Review of G. J. Warnock's. *Contemporary Moral Philosophy*". p. 438.

② *Modern Moral Philosophy*，p. 205.

③ J. C. Mackenzie. "Prescriptivism and Rational Behaviour", in *The Philosophical Quarterly*，Vol. 18, 1968，p. 316.

④ "Prescriptivism and Rational Behaviour", in *The Philosophical Quarterly*，p. 316.

念的分析相容，那么麦肯锡的论证就没有力量了。

黑尔会遇到的另一个难题是："例如，有人可能主张，我可以毫无矛盾地说'你应当做 a，但别做'，因而这里不存在任何衍推的问题。"[①] 这似乎构成了价值判断蕴涵祈使句的反例。对此，黑尔的解释是，这种事例中的价值判断不是真正的价值判断，它们失掉了评价性，因而不蕴涵祈使句。

黑尔论述了两种价值判断失去评价性的方式，它们都与价值判断的标准的稳定性有关。前已述及，黑尔承认价值判断具有描述意义，因此也具有传达信息的功能。特别是，价值判断的标准越稳定，越为人们普遍接受，它传达信息的功能就越强。他提出，价值词的评价意义也可能发生变化，其变化的方式是，由于某种价值标准普遍而稳定地被人们接受，人们越来越把它当作纯描述判断来看待，它的评价意义就会逐渐减弱，对价值词的使用越来越是一种习惯化的或"加引号"[②] 的方式。最终，这个价值词完全失去其评价意义，而成为一个纯描述词。所谓加引号的用法，指的是："在这种用法中，并非我们自己在做价值判断，而是引述别人的价值判断。"[③] 例如，一个极其反对吸烟的人说："这是一种很好的香烟"时，他并不是在称赞这包香烟，因为在他看来一切香烟都是有害健康的，因此他不会称赞任何香烟。因此他说的话的意思大致相当于"对于这种香烟，某一种类型的人（例如吸烟者）会说'这是很好的香烟'"。在这种情况下，"你应当做 a"不再有价值判断的意思，而仅仅是表示"你做 a 与大家

---

① *The Language of Morals*，p. 163.
② *The Language of Morals*，p. 170.
③ *The Language of Morals*，p. 124.

普遍接受的标准相符”这一事实，这个判断并不衍推“你做a吧”这个祈使句。对于一个并不赞同大家普遍接受的“应当”标准的人就可以说：“你应当做a，但别做它。”

黑尔指出的另一种情况是，“显而易见，如果从我们最早的岁月起，我们就在服从某一原则的情况下被教养长大，不服从这个原则的想法对我们来说会多么令人厌恶。如果我们不服从它，我们就深感悔恨；我们服从它的时候就轻松自如。这些感觉又被心理学家所列举的那些因素所强化；总体结果就是一般所谓义务感”①。但是，黑尔强调，“说某人有一种义务感不同于说他有一种义务，说前者是做出一个关于心理学事实的陈述，说后者是做一个价值判断”②。他举例说：“一个长期在军人家庭中长大但却已受和平主义影响的人很有可能会说：‘我强烈地感到我应当为祖国而战，但我不知道是否真的应当这样做。’”③ 不过由于关于义务感的心理学陈述和关于义务本身的价值判断之间存在混淆，因此，人们常常用“我应当做x”来表示他有一种应当做x的义务感。

于是，存在三重混淆的情况，即，当一个人说“我应当做x”时，他表达的是以下三种判断的混合物：

(1)“为了与人们普遍接受的那种‘应当’标准保持一致，就要做x。”（社会学事实陈述）

(2)“我具有一种‘我应当做x’的义务感。”（心理学

---

① *The Language of Morals*，p. 166.
② *The Language of Morals*，p. 166.
③ *The Language of Morals*，p. 166.

事实陈述）

（3）"我应当做 x 。"（价值判断）

黑尔认为："对于那些宣称是价值判断但又不衍推祈使句的事例，经过考察总会发现，这些事例中所意谓的并不是上述的第三种类型的判断，而是第一种或第二种，或二者的混合。"①

这里存在两个问题，第一，我们如何区分一个人说"我应当做x"时是否包含了第三种判断？第二，既然黑尔已经承认，"我应当做x"这样的表达式也能表示社会学或心理学的事实，那么，这不是承认了价值判断可以是描述性的吗？黑尔对自然主义的批判岂不是不公正吗？

对于第一个问题，黑尔的回答是："我提议用一种唯一可能的方式来克服这一困难，这就是把它变成一个定义问题。"② 这就是说，一个判断是否具有评价意义，是不是价值判断，检验的标准就是看它是否衍推祈使句。换言之，把评价意义定义为规定意义。不难想象，黑尔的做法会受到这样的批判：这是一种滑头的做法，如果任何人提出价值判断不蕴涵祈使句的反例，黑尔都可以回答说，根据定义，反例中的判断没有评价意义。可是，这样一来，关于规定主义的争论不是成了一个术语的定义问题，从而成了琐屑的问题吗？对此，我们认为，要避免这个问题成为一个琐屑的问题，我们不能脱离一定的背景语境。讨论价值词和价值判断的意义，是为了有助于解决道德论证的问题。而道德论证是对某种实质性的道德主张进行辩护或反驳。而我们之所以关心

---

① *The Language of Morals*，p. 168.
② *The Language of Morals*，p. 130.

何种道德主张能得到辩护，是因为这个问题关乎我们如何行动和
生活。换言之，道德问题应当具有实践性。如果离开了这一点，
伦理学家们就失去了讨论的共同基础。所以，是否接受黑尔的定
义，就不是一个单纯的术语定义问题，而是如何解释道德语言，
才能更好地理解道德的实践性的问题。至少，黑尔的定义对道德
判断如何与我们的行为相联系提出了一种解释，虽然它是不是唯
一可能的解释，仍然是一个可以讨论的问题。

对于第二个问题，黑尔承认由于日常语言的灵活性和歧义
性，价值判断也有非评价性用法。但是，他坚持评价性（根据定
义，也就是规定性①）用法是价值判断最基本和最首要的用法。
这是因为，在上述的第一种和第二种判断中，价值词都处于引号
中，因而需要更一步的解释。如果我们仍然用这两种方式去解释
处于引号中的价值词，价值词还会再次以加引号的方式出现在解
释中。如果不存在第三种用法，即评价性用法，我们就会陷入无
穷倒退。所以，价值判断的评价性用法是理解其他用法的基础。
另外，只有在评价性用法中，价值判断才会有指导行为的功能，
而这才是伦理学家的兴趣所在。

A. C. 麦金太尔提出："一个人可以认同某一道德评估
（appraisal）但不把它用做行为指导——'这是从道德的角度你
的行为会得到的评估，但不要遵循道德的指导。'"② 不过，如果
不遵循道德的指导，我们还能说这是真诚地认同道德评估吗？黑

---

①　黑尔在《道德语言》中把评价性等同于规定性，在《自由与理性》中他又对
此做了修正，只有既有规定性又有描述性的判断才是评价判断。

②　A. C. MacIntyre. "What Morality Is Not", in *Philosophy*, Vol. 32,
1957, p. 330.

尔否定这一点。他承认，在某些语境中，同意一个道德判断不等于把它作为自己行为的指导，但是，他坚持，在这种情况下这样的判断已经失去了评价性，不具有道德评价的意义。麦金太尔指责黑尔把他自己信奉的"我们应当真诚"这个道德原则塞进了对道德语言的逻辑分析中。但是，这里麦金太尔混淆了两个问题，一个是我们是否应当真诚，另一个是什么是真诚。在决定是否应该真诚之前，我们应该先弄清什么是真诚。黑尔想要说明的正是后一个问题，他的观点是如果我们声称自己信奉某一道德原则，在实践中却无视它，那么我们就不是真诚地信奉这个原则。当我们接受了黑尔的对"真诚信奉某一道德原则"的定义时，我们是否应该真诚信奉道德原则仍然是个未决问题。所以黑尔谈论的仍是形式方面的问题而不是实质方面的。

第四节
价值词的人工分析

黑尔经常被人指责为把道德判断还原为狭义的祈使句，但他一再否认这一点，声明他的目的"毋宁是表明道德判断与祈使句有一个共同特征，即具有规定性"[1]。具有评价意义的判断只是蕴涵着祈使句，并非能还原为祈使句。黑尔说："所有的价值判

---

[1] *Moral Thinking：Its Levels，Method and Point*，p. 5.

断都隐含着普遍性"①，因此它们不同于狭义的命令，不是仅仅叫人做某事，而且是在给出标准。当我们做出关于某一对象的价值判断时，我们的判断不仅仅是关于该特殊对象的，而是"不可避免地成为关于与该对象相似的那些对象的判断"②。因此，说出一个价值判断和说出一个单称祈使句不同，后者指导的是特殊选择，而前者的指导则具有普遍性。价值判断也不同于通常所谓全称祈使句。黑尔举例说，"任何时候都不要在此车厢吸烟"是一全称祈使句，它与"你不应当在此车厢吸烟"均衍推单称祈使句"你不要在此车厢吸烟"，但前者并不衍推"请勿在任何与此相似的车厢里吸烟"，相反，如果一个人同意"你不应当在此车厢吸烟"，那么他就不能说"好的，我到隔壁车厢吸烟吧，虽然它和这截车厢差不多"。价值判断的这种特征，黑尔称为可普遍化性（第六章将对它进行专门考察）。

黑尔提出了一种分析模式，即通过用祈使语气和其他逻辑词来构造新的人工术语，看它能在多大程度上行使日常语言中价值词的功能。黑尔声明："我希望清楚地说明，我不是要提出一个日常语言的价值词的确切分析。的确，它们在用法上如此多变，如此微妙灵活，以至任何人工构造都必定是对它们的歪曲。"③作为一个日常语言学派的哲学家，他当然不主张日常语言是有缺陷的，某种人工语言比日常语言更理想。他的目的是通过这种分析模式，来展示价值词与祈使语气之间的联系与区别。如果这种人工构造出的价值词，能做日常语言中的价值词的大部分工作，

---

① *The Language of Morals*，p. 129.
② *The Language of Morals*，p. 129.
③ *The Language of Morals*，p. 180.

那么就说明这种人工术语在逻辑性质上接近日常价值词，从而在很大程度上揭示出了日常价值词的逻辑性质。

黑尔选取了三个最基本的价值词，"正当"（right）、"应当"（ought）和"好"。初看起来，"正当"和"应当"与"好"之间有许多明显的差别。例如"我们说'一个好的 x'"，却说"**那个正当的 x**"。并且我们一般认为说存在很多好的 x 是很自然的，但（在绝大多数语境中）说存在很多正当的 x 却很奇怪……"①从语法上说，"好"有比较级和最高级，而"正当"则没有。而"一般而言，应当的表现更像'正当'而不是更像'好'"②。但是，"正当"与"应当"也有着与"好"的很多相似之处，例如它们都具有随附性，它们都不能给予一种自然主义的定义等等。黑尔认为"正当"与"好"与"应当"之间的关系可用人工定义的"应当"、"正当"和"好"③ 来展示。

黑尔的第一步是用日常语言中的"应当"来定义人工术语"正当"与"好"。这实际上是在揭示三个基本价值词之间的关系。"正当"一词，在日常语言中，其否定用法、肯定用法和非谓词用法有某些差异，因此，对于人工词"正当"也需要分别处理。大体上，黑尔把"做 a 不正当"定义为"不应当做 a"；把"x 做 a 是正当的"定义为"如果 x 做了 a，他就是做了他应当

---

① *The Language of Morals*，p. 151.

② *The Language of Morals*，p. 152.

③ 注意，为了把日常语言中的价值词和黑尔定义的人工术语区别开，我们在此用斜体字表示人工术语。

做的事"；"x 做 a 是完全正当的（*all right*）"① 定义为"x 做 a 时并没有做他不应当做之事"；把"正当的 a"② 定义为"人们应当选择的 a"。③

"好"这个词的一个复杂之处是，它是一个不严格的词，正像我们通常不能给出"热"的绝对标准一样（我们不能精确地说到底多少度的水是热水），我们也不能给出"好"的绝对标准。不过，就像"热"的比较级并非不严格一样（我们总是可以说 50 度的水比 49 度水热），"好"的比较级也没有这种不严格性。因此黑尔选择定义人工词"更好"。"a 是一个比 b 更好的 x"可定义为"如果一个人在选择 x，那么，倘若他选择 b，则他应当选择 a"。④ 黑尔举了一个例子来解释这个定义。如果一个学生问他，哪个人的《伦理学》讲座更好，而他建议说"a 的《伦理学》讲座比 b 的更好"。那么，如果这个学生听 a 的讲座而不听 b 的讲座，或两者都听，或两者都不听，就不能说他没有听从建议。只有他听了 b 的讲座而没有听 a 的讲座，才能说他没有听从建议。这个定义存在缺陷，不能成立。⑤ 黑尔自己也承认这个定

---

① 这里"完全正当"（all right）的意思是"完全可以接受"或"无可厚非"。它与前面的"正当"意思有差别。实际上，前面的"right"译为"正确"可能更为恰当，但由于道德哲学中"right"已习惯于被译为"正当"，所以没有采用"正确"这个译法。

② 这里的"right"显然译为"正确"或"恰当"更合适。

③ *The Language of Morals*，p. 182.

④ *The Language of Morals*，p. 184.

⑤ 参见 M. K. Rennie. "On Hare's 'Better'"，in *Noūs*，Vol. 2，1968，pp. 75−79. 这篇文章以形式化的方式指出黑尔关于"更好"的定义会导致逻辑上不可解释的结果。

义不一定正确。① 黑尔的定义是要表明"更好"意味着选择的优先性，但黑尔的定义不能很好地表达选择的优先性，不过，这主要是技术性问题，在技术上是完全可能解决的（但我们不在这里深入）。

根据黑尔，"应当"的大部分功能也可以用人工词"应当"来行使，而这个人工词是通过扩充的祈使语气来定义的。之所以需要扩充祈使语气，是因为黑尔认为价值词既具有规定性又具有可普遍化性，因此用来模拟"应当"的"应当"需要用真正的全称祈使句来定义。但是通常的祈使语气不能构造真正的全称语句，因为这种语气在时态上一般限于将来时，在人称上也受到限制。"显然，如果我们要能构造出真正的全称祈使语句，它们必定是这样的，即，借助于恰当的小前提，我们能从它们中推导出所有人称和所有时态的祈使句。"② 构造这种真正的全称祈使句的方式是运用口吻和指陈的划分，将一个真正的全称陈述句的口吻去掉，用祈使句的口吻替换。这样，"应当说真话"可以改写为"所有人说的一切都是真话，请"。③

但是，正是"应当"判断与祈使句在人称和时态上存在的这种差别，使得一些人，例如罗吉尔·汉考克（Roger Hancock），认为黑尔的分析是错误的。汉考克认为"存在大量道德判断的使用不以任何明显的方式指导选择，但它们仍然通常被称为评价；

---

① *Freedom and Reason*，p. 153.
② *The Language of Morals*，pp. 187−188.
③ 这里黑尔用的是单一口吻模式。这种模式存在局限性，很可能不能成立，我们已经在第三章第三节指出了。不过从原则上说，采用多重口吻模式来实现黑尔的理论意图是可能的。

而且没有任何清楚的方式能表明这些使用逻辑上依赖那种指导选择的使用"①。他所说的这种用法包括：道德判断被用来评估完全陌生的人的行为，我们并不打算指导这种行动者的行为；已经死去的人的行为；或者听话者并不处于要做出选择的地位上。也就是说，如果道德判断的主要功能是指导行为或选择，那么它的使用场合应该与祈使句一样。只有在可以使用祈使句的场合下，才可能使用具有行为指导功能的语言。既然道德判断可以在根本不能使用祈使句的场合使用，因此它们显然没有指导选择或行为的功能。实际上，黑尔已经注意到，祈使句之所以有人称与时态上的限制，正是因为祈使句的功能是指导选择。② 但是他认为这些限制逻辑上可以突破，例如我们可以取消时态，而代之以明确的日期，"这样，对任何可想象的事件，就可能想象一个祈使句，它命令那个事件发生；我们不需要指明这个句子是什么时候说的，因为已经给出了事件所涉及的日期"③。同时，假定我们是全能的，那么"任何东西都可以成为命令的对象；任何能够用陈述句来描述的事件都同样可以用祈使句来命令"④。至于人不是全能的，是一个偶然事实，黑尔认为逻辑学家不必关心。"因而我将假设逻辑学家有资格构造所有人称与所有时态的祈使句。"⑤这当然也就为构造一种真正的全称祈使语气提供了可能。但是，即使黑尔的这种设想是正确的，逻辑上可以构造出一种真正的全

---

① Roger Hancock. "A Note on Hare's The Language of Morals", in *The Philosophical Quarterly*, Vol. 13, 1963, p. 57.

② "Imperetives", in *Practical Inference*, p. 6.

③ "Imperetives", in *Practical Inference*, p. 6.

④ "Imperetives", in *Practical Inference*, p. 7.

⑤ "Imperetives", in *Practical Inference*, p. 7.

称祈使句，它们也只能由某种超时间的全能者使用。而我们，既然不是全能的，并且只能在具体的时间中使用语言，那么，我们怎么能有意义地使用这种真正的全称祈使句呢？如果使用这种真正的全称祈使句对我们是无意义的，而使用道德判断是有意义的，那就意味着道德判断与全称祈使句的功能与逻辑特征并不相同。

但是，道德判断不是黑尔所构造出来的那种全称祈使句，并不一定意味着汉考克所列举出来的那些用法都没有行为指导功能。因为道德判断（以及其他价值判断）具有可普遍化性，关于某个过去的境遇中的行为的道德判断，也适用于所有相似的境遇，当然也包括未来可能出现的相似境遇。因此，关于过去境遇中的行为的道德判断可以指导未来可能出现的相似境遇中的行为。例如，当我对一个人说："你不应当在昨天那种情况下迟到。"我没有隐含地说："请勿在昨天迟到。"因为那没有意义，即使不用过去时态而代之以具体的日期也于事无补；但我却在隐含地说："请勿在以后遇到昨天那种情况时迟到。"同时，道德判断的指导不必是针对被评价对象的，而是针对所有潜在的需要指导的人。批评历史人物的行为当然不是对历史人物的行为指导，但却是在告诫所有可能遇到相似情况的人不要像他那样做。所以，把应当判断分析为真正的全称祈使句来刻画它的规定性和可普遍化性，也许在逻辑上较为简单，但却是一个过强的分析，最好采用弱化的分析，虽然这种分析会较为复杂。我们可以说，道德判断（或更一般地说，价值判断），当具有评价性时，相当于一种指导行为或选择的普遍原则，它为任何思考如何选择或行动的人提供指导，任何同意它的人就是同意一个关于未来的可能行为的祈使句，但它不隐含着关于过去行为的祈使句，尽管我们可以谈论过去的行为与它一致还是不一致，或者是否体现了这个原则。我们会看到，这种弱化，并不会妨碍黑尔的主要观点，特别是他的道德论证理论，因为那不需要涉及对过去行为的规定。

黑尔的这个分析，不仅试图表明价值判断与祈使句之间的联系和区别，也试图表明"好"、"正当"与"应当"之间的联系和区别。我们将看到，在道德论证中，黑尔主要注意的是"应当"，因为"应当"较之其他两个词在逻辑性质上更简单（即使它不能简单地用全称祈使语气来定义），并且其他两个词都可以在很大程度上借助"应当"来分析。

第五节

道德软弱

对规定主义来说，最大的难题是如何解释道德软弱[1]。道德软弱的问题，指的是人何以会做自认为不应当的事。这个问题可以追溯到苏格拉底所主张的无人自愿为恶的观点。亚里士多德认为苏格拉底的"说法和诸现象明显抵触"[2]。如果道德判断具有

---

[1]　应当说意志软弱比道德软弱更宽泛，例如一个人打算做某件事，可事到临头却退缩了，同时为自己没有做打算做的事而懊丧，这是意志软弱的例子，但不一定是道德软弱；只有当一个人做的是道德决定，但却又不愿履行，才是道德软弱。不过这个区分黑尔并没有特别注意，他通常把意志软弱当作道德软弱的同义词来使用。

[2]　亚里士多德：《尼各马科伦理学》，苗力田译，中国社会科学出版社，1999，第43页（标准页码1145[b]）。

规定性，那么苏格拉底似乎就是正确的：人们不可能一方面接受某个道德判断，另一方面又有意做出相反的事。然而这如何解释道德软弱的现象呢？

需要注意，道德软弱的问题不是由于价值判断失去了评价性而带来的。黑尔说："这个问题是由这一事实造成的：道德判断在其核心用法中具有指导行为的功能。如果这是它们的功能，我们如何能认为，举例来说，我们应当不做某事（即把我们应当不做某事接受为我们行为的指导）而又不受其指导？没人能说这里不存在难题，除非他否认指导行为是道德判断的功能。"①

黑尔指出在两种极端观点中，不会存在道德软弱的问题。一种观点是极端描述主义的观点，即道德判断的用法完全是描述性的。这样道德判断不具有指导行为的功能，当然可以心安理得地认为我可以不做我应当做的事而不需要任何解释。另外一种观点是，把道德判断等同于单称规定，说我应当做某事就是说我想要（want）做某事。如果是这样，就不会有人不想要做自己认为应当做的事，而想要做某事，就是要在时机到来时做它。这里没有道德软弱的问题。这就是"苏格拉底怪论"。但正像亚里士多德批判的，这与事实不符。道德软弱现象的存在表明这两种观点都是站不住脚的。黑尔认为，前一种观点看到了道德判断具有可普遍化性和描述意义，但忘掉了道德判断的规定性；后一种观点则看到了道德判断的规定力量，但是没有注意到"应当"具有可普遍化性，不同于"想要"，不是单称规定。

道德软弱问题的存在，根据黑尔，是一柄双刃剑。一方面，

---

① *Freedom and Reason*，p. 70.

对于规定主义它是一个难题，因为规定主义者需要解释在发生道德软弱的情况时（一个人没有做他认为应该做的事或做了他认为不应该做的事），道德判断如何还具有规定性；另一方面，它也不利于描述主义者，因为如果描述主义对道德判断的解释是正确的，这个难题就不应该存在了。

道德软弱，在黑尔看来，是道德生活中的核心难题，它显示了做出道德决定，对于一个认真对待道德生活的人是一件多么困难的事。在理论伦理学中，出现相似的困难，绝非偶然。他说："事实上，它是如此的困难——规定性和可普遍化性的张力在某些境遇中是如此之大——以至于某种东西必须屈服（give）；这就是对道德软弱现象的解释。不仅是**我们**屈服，因为我们是道德软弱的；我们给自己发现了一种语言，与我们共有软弱性，并且恰恰在我们屈服的地方屈服。"①

在《自由与理性》中，黑尔对道德软弱给予了两重说明。第一重是我们的道德语言不严格，如果道德语言就是完全的普遍规定语言，那么，同意一个道德判断就是同意它所蕴涵的祈使句，因而必须做出相应的行为，从而不会为道德软弱者留下任何漏洞。任何人，如果没有做出相应的行动，他就不算同意该道德判断。黑尔说，这样一种语言就是他为了分析价值词而提出的那套人工语言。他提醒说，这是一种人为地简化了的模式，虽然揭示了日常道德语言的某些特征，但是却并非与日常道德语言丝丝入扣。实际上，黑尔说，这套简单而坚实的语言是"神圣"的或天使的道德语言，不适合道德软弱的人类。我们的道德语言要复杂

---

① *Freedom and Reason*，p. 73.

得多，使得我们可以在没有做某事的情况下，仍然可以在其规定意义（虽然这种意义已经以某种方式淡化了）上说我们应当做某事。因此可能对自己网开一面："一开始我们似乎准备把某个特定道德原则作为对每个人都有约束力的原则加以接受；一开始我们把它当作规定来接受，因而它特别要求我们按照该原则行动。但是，当我们考虑到按照该原则行为与我们自己的利益多么矛盾时，我们变软弱了。一方面继续规定其他所有人（至少所有我们并不特别关心其利益的人）应该按照该原则行动，我们却不如此规定我们自己（因为完全诚挚地这样做，将使我们投身行为）。"[①] 这里，黑尔认为，在道德软弱的情形中，"应当"判断的普遍性和规定性脱离了。"应当"判断仍然是规定性的，但这种规定性不再是普遍的，因为它只限于对其他人的规定，对我们自己则网开一面；另一方面，"应当"判断仍然是普遍的，但这种普遍性只是描述性的。在这种情形中，对于我们自己，我们用良心的歉疚来代替真正的规定性，以恢复普遍规定的表象。

我们注意到，黑尔似乎想通过肯定道德软弱情形中道德判断对他人仍然具有规定性，来使得这种情形中道德判断的规定性得以保存。但是，我们认为，在道德软弱的情形中，道德判断对他人的规定性并不强于对自己的规定性。试考虑如下的对话：

　　a：你为什么不做 x？这是你应当做的。

　　b：可是你不也没有做吗？

如果 a 不能表明他和 b 之间存在重大差别，因而 b 应当做

---

① *Freedom and Reason*，p. 76.

x，而他不应当，那么如果他主张 b 应当做 x，那么，他就必须承认他也应当做 x。假如 a 采取的是黑尔所提出的那种网开一面的用法，即当 a 承认他应当做 x 时，他只是对他人做出规定，而对他自己则降格以求，只是因没有做 x 而感到良心上的歉疚，b 的反击就会显得落空。因为 b 试图表明 a 的行为与他的主张之间不一致，但如果 a 在这里使用的"应当"本来就不包含对自己的规定，也就没有不一致。但是，在这种情况下，我们仍然感到 b 的反击是有力的。如果"我应当做 x"在一种对 a 失去了规定性但对他人仍然保持着规定性的意义上使用是正当的，符合"应当"判断在日常语言中的正常用法（尽管是一种复杂而微妙的用法），那么 b 如何能有力地予以回击？就像黑尔本人同意的，道德论证的法规是由道德语言的意义决定的；如果我们认为在这一辩论中，b 在逻辑上更站得住脚，那么，我们可能必须承认，即使是（作为道德软弱的人类的）我们的语言，也并不允许黑尔所提出的那种网开一面的用法；这种用法，即使在我们的语言中，也是逻辑上不一致的。而且，如果 a 是以网开一面的方式在使用道德判断，他也就无法避免 b 也是以这种方式使用道德判断。因而，b 可以同意 a 的判断"你（b）应当做 x"，但像 a 一样，不做自己承认应当做的事。可见，如果一个人以网开一面的方式使用道德判断，那么最终他会发现，这种使自己得到豁免的方式，也会使他人得到豁免。所以，网开一面的道德判断，要么是逻辑上不一致的，要么会坍塌为普遍的判断，这种判断的规定力量（如果存在）对自己和他人是一样的。黑尔的这种解释使他同意这样的观点："如果道德判断是某种**单称**规定，那么决定接受其中哪一个规定将不太困难，并且对它们的接受将导致行动；

就不会有意志软弱的问题。"① 但是，即使在单称规定的情况下，仍然会有意志软弱的问题，例如 G. 马修斯（G. Matthews）的例子："我没有关于早起的规则或道德原则，我可能决定某一天早起，然后，当时间来临，我虽然醒了，却依旧舒服地赖在床上。"② 我最终没有做我决定做的事情，因而属于意志软弱。但这个例子显然不是普遍性与规定性相分离造成的，因为我决定早起并不是一个普遍规定。

黑尔的第二重解释是，道德软弱是一种"应当但不能够"的情况。道德软弱不同于伪善，伪善是声称赞同某个道德原则，但这种赞同是不真诚的。道德软弱之人仍然是（至少在某种意义上）真诚地赞同道德原则。如何解释一个不履行道德原则的人仍然真诚地赞同着这个原则，正是道德软弱问题的困难所在。对于规定主义者特别困难之处在于规定主义把真诚赞同一个道德原则与行为紧密地联系在一起。真诚地赞同一个道德原则就要真诚地赞同它所蕴涵的祈使句；而真诚地赞同一个祈使句就是在场合适当并且我们有（身体的和心理的）能力时做出相应的行为。既然我们没有做出相应的行为，怎么能说我们真诚地赞同某个道德原则？黑尔提醒人们注意这里的限制条件，即在我们有身体和心理的能力时，同意一个祈使句才等同于做出相应的行为。道德软弱就是虽然赞同一个道德判断，但没有能力按这个判断蕴涵的祈使句行动。只不过这里的无能不是身体上无能，而是心理上的无能。"道德软弱"或"意志软弱"这个词本身就显示出这是一种无能。

---

① *Freedom and Reason*, p. 72.
② Gwynneth Matthews. "Weakness of Will", in *Mind*, Vol. 75, 1966, p. 407.

但是，这种解释一个明显不能令人满意之处在于，我们通常不会豁免道德软弱者的道德责任。而对于一个身体上无能的人，或有严重精神疾病的人，我们往往会豁免他们的道德责任，至少会给予相当的谅解。如果道德软弱可以解释为心理上的无能，那么这种心理上无能与身体上的无能有什么重大差异，使得我们可以把它们区别对待？为什么严重的精神疾病导致的心理上无能可以免除道德责任，但道德软弱不能？

黑尔不得不在一定程度上求助于传统的二元论："然而，在分裂人格的古怪隐喻中，规定的形式得以保留（这显示我们多么不愿意取缔它），自从这个主题初次被讨论以来，这个隐喻就显得非常自然。人格的一个部分被当作向另一个部分发布命令，并且在它们不被服从时愤怒和伤心；而另一个部分，据说要么没有能力服从，要么非常堕落而不愿服从，并且比命令方更强大。"①然而，他又不愿意承认这种人格二元分裂的实在性，强调这只是一种隐喻，但是这种隐喻已经深深铭刻在我们的语言中，以至于除非另外发明一套语言，否则我们难以抛弃这种隐喻。无论如何，被迫求助于这种隐喻，显示出处理道德软弱问题对黑尔的理论是相当棘手的。

在《道德思考》中，他仍然保留了他的上述两重解释，但对他的第一重解释提出了一个补充。他承认有些道德原则的不严格性在于它们只是初显（*prima facie*）原则，因此具有可压倒性。这样的原则通常简单而不具体，它们本身就允许例外，允许在具体境遇中被违背。这样，道德软弱就可以被解释为这种可压倒的

① *Freedom and Reason*，p. 81.

道德原则被非道德的规定所压倒，从而是一种规定的冲突。这种情况也适用于单称规定，例如决定早起但最终没有起来。其实，这也应该适合于前述的第二种情况，因为所谓的心理上不能，与不愿很难区分开。所谓"不能"只能解释为一个人非道德欲望胜过了他所持有的道德原则。这也可以解释为什么道德软弱者会受指责。把规定冲突作为道德软弱的统一解释可能更适当，这也接近传统的二元论解释，只不过不必要假设人格的二元分裂。这种规定冲突的解释较之他先前的两种解释更有道理，但是，却必须要付出一个代价，即需要承认弱的规定性。① 按照黑尔的标准解释："我们说出某种规定性的东西，当且仅当，对某个行为 a，某个境遇 s 和某个人 p，如果 p（口头上）赞同我们的说法，但不在 s 中做 a，他的赞同在逻辑上一定是不真诚的。"② 这就很难理解一个规定怎么会被压倒。黑尔辩称被压倒的规定"如果得到应用，它们会要求特定行为，只不过我们不把它们应用到特定事例上"③。但这很难令人满意，因为，如果一个规定适用于某个特定事例，我怎么能真诚地赞同它，却拒绝把它应用到这个事例上？黑尔在解释道德软弱上遇到的困难与他坚持这种道德判断具有强的规定意义的观点有关。一旦他承认"弱的规定性"这个概念，并且承认道德软弱现象表明的是某些人持有的道德判断只具有弱的规定性，这个困难就可以缓解。弱的规定性可以理解为"初显"规定性。所谓初显规定可以这样定义：如果 p 是一个初

---

① 这是弗兰克纳指出的。见 William Frankena. "Hare on Moral Weakness and the Definition of Morality", in *Ethics*, Vol. 98, 1988, pp. 782—784。

② *Moral Thinking: Its Levels, Method and Point*, p. 21.

③ *Moral Thinking: Its Levels, Method and Point*, p. 59.

显规定，那么，**如果不考虑其他规定**，真诚地同意 p 就要求施行相应行为；但 p 可以被其他更强的与之相冲突的规定所压倒。被压倒并不是被取消，就像物体受到方向相反的两个力的作用，它将沿着较强的那个力的方向移动，但较弱的那个力并没有消失。被压倒的规定仍然存在，并保留着其规定性，但不在行为中表现出来。初显规定可以表达为带有"其他条件相同"条款的规定语句。如果"让我做 a！"是一个强的规定，那么相应的初显规定就是："其他条件相同时，让我做 a！"不过，道德软弱问题不会进入黑尔的道德论证中。因为我们在论证道德原则时，总是假定了我们会按照它行动，道德软弱的人只在事到临头时才会发生退缩。

第五章

与描述主义的争论

黑尔的《道德语言》出版后，他的规定主义支配了英语世界的道德哲学讨论，并且成为非描述主义的典范。但是，五十年代后期，以安斯康姆（G. E. M. Anscombe）的《现代道德哲学》这篇文章为标志，描述主义开始发起反击。本章我们将考察攻击规定主义的几种最有影响的途径（它们都可以在安斯康姆的文章中找到类似的观点），以及黑尔对它们的反应。

第一节
菲利帕·福特的新自然主义

率先反驳规定主义的是黑尔在牛津大学的同事菲利帕·福特（Philippa Foot）。她试图反击黑尔等人对自然主义的批判，复兴自然主义，被认为是新自然主义的代表人物之一。

福特分别在 1958 年和 1959 年发表了《道德论证》和《道德信念》这两篇重要的论文。在这两篇文章中，她抨击了规定主义的两个假设：（1）个人可以逻辑上毫无错误地把任何东西作为价值判断的证据；（2）对于任何给定的证据，个人都可以拒绝得出某一特定价值结论，只要他不把它算作证据。这两个假设，是基于黑尔的价值判断双重意义论。价值判断所具有的两种意义，描述意义和评价意义，是相互独立的。在评价意义保持不变的情况下，描述意义可以毫无限制地发生变化。描述意义是我们据以评价事物的标准，根据事物是否符合标准，来对它做出肯定或否定的评价。但是，描述意义是可变的，因而评价标准是不固定的。

原则上，每个人都可以发明他自己的评价标准。因此，一个对象的描述性特征和对它的评价之间没有逻辑联系。这就允许我们称赞任何事物，不论我们使用的评价标准有多么古怪。由于我们总是可能有不同的评价标准，因此即使对一个事物的描述性特征没有异议，两个人仍然可以由于所持的评价标准不同，而在如何评价该事物上发生分歧。因此任何道德论证都可能失败。

福特质疑第一个假设，她问，我们是否可以说一个小时握紧手三次是一种（道德上的）好行为？如果规定主义是正确的，那么原则上我们可以说，一小时握紧手三次是一种好行为，因为我们可以把它作为判断一个行为好的标准。但是，福特坚持认为，道德上的好是与义务或美德这样的概念相联系的。除非根据某种背景，否则我们不能说一小时拍三次手履行了什么义务；除非根据某种特殊假设，说明这一行为有益于人，否则我们不能说它是一种仁慈的行为；除非这一行为是为了某种好的目的而无视恐惧，否则我们不能说它是勇敢的行为。那么我们是否可以设想存在与我们现行的道德法规不同的另一种法规，根据那种法规，我们可以称该行为好？福特质疑这一点。她说："明显无疑的是，道德美德必须与人类的好处和害处相联系，并且完全不可能把任何你喜欢的东西都称为好或有害。"① 福特与规定主义的一个根本分歧在于，前者认为什么东西能够作为价值判断的证据是有逻辑限制的，而后者否定这一点。她指责规定主义会导致一个不可接受的后果，即任何稀奇古怪的东西都能作为价值判断的理由。

① Philippa Foot. "Moral Beliefs", in *Virtues and Vices*, *and Other Essays in Moral Philosophy*, Oxford: Basil Blackwell Publisher, 1978, p. 120.

例如，规定主义可以允许一个人说："一个人是一个好人，因为他的手握紧松开，并且从来不在转向西南方后转向东北方。"而这显然是荒诞的。

福特说，第二个假设的"要点是似乎任何价值陈述都超越了任何事实陈述，以至于他可以有理由接受事实性前提而拒绝评价性结论"①。与老自然主义的一个不同之处在于她看到了评价判断与事实判断存在区别。她承认："非自然主义者的确辨认出评价词的某些本质特征（让我们称它 f），当他说评价涉及情感、态度、接受祈使句或诸如此类的东西时，他是正确的。因此，当他坚持任何没有属性 f 的语词或陈述都不能被等同于任何评价，并且任何对评价词项的说明遗漏了 f 都不完备时，他是正当的。"② 但是，她却拒绝由此得出非评价陈述不衍推评价陈述的结论。因为她认为，评价因素完全可能不属于单个前提，但属于所有前提的总和。因此诉诸"演绎论证中不存在于前提中的因素也不存在于结论中"这个一般性原则不能证明"'是'不能推出'应当'"是正确的。

她通过分析"粗鲁"这个词来表明从非评价判断得出评价判断的可能性。"粗鲁"显然是个评价词，它表达了某种谴责。但是，福特指出，只有在特定描述适用的地方，才能使用它。如只有某种行为表示了对人的不尊重或冒犯时，这种行为才能被称为粗鲁。我们能否接受这样的描述性前提，而不承认这一行为是粗

① "Moral Beliefs", in *Virtues and Vices, and Other Essays in Moral Philosophy*, p. 121.

② Philippa Foot. "Moral Arguments", in *Virtues and Vices, and Other Essays in Moral Philosophy*, 1978, p. 101.

鲁的？福特认为这是不可能的。因为如果抛弃了"粗鲁"的通常标准，我们也就等于抛弃了"粗鲁"概念本身。她指出我们不能把"认为某个行为粗鲁"解释为"对某行为有某种特殊的态度"。因为，即使我们能假设某个特殊的个人对遵循常规的行为有这种态度，我们也不能说这个人认为遵循常规的行为是粗鲁的。"粗鲁"是具有谴责功能的词，但是，并非任何行为都能用它来谴责，只有具备某些特征的行为，才能被指责为粗鲁。福特得出结论说，如果一个人要说一个行为是不是粗鲁的，他就必须使用和其他所有人一样的标准，这个标准是不能任意选择的。这样，我们就可以从一组非评价性前提（断言某一行为具有某种特征，如冒犯、不尊重人等等），得出评价性结论（"这一行为是粗鲁的"）。因而，福特认为，价值问题与科学问题一样，我们不能任意否认证据和结论之间的相关性。如果存在良好证据证明地球是圆的，那么我们就不能因为没有产生确信的心理感觉而拒绝承认地球是圆的；同样，如果某种行为满足了粗鲁的标准，那么我们就不能因为没有产生反对该行为的态度而拒绝承认该行为是粗鲁的。可以说，福特试图强调价值结论与事实证据之间的相关性，来确立价值判断的客观性。

福特进而认为，关于"粗鲁"的分析可以一般地应用到道德问题上。正像什么证据能证明某行为是粗鲁的有着严格的规则，"任何使用道德词项的人，要断定还是否定某一道德命题，都必须遵守它们的使用规则，包括什么该算作同意或反对有关道德判断之证据的规则"①。她辩称，规定主义对自然主义的批评是错误的，自然主义并不是什么谬误。自然主义把某种固定的标准看作道德语词意义的必要部分是合理的，而不是谬误。如果离开了快乐原则或其他某种标准，道德语词就丧失了意义，就像抛弃了冒犯性这个标准，"粗鲁"就丧失了它的意义一样。如果道德语词具有意义，什么是它们所必须具有的标准？按福特的观点，各种不同的道德词，如"好"、"应当"、"正当"、"义务"、"责任"和"美德"等都以某种方式与"益处"和"害处"等概念相联系。因而，道德判断的最终基础是人所共有的需求。

如前所述，福特对规定主义的批评主要依赖两点，第一，规定主义会产生不可接受的道德后果，即允许我们做出没有人会同意的、极其古怪的道德判断；第二，价值词与标准有着紧密的联系，特别是像"粗鲁"这样的词，因此规定主义认为没有固定的价值标准是站不住脚的。

对此，黑尔重申了他的观点，他指出："基本的区分不是在描述性和评价性**词项**之间，而是在特定语境中的单个词项可能具有的描述和评价意义之间。"② 而证明这种区分存在的方式就是在给定语境中，把其中一种意义分离出来，并证明它不能穷尽这个词项在这个语境中的所有意义。黑尔举例说，例如，如果某人说某种葡萄酒是好酒，我们可以问酒的什么特征使他称这种酒好。使这个人称这种酒好的那些特征，就是这一语境中"好"这

① "Moral Arguments", in *Virtues and Vices*, *and Other Essays in Moral Philosophy*, p. 105.

② R. M. Hare. "Descriptivism", in *Essays on the Morals Concepts*, Berkeley: University of California Press, 1973, p. 56.

个词的描述意义。黑尔用 f 来表示这些特征，并说，我们可以通过让人品尝一系列样品来教他识别这种特征。但是，教人识别这种特征不同于教人"好"这个词在此语境中的意义。因为他可以承认这种酒具有特征 f，但不同意它是好酒。

黑尔的这个论证并没有超出他在《道德语言》中对自然主义的批判。但福特反对他的理由不是价值词没有评价意义，而是评价意义与描述意义之间有着内在的联系。如果它们之间没有内在联系，那么当我们问"什么使得你认为这个东西好"，对方可以用任意的特征来作为理由。而福特恰恰认为这一点不可能。她坚持认为，显然有些东西没有人会把它作为某一价值判断的理由。

针对福特对规定主义的这种归谬，黑尔指出，她把两个方面的问题弄混淆了，一个是逻辑上的荒诞性，另一个是事实上的不可能性。例如，如果一个人说他能徒手举起一吨重的东西，这在事实上极端不可能，但这不是逻辑上不可能，也不是逻辑上荒诞的，没有任何东西阻碍我们理解他的意思。对于福特举的例子，即因为握紧手又松开而称一个人是好人，黑尔说，一开始我们会疑惑自己是不是理解了他的意思，但这不是因为这种说法在字面上不可理解，而是因为有人会做出这样的道德判断是一件极为古怪的事。它之所以古怪是因为持这种观点的人即使有也是少之又少的。而之所以几乎没有人会持这样的观点，是因为认为某一事物好，就是有选择它的倾向。我们不认为那个人的行为是好的，因为我们没有选择那种行为的倾向。我们之所以不这样选择，因为这样的选择对我们的生存和发展无甚裨益。黑尔的解释与福特等描述主义者无大的不同，但是福特认为这种解释是逻辑解释，我们之所以不作这种古怪判断是因为这种判断违背了价值语词的使用规则（按她的观点，价值词的使用最终与人的基本需要相联系）；而黑尔则认为，并不是这种判断在逻辑上不可理解，而是事实我们总是会选择于我们的生存有益的东西，否则人类这个物种就会被淘汰了。

福特的另一个批判涉及黑尔所谓附属价值词问题。在《道德语言》中，黑尔已经注意到，有一些词，如"整洁""勤勉"等，它们的评价意义附属于它们的描述意义。它们的特点是，它们的描述意义非常牢固地依附于它们。而福特的论证恰恰是利用了"粗鲁"这样的附属价值词，这是她的论证看起来有说服力的原因。

正像福特所指出的，"粗鲁"这样的语词一方面是评价性的，另一方面又有着固定的标准，只能用于具有特定特征的行为或事物。因而，似乎这样的评价词，其评价意义与描述意义不可分离，或者说描述就是评价。如果附属价值词的评价意义与描述意义具有内在联系，那么，非评价判断和评价判断之间就有了逻辑通道。即使不能像福特那样把这一点推广到所有价值词，也至少表明价值标准并不是总是具有可变性。所以，如何解释附属价值词的描述意义与评价意义的关系，就成了规定主义必须面对的问题。

在《自由与理性》中，黑尔提出了一个论证，来表明附属价值词的评价意义也可以与描述意义相分离。他以"黑鬼"（nigger）一词为例。这个词具有固定的描述意义，同时也具有评价意义。如果描述主义是正确的，那么，我们就可以论证黑人是劣等人。我们可以说，如果一个人长着卷发、黑皮肤和厚嘴唇，那么我们就不能否认他是个黑鬼，由于"黑鬼"是一个蔑称，因此，我们在逻辑上不得不蔑视黑皮肤的人。但是，一个没有种族歧视的人会避免使用"黑鬼"这个词，而代之以"黑人"（Negro）这个中性词，从而不会陷入使用"黑鬼"这个词而导致的陷阱中。

黑尔辩称，对于"勇敢"这样的附属价值词可以采取同样的策略。的确，我们不能说一个为拯救战友而不顾自己性命的人不勇敢，但是，如果一个人不赞同这种行为，他可以拒绝使用"勇敢"这个词，就像没有种族歧视的人拒绝使用"黑鬼"这个词一样。但是，"勇敢"与"黑鬼"的不同在于，我们可以用具有同样描述意义但在评价上中立的"黑人"来代替"黑鬼"，却没有一个具有同样描述意义但在评价上中立的词可以代替"勇敢"这个词。不过，黑尔认为，这不是无法解决的困难，因为我们可以用"加引号"的方式来使用这个词，即只把它作为纯描述词，而不赋予它评价意义。对于首要评价词，评价意义是更加牢固的，而描述意义是可变的；对于附属评价词则相反，描述意义更加牢固，而评价意义是可变的。"但这只是一个概然性和程度的问题。"① 附属价值词的描述意义并非完全不可变，只是不能过于急剧，不能过大。所以，黑尔的结论是，即使是附属价值词，其评价意义也可以与描述意义相分离，认为二者不可分只是描述主义者的一厢情愿。

---

① *Essays in Ethical Theory*，p. 125.

第二节
吉奇与麦金太尔

对规定主义的另一个批评来自 P. T. 吉奇（P. T. Geach）。他在 1956 年发表的《好与恶》一文中，抨击了规定主义的观点。他说："如果我称一个人是好窃贼或好杀手，我自己肯定不是在称赞他；一个人可以想象这些描述用来指导他人选择的情形（如一个突击队首领在为一项特殊任务选择窃贼或杀手），但这样的情形是罕见的，并且不能为这些描述提供首要的涵义。"[①] 如果不是一个人恰好想要一个 a，那么称一个东西是好的 a 就不会影响他的选择；并且，即使"好"具有影响行为的力量，这种力量也不是一种脱离描述意义的力量，例如，吉奇说："'蚂蚁钻进你的裤子了'，这话明显具有首要的描述力量，比起'好'的许多用法来，它更密切地影响着行为。"[②]

黑尔认为，没有什么特征是所有好的事物都具有的，使得我们称一个事物好的"致好特征"随事物类的不同而不同。这是黑尔否认"好"的意义可以归结为它的应用标准的一个重要论据。由于"好"没有统一的应用标准，因而，使"好"有共同意义的是它的评价意义，而不是描述意义。针对这一点，吉奇辩驳说，

---

① P. T. Geach. "Good and Evil", in Philippa Foot（ed.）, *Theories of Ethics*, Oxford: Oxford University Press, 1967, p. 68.

② "Good and Evil", in *Theories of Ethics*, p. 68.

黑尔的论证是一个谬误，因为他在此把"好"当作了普通的述谓性（predicative）形容词。

吉奇区分了两种形容词，一种是修饰性（attributive）形容词，另一种是述谓性形容词。述谓性形容词可以分离出来转化为独立的述谓语，如"x 是一辆红色的车"可以分解为"x 是一辆车"和"x 是红色的"。而修饰性形容词则不能脱离被修饰词来理解，如"x 是一头小象"不能分解为"x 是一头象"和"x 是小的"；"x 是一只大跳蚤"不能分解为"x 是一只跳蚤"和"x 是大的"。

吉奇断言："'好'与'坏'永远是修饰性形容词，而不是述谓性形容词。"[①] 他举例说，"红色的车"这样的短语不同于"好车"这样的短语，因为了解一个物体是红色的，与了解一个物体是车可以相互独立。但是，要了解一个物体是好车，我们却不能离开"它是车"这一事实来了解它的好。所以，"好车"中的"好"是修饰性形容词。虽然"好"似乎也可以做述谓词，如我们可以说"苏格拉底是好的"，但是，吉奇争辩说，"苏格拉底"这样的专名是用来指一个人的，所以这里的"好"实际是"好人"的意思。因而，说"a 是好的"总是表示"a 是一个好 x"。可见，做述谓词时，"好"和"坏"不过是伪装的修饰词罢了。说"好"是修饰性形容词，意味着对"好"的理解必须与它所修饰的词联系在一起来理解。

所以，虽然不同类别的事物好的标准不同，但不能得出称一个东西好不是在描述它。例如，吉奇举例说，尽管"2 的平方"

---

① "Good and Evil", in *Theories of Ethics*, p. 64.

与"2 的两倍"意思一样，但我们却不能离开 2 而说"……的平方"与"……的两倍"是一个意思。不存在这样一个数，任何数乘上它就能得到自己的平方；但是，不能因此说"……的平方"是个有歧义的词，有时表示"……的两倍"，有时表示"……三倍"等等。同理，吉奇认为，虽然没有什么特征是所有类别的好事物都具有的，但不能由此说"好"是一个有歧义的词，或说一个东西好是一件不同于描述的事情。

规定主义的另一论证是，即使对于同一类事物，不同的人关于好的标准仍然可能发生分歧，至少在逻辑上允许我们选择不同的标准。当我们不能确定"好的 x"的描述意义是什么时，我们却可以知道"好的 x"是什么意思。例如，我们不知道湿度计是用来干什么的，因此不知道好的湿度计的标准，但仍然懂得"好的湿度计"的意思。因此"好"的首要意义是赞扬而不是描述。但是，吉奇却坚持，作为一个修饰性形容词，好的标准是固定的。我不知道湿度计之所为，即不知道湿度计的功能是什么，我们就不知道"湿度计"的意思是什么，因而也就不知道"好的湿度计"的意思是什么。换言之，"湿度计"是一个功能词，它的意义与它所命名者的功能有密切关系。而它的好的标准必须与它的功能相联系。a 的功能决定了什么样的 a 是一个好 a。

麦金太尔持有同样的观点。他反对不能从事实性前提中有效地得出评价性结论的观点，他举出了如下的反例："从'这块表很不精确并且时快时慢'和'这块表太重了，携带不便'这样的事实性前提，可有效地得出评价性结论'这是一块坏表'。从'他每亩产出的这种作物比这个地区的任何农夫都多'、'他有已知的最为有效的土地恢复方法'和'他的奶牛群获得了农业展览会的所有一等奖'这样的事实性前提，可有效的得出评价性结论'他是一个好农夫'。"① 而这两个论证之所以有效是因为"这样的概念是功能性概念；那就是说，我们用作为特征而期待表和农夫去达到的功能和目的来定义'表'和'农夫'。"②

把"好"与功能与目的相联系的观点可以追溯到亚里士多德。麦金太尔和吉奇一样，追随亚里士多德，认为"人"也是一个功能词。他说："处于古典的亚里士多德传统中的道德论证——不论在其古希腊形式中还是在其中世纪形式中——都至少包含着一个功能性概念，即被理解为具有其本质特性和本质目的与功能的人这一概念；并且，当且仅当这种古典传统在整体上遭到实质性拒斥时，道德论证的特性才被改变，从而落入某种形式的'是'前提得不出'应当'结论这一原则的范围内。"③ 因此，麦金太尔主张，要解决事实与价值的分裂，使道德论证得以可能，必须回到亚里士多德传统。

黑尔于 1957 年发表的《吉奇：好与恶》一文中对吉奇做了回应。他指出，当吉奇以描述判断同样可以影响行为为由，否认"好"的评价意义可以与描述意义分开时，他没有将规定主义与情感主义区分开。黑尔强调语言指导行为不同于影响行为，前者是一种语内的言语行为，后者是语介的言语行为。的确如吉奇所说，描述判断可能影响行为，有时甚至比直接的命令更有效，但是，这种效能与规定判断指导行为的功能不同。因为描述判断影

---

① A. C. MacIntyre. *After Virtue*, South Bend: University of Notre Dame Press, 1981, p. 55.

② *After Virtue*, p. 55.

③ *After Virtue*, p. 56.

响行为的效能是一种因果作用，不是逻辑上必然。因此，如果一个人同意一个描述判断，但行为并没有受影响，我们只能说这个判断在此没有产生效果，而不能说他没有理解这个判断。而规定判断与行为的关系是逻辑关系，而不是因果关系；真诚地同意一个规定判断逻辑上蕴涵着要做出相应的行动。

黑尔称，他并不反对吉奇认为"好"是一个修饰性形容词的观点，因为他自己也是这么认为的。实际上在《道德语言》中，黑尔已经提出，当一个人说"这是好的"时，我们总是要问"它是好的什么?"也就是说我们要问是在哪类事物中做出评价的，即它的比较类是什么。黑尔也不反对"好"有描述意义，实际上黑尔承认所有的评价词都有描述意义。他与吉奇的分歧在于："我坚持这个词用法的所有例子的共同意义不可能是描述性的，这一共同意义要在这个词的评价（赞许）功能中去寻找，而吉奇坚持这一共同意义是一种描述意义。"①黑尔认为不同比较类的事物有不同的致好特征，因而称不同类别的事物"好"，没有共同的描述意义，吉奇同意前一点，但不同意后一点。单单指出"好"是修饰性形容词，并不足以使人同意"好"有共同的描述意义；要论证这一点，离不开被修饰词是功能词这一前提。吉奇之所以认为虽然不同类别的事物没有共同的致好特征，但仍然可以说"好"对于不同类别的事物有共同的描述意义，是因为他认为，如果我们知道了被修饰词如"刀"或"计时器"的意义，我们就能推知好刀和好计时器的特性是什么。这就像知道了 x 是什

---

① R. M. Hare. "Geach: Good and Evil", in *Essays on the Morals Concepts*, p. 33.

么，就知道x的平方是什么，虽然"……的平方"并不对应于某个共同的倍数；所以不能说"……的平方"没有共同的意义。

吉奇以及麦金太尔的这种论证路线是与功能词这一特殊类别的词联系在一起的。然而，早在1952年的《道德语言》中，黑尔已经注意到了功能词的问题："存在一类词，我们可以广义地称为'功能词'。如果为了充分地解释一个词意义，我们不得不说什么是它的指称对象之所**为**（for），或什么是它被假定要做的，那么它就是一个功能词。"① 因而功能词的定义中包含"功能"或"目的"概念。例如，要知道"螺旋钻"的意思，就要知道螺旋钻所为之目的。但是"目的"和"好"有相似的困难，因为不同类别的事物目的各不相同。因而，"目的"与"好"一样，首要意义不是描述性的。知道螺旋钻的目的是什么，也就是知道好螺旋钻是什么。因此，好螺旋钻的标准是包含在螺旋钻的定义中的。黑尔把功能词与假言祈使句相类比。可以从陈述句中推出假言祈使句并不是陈述句不能推出祈使句这一规则的反例，因为这一推理实际上是把祈使语气的大前提转移到了结论的"如果"从句中。类似地，从"它不能钻孔"推出"它不是一个好螺旋钻"也不违反描述判断不能推出评价判断的原则。因为"不能钻孔的东西不是好螺旋钻"这个前提已经隐含地包含在结论中的"螺旋钻"一词的定义中了。

当"好"伴随功能词时，好的标准是固定的，因为这个标准已经由功能词的定义决定了。在这一点上，黑尔承认吉奇的看法（不过，黑尔并不因此而承认"好"的首要意义是描述性的）。但

---

① *The Language of Morals*，pp. 99—100.

是，他认为这不能推广到"好"的所有用法，因为"好"所伴随的并不总是功能词。黑尔举例说，我们可以说"好的日落"，而"日落"并不是功能词，因而，即使我们知道"好"的意义和"日落"的意义，我们仍然可能不知道要称一个日落好，它需要有什么特性。喜欢看日落的人对什么是好的日落一般而言有共识，但并非必然有共识，因为好的日落的标准既不是由"好"的意义决定的，也不是由"日落"决定的。

更为重要的问题是，吉奇的那套观点是否适用于道德语境，或者说，在道德语境中，被"好"修饰的词是不是功能词。如果在道德语境中，被"好"修饰的词是功能词，那么就可以从事实判断引出道德判断[1]。但黑尔说："我自己的看法是，正常情况下，单单是功能词出现在'好'之后这一点，就表明该语境不是道德语境。"[2]

他分析了"他是个好人"这个判断。如果这里的"人"是个功能词，例如用于表示"士兵"或"仆人"，那么，"好人"就是一个非道德表达式；如果"人"在日常意义上表示"人类这一物种的一员"，那么这里"好人"的使用方式是道德的，但"人"并不是一个功能词。不过，一个可能的反对意见是，黑尔在此考虑的是"人"的实际用法，但是，在哲学中我们不必固守实际用法，而可以按照哲学的需要来决定词的用法。黑尔的回答是，我们的确有决定如何用词的自由，但必须承担由此而来的后果。我

---

[1]　需要注意的是，这并不等于可以从"是"推出"应当"，而是，如果在道德语境中，被"好"修饰的词是功能词，那么，当能就事实问题达成一致时，我们就能就道德标准达成一致。

[2]　"Geach，Good and Evil"，in *Essays on the Morals Concepts*，p. 35.

们可以认为"人"不止是表示"具有如此这般身体形态、如此这般心智能力的生物",因为这不是功能词,不能告诉我们什么是好人。如果要从"人"的意义中得出什么是好人,我们必须把"人"变为一个功能词,并且其用法是道德用法,也就是说,必须把好人的标准纳入"人"的定义中。但由此必须付出的代价是,我们给自己遗留下了一个问题:为什么人们应当做这种意义上的人?

我们可以看到,黑尔对吉奇的批评也适用于麦金太尔。麦金太尔需要告诉我们,什么是我们(人)的本质目的和功能。显然他不能从人的现实存在中去寻找这种本质目的和功能,因为人的现实存在只是人的偶然的存在,这样的人在麦金太尔看来还是有待教化的人。他只能在实现了其自身目的的人那里去寻找,但是,什么样的人是实现了其自身目的的人呢?似乎只能说,实现了自身目的的人就是人所应当成为的人。不难发现,这样的回答是在偷用论题。因为,探讨人的本质目的和功能是为了回答人应当成为的什么样的人,但是,追问到最后,我们却发现,我们似乎只能用什么是应当成为的人,来回答什么是人的本质目的和功能。

第三节
塞尔的"是–应当"推导

试图论证可以从事实陈述得出评价陈述的另一条途径来自约

翰·塞尔在 1964 年发表的"如何从'是'导出'应当'"。塞尔没有打算全面拒斥从事实陈述得出评价陈述的论点，而是通过提出一个反例，并通过对它的一般理论解释，来表明这个论点的适用范围是非常有限的。

塞尔的反例是这样的，他认为存在这样一个有效的推理：

（1）琼斯说出这样的话："我特此承诺付给你，史密斯，五美元。"

（2）琼斯承诺付给史密斯五美元。

（3）琼斯使得自己负有了①（承担了）付给史密斯五美元的义务。

（4）琼斯负有付给史密斯五美元的义务。

（5）琼斯应当付给史密斯五美元。②

这五个陈述之间还需要填补一些其他陈述，才能使得我们从（1）衍推出（5）。但塞尔称，为此而需要添加的陈述中不需要包含任何评价陈述、道德原则或其他诸如此类的东西。

从（1）导出（2）需要添加的前提是：（1a）在条件 c 下，任何人如果说出"我特此承诺付给你，史密斯，五美元"这样的话，他就承诺了付给史密斯五美元。（1b）条件 c 达成。条件 c 是使得说出特定的话构成做出一个承诺所需要的那些充分必要条件，如说话者当着听话者的面，他们都是清醒的，等等。塞尔强调，尽管这些条件到底包括哪些不是非常严格，但可以肯定的

---

① 原文为 "placed himself under"。

② J. R. Searle. "How to derive 'ought' from 'is'", in W. D. Hudson (ed.), *The Is-Ought Question*, p. 121.

是，它们都是经验条件。

从（2）导出（3）需要添加的前提是：（2a）所有承诺都是使自己负有做所承诺之事的义务的行为。塞尔认为（2a）包含在承诺的定义中，如果不包含承诺者使自己对被承诺者有去做所承诺之事的义务，或者接受或认识到这一义务，那么对"承诺"概念的分析是不完的。因而这个前提是个重言式。

从（3）导出（4）需要添加的前提是：（3a）其他条件相同。（3b）其他条件相同时，所有那些使自己负有某一义务的人负有某一义务。之所以需要（3a）是因为在某些情况下，可以免除一个人承担的义务。（3b）也被塞尔当作重言式。

从（4）导出（5）需要添加的前提是：（4a）其他条件相同。（4b）其他条件相同时，一个人应当做他有义务做的事。需要（4a）是因为有时一项义务会被更优先的义务所压倒。（4b）则是一个重言式。

对于这一反例，塞尔做了哲学上的解释。他认为，那种认为描述陈述推不出价值陈述的传统观点未能在两种描述性陈述之间做出区分。一种描述性陈述是像"我的车每小时跑 80 英里""琼斯有六英尺高"这样的陈述；而另一种描述性陈述则是像"琼斯已经结婚""史密斯做了一个承诺"这样的陈述。后一种描述陈述与前一种陈述的区别在于，后一种陈述所陈述的事实的存在是以某种制度为前提的。"一个人有五美元，假定了货币制度的存在。取消了货币制度，他所有的不过是一张有绿色油墨的方纸片。"①同样，婚姻需要有婚姻制度才能存在，承诺需要有承诺制度才能

---

① "How to derive 'ought' from 'is'", in *The Is-Ought Question*, p. 130.

存在。这样的事实，塞尔称为"制度性事实"（institutional fact），而非制度性事实，塞尔借用 G. E. M. 安斯康姆的术语，称为"原始事实"（brute fact）。

为了澄清"制度性事实"中的"制度"概念，塞尔又进一步讨论了两种规则。一种规则调节在先存在的行为方式，如餐桌礼仪调节吃饭行为，但吃饭的存在并不依赖这种规则，这种规则，塞尔借用康德的术语，称为调节性规则；另一种规则不仅调节行为方式，而且定义或创造新的行为方式，例如有了象棋规则才有下象棋的行为，这种规则称为构成性规则。塞尔说："我现在谈的制度是构成性规则的体系。在它们是构成性规则或惯例这一点上，婚姻、货币和承诺制度像棒球和象棋的制度一样。我所称的制度性事实是预设了这种制度的事实。"[①] 一个人有特定的义务、权利、责任常常是个事实问题，但这些事实，塞尔说，都是制度性事实而不是原始事实。之所以可以从"是"推出"应当"，是因为"应当"陈述也是事实陈述，只不过它们陈述的是制度性事实。从天然陈述，通过诉诸制度，可以使我们推出作为制度性事实陈述的评价陈述。因而，塞尔认为他证明了，至少一部分事实陈述同时也是评价陈述，某些词，如"承诺"既是评价词，同时也是纯描述词。

塞尔的上述论证发表的同一年，就有四篇文章从不同角度对他进行了质疑和反驳。1969 年，他在《言语行为：语言哲学论》中对这些反对意见进行回应时说："已发表的对这个推导的批评往往落入两个类别——有些人攻击其他条件相同条款，而一些人

[①]　"How to derive 'ought' from 'is'", in *The Is-Ought Question*, p. 132.

攻击承诺、义务和'应当'之间所宣称的逻辑联系。"①

麦克莱伦和科米萨，以及詹姆士·汤姆森和朱迪思·汤姆森都属于第一条路线。不过，哈德森评论说："然而，我想声明的是，塞尔完全不必依赖从（3）推出（4）和从（4）推出（5）时的其他条件相同条款。"② 塞尔后来在《言语行为：语言哲学论》一书中为应对这些批评做出修正时，就采用了类似的策略，取消了其他条件相同条款。他取消了第（3）到第（4）步之间的其他条件相同条款，把（3a）和（3b）合并为"所有那些使自己负有某一义务的人（在他们使自己负有义务的那个时候）负有某一义务"③。（4）和（5）之间的其他条件相同条款，改为"如果一个人负有做某事的义务，那么，就那个义务而言，他应当做他负有义务去做的事情"④。而（5）被弱化地解释为"就他付史密斯五美元的义务而言，琼斯应当付史密斯五美元"。这样就避免了由其他条件相同条款引起的争议。

安东尼·弗卢（Antony Flew）与黑尔则沿着塞尔所提到的另外一条路线。弗卢认为塞尔论证的破绽在第（1）到第（2）步。他认为塞尔"必须区分**承诺**这类词的意义中所包含的规范性元素和描述性元素"⑤。他的意思是，塞尔之所以最后推导出来应当判断，是因为承诺这个词本身包含规范性因素。因此，如果

---

① *Speech Acts*：*An Essay in the Philosophy of Language*，p. 188.

② W. D. Hudson，"The 'Is-ought' Controversy"，in *The Is-Ought Question*，p. 171.

③ *Speech Acts*：*An Essay in the Philosophy of Language*，p. 179.

④ *Speech Acts*：*An Essay in the Philosophy of Language*，p. 181.

⑤ Antony Flew. "On not Deriving 'Ought' form 'is'"，in *The Is-Ought Question*，p. 139.

不小心地将规范性因素与描述性因素区分开，使用这类词就会被误认为肯认了其中所涉及的规范。因此，他主张，（2）只有被解释为间接引语，从而去除掉规范因素，从（1）才能得出（2），也就是说，（2）中的"承诺"要被理解为"（那些接受了关于承诺的社会制度的人）所谓的承诺"，[①] 否则从（1）得出（2）就是一个谬误。

　　哈德森指出，按照弗卢的解释，某人是不是做出了一个承诺，取决于我们是不是认同关于承诺的制度规范。而我们可以决定是否接受一个规范，但我们不能决定事实的真假。因而哈德森质疑："弗卢是在说'琼斯承诺付给史密斯五美元'不是一个事实陈述吗?"[②] 塞尔本人在《言语行为：语言哲学论》中则回应说，（2）"在直觉上是一个直截了当的事实陈述"[③]。

　　黑尔则把（1）到（2）和（2）到（3）这两个步骤联系起来考虑。他将（1a）和（2a）合并为（1a*）：

　　　　在条件 c 下，任何人如果说出"我特此承诺付给你，史密斯，五美元"这些语词（语句），他就使自己负有（承担）付给史密斯五美元的义务。[④]

　　而（1）合取（1a*）和（1b），可衍推（3）。关键的问题是，（1a*）的性质是什么？塞尔主张这是一个重言式，而黑尔试图论证这是一个综合评价或规定。

---

① "On not Deriving 'Ought' form 'is'", in *The Is-Ought Question*, p. 139.

② "The 'Is-ought' Controversy", in *The Is-Ought Question*, p. 170.

③ *Speech Acts: An Essay in the Philosophy of Language*, p. 192.

④ R. M. Hare. "The Promise Game", in *Essays in Ethical Theory*, Oxford: Clarendon Press, 1989, p. 133.

　　黑尔把承诺和棒球游戏进行类比，因为二者都预设某种规则体系。他提出，"棒球游戏"这个概念包含了"当一个选手满足了条件 E，他就必须离场"这个规则，如果不接受这个规则，就不是在玩棒球游戏。但是"当一个选手满足了条件 E，他就必须离场"本身不是重言式，它不是关于语词用法的，而是指导如何打棒球。黑尔辩称，按同样的道理，"根据承诺制度的规则，在条件 c 下，任何人如果说出'我特此承诺付给你，史密斯，五美元'这样的话，他就将自己置于付给史密斯五美元的义务中"是一个重言式，但（1a*）本身不是一个重言式。"因为我们将看到，像承诺这样的词，只在制度之内才有意义，它们的一个特征就是，仅当某些关于我们应该如何做的综合性命题得到赞同，它才能被引入语言。"① 而（1a*）就是这样的综合性命题。

　　黑尔承认，如果我们要能够进行承诺，需要某种构成性规则，但是这种构成性规则中必须包括综合性规则，而不能仅仅是重言式。如果一个社会中，要想通过说"特此承诺……"而使自己负有义务，那么，按照黑尔的观点，就必须让人们接受（1a*）这样一条道德原则。如果人们接受了这一道德原则，也就使得"我特此承诺……"这样的表达式有了一个新用法。如果缺乏这样一条道德原则，那么人们就可以认为，即使一个人说"我特此承诺……"，他也没有使自己负有义务。故而，黑尔说："除非足够数量的人准备同意作为承诺制度之构成规则的道德原则，否则'承诺'一词不可能有用处。"② 但是，这并不等于说

---

　　① R. M. Hare. "The Promise Game", in *Essays in Ethical Theory*，p. 135.
　　② "The Promise Game", in *Essays in Ethical Theory*，p. 141.

承诺制度本身是关于如何使用"承诺"这个词的。塞尔的思路是，一个人说出特定的话语这样的"原始事实"可以衍推他做出了承诺这样的"制度性事实"，而制度性事实预设了某种制度（应当遵守承诺这一道德原则是承诺制度的一部分），因此，承认某一制度性事实，就要承认某一制度。而黑尔指出制度性事实的存在所预设的是有足够多的人接受某一制度，因而承认某一制度性事实，就是承认有足够多的人接受这一制度，而不是承认这一制度本身。

塞尔没有正面回应黑尔的观点，但是，他在 1965 年发表的一篇系统地阐述了言语行为理论的文章《什么是言语行为》一文中，用"承诺"作为阐述言语行为的例子，对"承诺"进行了分析。对承诺这种言语行为的分析，就是要回答，说话者 s 通过对听话者 h 说出一个句子 t 从而承诺做行为 a，需要满足哪些条件。他再次肯定这些条件是经验条件，因为这些条件包括的是输入输出条件（即说话者与听话者能够进行正常交流所需的条件，例如说话者不是处于强迫和恐吓之下，双方意识清醒，没有耳聋、失语等生理障碍，也不是在开玩笑等等），说话者的意向和信念，等等。这些条件就是在《如何从"是"推出"应当"》一文中，塞尔没有详细说明的（1a）中的条件 c（塞尔在《言语行为：语言哲学论》一书中肯定了这一点。[①]）假定塞尔对承诺的分析是正确的，那么在塞尔的"是－应当"推导中，第（1）步到第（2）步的推导是有效的，而（1a）是一个重言式。

s 要通过说出 t 而承诺做 a 所要满足的这些条件中，有一个

①　*Speech Acts*：*An Essay in the Philosophy of Language*，p. 178.

条件被塞尔称为"本质条件",这个条件是"s 意图(intends)t 的说出将使他负有做 a 的义务"。① 在论证为什么这是一个必要条件时,塞尔说:"承诺的一个本质特征是,它是对施行某一行为之义务的承担。我认为这个条件将承诺(及其同一家族的其他成员,例如起誓)与其他种类的语内行为区分开来。"② 在这里,我们看到,塞尔是如何将承诺与义务的联系嵌入对"承诺"的分析中的。塞尔认为"承诺按照定义,是使自己负有义务的行为"。③ 因而塞尔再次重申,"所有承诺是使自己负有(承担)做所承诺之事的义务的行为"(2a)是一个重言式。④

但是,仔细考察一下塞尔的这个分析,我们会发现,塞尔把以下两个问题看作一回事:其一,一个人意图通过一个行为来承担义务;其二,这个行为是承担义务的行为。二者的等同似乎很自然,因为行为的性质往往是由行为者的意图决定的。因此,如果 s 说出 t 的意图是承担义务,那么他就是在做一个承担义务的言语行为,这种说法似乎没有不妥。如果这一点无可厚非,而塞尔对承诺的分析又是正确的(至少在意图承担义务是承诺的必要条件这一点上是正确的),那么就不能不承认(2a)是一个重言式。

必须注意的是,上述结论建立在行为的特征由行为的意图来决定这个前提上。但是,在这个意义上,琼斯做出了承担义务的

---

① John R. Searle, "What Is a Speech Act?", in A. P. Martinich (ed.). *The Philosophy of Language* (3rd. edition), Oxford: Oxford University Press, 1996, p. 138.

② "What Is a Speech Act?", in *The Philosophy of Language*, p. 138.

③ *Speech Acts: An Essay in the Philosophy of Language*, p. 122.

④ *Speech Acts: An Essay in the Philosophy of Language*, pp. 178-179.

行为只是表明他的行为**旨在**承担义务。然而，塞尔推导中关键性的一步恰恰是由此得出（3）："琼斯**使得**自己**负有了（承担了）**付给史密斯五美元的义务"，原文是"Jones *placed* himself under（*undertook*）an obligation to pay Smith five dollars"，这里的谓语动词是过去时。用这种方式，不仅表明了行为的特征（这是由行为的意图所决定），而且也表明了结果。塞尔的（2a）只是表明所有的承诺都是使自己负有义务的行为（action of *placing* oneself under an obligation）或承担义务的行为（action of *undertaking* obligation）。这两种表达方式存在微妙的差别，因此，从（2）和（2a）不能得出（3）。

要使得塞尔的推导成立，就要在"s 意图 t 的说出将使他负有做 a 的义务"之外增加"任何人说出 t 就负有了相应义务"这样一个条件，但这就破坏了塞尔的推导。因为这个条件显然不是一个经验条件，甚至不是一个描述，而是一个规则。一旦把负有义务作为做出承诺的前提条件，承诺本身就不再是一个可以从经验事实中得出的"直截了当的"事实了，塞尔的推导也就不是从"是"推出"应当"了，因为他的前提中已经包含了义务陈述。诺维尔－史密斯说，从"是"到"应当"的推导"一定是非法推理，因为一个论证的结论不能包含前提中没有的东西，而'应当'并不存在于前提中"。① 结论不能超出前提是一个一般性逻辑原则，塞尔的推理之所以不成立归根结底在于违背了这条原则。既然他声称他的前提是经验事实或重言式，那么怎么可能得到非经验的评价性结论呢？

---

① P. H. Nowell-Smith. *Ethics*，London：Penguin Books，1954，p. 137.

第四节
描述主义与相对主义

面对描述主义对规定主义的各种攻击方式，黑尔除了分别给予回击，指出他们消除描述与评价的区分、沟通"是"与"应当"的努力不成功之外，还寻求从总体上进行反驳。在 1986 年发表的《描述主义的归谬》一文中，黑尔提出了一种有趣而又吊诡的主张，那就是，一切描述主义都会以这种或那种方式塌陷为相对主义；相反，只有坚持规定主义，才能使道德哲学走出相对主义。

按照通常的印象，相对主义是非描述主义的必然特征。例如，艾耶尔主张，只有在根本的态度上是一致的，只是在事实问题上有分歧时，道德论证才是可能的；不同的价值体系之间孰优孰劣，是无法论证的。黑尔尽管批评了情感主义的观点，但是，人们也常常认为，他的理论也仍然摆脱不了相对主义。因为，他虽然主张规定语言之间也存在逻辑推论关系，但是，人们通常认为，按照规定主义的观点，要证明某一道德原则只能诉诸更为一般的道德原则，而终极的道德原则是无法证明的。因此我们的道德判断总是相对于某种终极的道德原则而言的，而终极的道德原则，则取决于我们的选择和决定。黑尔认为，描述主义"有一个深深的愿望，希望建立某种可以大致地描述为道德判断的客观性的东西。这一愿望又来自一个更深的愿望，希望以理性的方式进行道德思考"①。然而，根据黑尔，这条以理性主义为出发点，经由客观主义走向描述主义的道路，最终会把人们引向相对主义，而这与描述主义的初衷大相径庭。描述主义会陷入自己原本想要避免的东西，恰好证明了描述主义的失败。

黑尔把麦金太尔于1984年对美国哲学学会发表的一篇致词看作描述主义陷入相对主义的例证。他把麦金太尔的观点概述如下：

> 麦金太尔认为如果我们不是某一文化的分享者，我们就不能使用它的语词，因而不能用它们与那些分享该文化的人交流，与他们讨论我们与他们之间的道德分歧和其他分歧。他的理由是，这些语词的意义联结着某一文化的分享者所共有但不为其他人所共有的共同信念、价值和传统文本。他认为，由于同样的理由，一个文化的分享者不能用与他们自身文化相联结的语词来与其他文化的成员讨论差别。他们不会理解。所以，如果差别是论争者认为具有重大政治后果的重要差别，那么，麦金太尔暗示，他们唯一的求助对象，将是暴力和权力斗争。②

在此有必要说明我们迄今为止不断使用的"描述主义"这一术语。黑尔把描述主义定义为："它是这样的观点：意义**完全**由真值条件决定。"③ 正如我们已经知道的，黑尔承认价值判断具

---

①　"A Reductio ad Absurdum of Descriptivism", in *Essays in Ethical Theory*, p. 113.

②　"A Reductio ad Absurdum of Descriptivism", in *Essays in Ethical Theory*, p. 114.

③　*Sorting out Ethics*, p. 48.

有描述意义，而语句的描述意义在黑尔看来主要就是语句的真值条件，它是正确运用一个语句的标准。对于价值陈述而言，真值条件就是价值标准。非描述主义，无论是斯蒂文森版本还是黑尔版本，都认为价值陈述除了描述意义之外还有评价意义，只要评价意义保持恒定，真值条件的变化不会使价值陈述的意义完全改变。而依据真值条件种类的不同，黑尔把描述主义划分为自然主义和直觉主义两种。前者把行为、人和其他事物的属性作为价值判断的真值条件，后者则认为价值判断的真值条件是某种"自成一类"的属性，对这种属性的定义只能是否定性的，即只能说它不是自然主义者所考虑的那些属性。

黑尔又把自然主义进一步细分为客观主义的自然主义和主观主义的自然主义。前者在指定价值陈述的真值条件时不必诉诸说话者的态度和兴趣等等，如把草莓红、大、甜、多汁作为"这是好草莓"这一陈述的真值条件；而后者则用做出价值陈述者的态度和兴趣之类来作为价值陈述的真值条件，如把说话者喜欢这种草莓或人们普遍喜欢这种草莓作为"这是好草莓"的真值条件。

而黑尔使用的"相对主义"一词，指的是一种实质性的论点："它说，任何东西如果被任何人说成是错误的，它就是错误的，'正当'也是如此。"① 相对主义被黑尔划分为"文化相对主义"和"个体相对主义"，前者主张什么是对什么是错是相对于给定文化中人们所持的观点而言的，后者主张这是相对于个人的观点而言的。

客观主义的自然主义必定会陷入相对主义，黑尔的理由是，

---

① *Sorting out Ethics*，p. 79.

如果价值陈述的意义完全由真值条件决定，而真值条件就是该陈述应用的标准，那么，当不同的人把某一价值陈述按不同的标准应用于不同对象时，他们所做的陈述的意义就是不相同的。例如，素食主义者把"这是错误的"这一陈述用于食肉行为，而非素食主义者则认为不能把这一陈述用于这样的行为。按照客观主义的自然主义，"错误"一词在素食主义者和非素食主义者那里将有不同的意义，因而，尽管一方认为食肉行为是错误的，另一方认为它不是错误的，但双方之间可以没有矛盾，他们的看法都是正确的。因为他们的陈述都符合各自给这个陈述指定的真值条件。这样一来，自然主义就导致了相对主义，即不同的价值陈述，相对于不同的价值标准，都是正确的。对于描述陈述来说，不存在这个问题。因为如果在不同人那里，一个描述词的应用标准不同，从而他们做出了不同的描述陈述，我们可以认为他们都是对的，因为他们的分歧并不是实质性的，而只是一个词的使用问题。对于价值陈述则不然，素食主义者与非素食主义者之间的分歧不是语词之争，而是实质性的道德分歧。自然主义之所以会导致相对主义，是因为他们错误地把实质性的问题和语言问题混淆起来；造成混淆的原因是没有看到评价因素的存在，或者没有把评价性因素和描述性因素区分开，导致用处理描述陈述的方式来处理价值陈述。评价因素的存在使得价值陈述的真值条件上的差别不是单纯的语言使用问题，而是实质性的价值问题。否认评价因素的存在，或认为评价因素与描述因素之间没有根本的区别，就会导致认为价值陈述的冲突是价值陈述在意义上的差别，实质性问题就成了语词问题。

当然，自然主义者可以辩称，语言如果要作为交流的手段，就必须要有某种标准用法，任何对标准的偏离都被当作犯了某种错误，或者是误解我们的语言，或者是犯了认识上的错误，就像色盲那样。因此自然主义可以否认有不同价值标准的人都是对的，因为可以说那些对价值陈述的使用不符合标准用法的人是犯了某种错误。但是黑尔指出，这并不能避免相对主义，"因为，显而易见，不同的文化中'错误'这个词的标准运用方式不同，就像我先前已经表明的那样"①。换言之，即使免于个体相对主义，自然主义也不能免于文化相对主义。

黑尔指出描述主义的另一种类型，直觉主义，会遇到一个特有的困难。直觉主义者拒绝用具有可观察性的非价值术语来指定价值陈述的真值条件，从而导致他们难于说明价值陈述的真值条件是什么。例如，如果问"这是好草莓"的真值条件是什么，直觉主义者只能说它的真值条件是这种草莓具有好性。那么我们如何能识别出某个事物或行为的这种"非自然属性"？尽管现代的直觉主义者常常否认他们承认任何特殊的"直觉能力"，不承认他们是道德感论者，但黑尔辩称，他所定义的这种直觉主义离不开这种能力，因为没有这种能力，就不可能识别非自然属性，因而就不可能确定价值陈述的真值条件。这种直觉能力往往是一种内心经验，可以称为一种道德确信，或者赞同感（或不赞同感）。当直觉主义者经验到这种主观心理状态时，他们就声称发现了对象或行为有这种非自然的价值属性。所以，直觉主义者与主观主义的自然主义者实际上非常相似，都是通过主观心理状态来确定价值陈述的真值条件。直觉主义会遇到的麻烦是，人们的直觉会

---

① *Sorting out Ethics*, p. 72.

不一致。这个时候如何判定谁的直觉是可靠的? 罗斯提出只有那些"富有思想和受到良好教育的人"① 的直觉才是可靠的,但黑尔反驳说,这会陷入循环,因为我们可以问:"什么人算作受到良好教育的?"什么样的教育是良好的教育本身就是价值问题,因此我们又会需要进一步的直觉。黑尔辩称,直觉主义所以会陷入相对主义,是因为"直觉是相对于文化的"② 在特定文化中,由于共同的教育,人们的直觉常常有一致性,但是,不同的文化之间,在很多问题上常常没有这种一致性。所以直觉是受制于文化的。当我们的道德观受到来自其他文化或者某个道德改革者的挑战时,诉诸本文化的或当下占主导地位的共同直觉是无法说服对方的。因此,把直觉作为道德的基础难免会陷入相对主义之中。

黑尔认为避免道德相对主义困境的关键是要区分道德判断和道德术语的描述意义和评价意义(对于黑尔,评价意义就是规定意义)。在黑尔看来,麦金太尔之所以陷入那样的政治悲观主义,是因为他是一个描述主义者。他认为,由于不同文化存在不同真理标准(真值条件),因而存在不同意义,不同文化的语词不可互译,因此不同文化之间无法相互理解。如果道德术语的评价意义无法与描述意义相分离,而不同文化中道德判断的真值标准不同,那么我们的确无法摆脱相对主义,道德术语的意义总是受制于文化的,并且是不可互译的,我们无法用道德语言进行跨文化的交流。

但是,黑尔坚决认为描述主义是错误的,文化间相互理解和

---

① W. D. Ross. *the Right and the Good*, Oxford: The Clarendon Press, 1930, p. 41.

② *Sorting out Ethics*, p. 89.

理性讨论道德争端是可能的。他的根据有两个，一个是描述意义与评价意义可分离性，另一个是首要价值词的存在。正如他一再强调和论证的，价值术语的描述意义和评价意义是可以区分的。对于附属价值词而言，它们的描述意义是受制于文化的，即它们可以应用于什么样的对象在特定的文化中是固定的，而对于不同的文化则可能不同。但是，即使是附属价值词，它们的描述意义与评价意义也是可以区分的两个独立因素。因此，虽然附属价值词的描述意义和评价意义的结合在每一特定文化中较为牢固，这使得附属价值词的描述意义不可能发生急剧的变化，但是并非绝对不能发生变化。黑尔的这一论证，我们已经在本章第一节中阐述过了。对于首要评价词来说，则更加明显。因为首要评价词，如"应当"、"正当"和"好"的首要意义是评价意义，它们没有牢固的应用标准，因此并不受制于文化。两个人可以在持有不同价值评判标准的情况下，在相同的首要意义上使用这些词。故此，当不同文化之间发生道德争论时，尽管没有共同的价值标准，但由于首要价值词的这种特征，双方仍然可以相互理解。当一个说"这样做是错误的"，尽管处于另一文化中的人并不同意这个判断，甚至不知道这个判断的理由是什么，但仍然可以理解这句话的意思，因为"错误"一词的首要意义，即评价意义，是跨文化的因素。

根据上述两个理由，黑尔断言，尽管存在受制于文化的附属价值词，但是通过理性讨论来改变其他文化的道德观念仍然是可能的。因为只要我们能使其他文化的成员态度改变，就能使附属价值词的描述意义发生改变（如使得苏丹人承认对女子的割礼是**残忍**的，按照他们原有的观念，割礼不被认为是残忍的）。所以，黑尔说："道德哲学家的工作不是对世界上存在暴力和非理性抑郁寡欢（虽然这可能合乎其性格），而是以哲学家的身份来做某些补救。悲观的原因的确存在，但原因不是我们的语言不充分，而是如此多的哲学家都不愿意采取有用的方式来探索和利用语言的资源。"[1] 在当前的语境下，这种资源指的是道德语言的规定性和可普遍化性。如何利用这种资源来理性地讨论道德问题，涉及道德论证的方法问题。关于黑尔这个方面的思想，正是我们下面将要考察的。

---

[1] "A Reductio ad Absurdum of Descriptivism", in *Essays in Ethical Theory*, p. 129.

第六章

道德语言的可普遍化性

在前面的章节中，我们已经提到了黑尔的"可普遍化性"（universalizability）概念。这个概念在他的道德哲学中起着非常重要的作用，特别是在道德论证中，所以值得用专门的一章来考察它。

第一节
可普遍化性与描述意义

最早使得"可普遍化性"成为道德哲学的关键词之一的是康德。在这个问题上黑尔极大地受惠于康德。不过黑尔是通过对道德语词的分析来确立这个论点的。他认为，道德判断之所以具有可普遍化性，是因为一个我们前面已经提到的论点，即道德语词和道德判断具有描述意义。

黑尔通常使用"描述判断"这个术语而不是"事实判断"，他的用意在于避开什么是事实这个容易引起争论的问题。他对描述判断的定义是："如果一个判断中谓词是描述性词项并且语气是直陈式的，该判断就是描述性的。"① 这个定义中需要分析的是，什么是描述性词项。我们可以说描述性词项是 **R** 具有描述意义的词项。那么什么是描述意义呢？

按照黑尔对意义的一般理解，词的意义总是与词的使用规则联系在一起的。意义的分类也就是词的使用规则的分类。解释什

---

① *Freedom and Reason*，p. 10.

么是描述意义，也就是解释它与哪种使用规则相联系。G．N.
A．Vesey 说：

> R·M·黑尔先生断言像"红"这样的描述性语词的意义，"是或涉及按照特定规则使用表达式"。他的这个说法意思是什么？
>
> 似乎有三种可能性。
>
> （a）他的意思是存在接受像"红"这样的词的可应用性的界限。这个界限没有得到清楚的界定，但举例来说，它是这样的界限：在我们的社会中，如果现在一个人对一个蓝色的东西说它是红的，他将被认为误用了"红"这个词。
>
> （b）他的意思是如果两个东西具有同样的颜色，并且其中一个是红色，那么另外一个也将是红色。
>
> （c）他的意思是对于正确地使用一个词而言，它的应用必须**包含**（而不是仅仅**符合**）一个规则，其含义是，如果某人要命名一种颜色，在使用颜色词时，他心中必须有可以应用这个词的理由。①

而我们认为，这三种说法在黑尔那里是相互联系的，并不是对描述意义规则的三种相互独立的解释。黑尔试图表明，像颜色词这样具有描述意义的词，其意义规则对它与对象相联系的方式做了限定。比如"红"不能应用于一切对象，而只能应用于一类对象。在这一点上，黑尔把"红"这个词与"它"这个词做了对比。"用'它'这个词为例。这个词的使用规则允许我们把它应

---

① G. N. A. Vesey. "Hare on Descriptive Meaning Rules", in *Mind*, Vol. 74, 1965, p. 590.

用于**任何**种类的对象或事物。因而，如果它是个描述性词项，它将是如此的模糊和笼统，以致于毫无用处；把一事物描述为'它'，我们实际根本没有描述它。"[①]

如前所述，黑尔主张描述意义规则对词能应用于什么对象做了限定。关键问题是这种限定方式是什么。黑尔通过把描述意义与可普遍化性相联系，来解释这一点。按照他的观点，这种限定方式表现为：举例来说，如果一个人说某个东西是红的，那么他就必须承认任何在相关方面与之相似的东西同样是红的。说一个东西是红的就是说它属于某一类，因而蕴涵同类的东西都是红的。在这一点上"好"与"红"是相似的，因为如果我们说一个东西是好的，我们就必须承认在相关方面与之相似的东西也是好的。因而"好"也总是用于一个类的，如果说一个东西好，就蕴涵着说一类东西好。不过，"好"与"红"这样的描述词的区别在于，"好"究竟用于哪一类事物，并不是固定的。"它"这个词虽然也可用于任何种类的事物，但是，它总是用于单个对象，当我们用"它"称呼某个对象时，我们并不隐含着把一类事物都称为"它"。所以"它"没有描述意义，不是因为"它"能用于任何种类的对象，而是在任何给定的语境中，它只能用于一个特定的对象，而不能用于某个类中的所有对象。

黑尔在阐述描述意义的规则时，用的"相关方面"这个表达式，它势必引起这样的质疑：什么是相关方面？对此，黑尔的回答是："只有当我能含糊和精确地指出关于 X 的什么东西使我称

---

① *Freedom and Reason*，p. 9.

它为红的，我才能回答这个问题；即解释称它为红的我意味着什么。"① 他认为，说话者在任何一个场合说一个对象是红的时，他心中必须想到对象的一个特征，正是由于他注意到这个特征，他才把"红"这个词用于该对象。这也就是 Vesey 所说的黑尔关于描述意义规则的第三种意思。可见黑尔之所以引进第三种说法，是为了解决"什么是相关方面"这个问题。这种说法可以概括为：描述意义规则要求，当一个人把一个有描述意义的词用于某个对象时，他必须想到对象的某个特征作为使用这个词的理由。

黑尔对描述意义规则的阐述是否完善，是否需要修正与补充，我们不拟在此讨论，因为这是复杂的语言哲学问题。我们只想指出，正如黑尔所提示的，描述意义规则至少包含以下几点：第一，有描述意义的词总是应用于一类事物，而不是仅应用于单个个体；第二，有描述意义的词所应用的这类事物之间需要有某种可识别的相似性；第三，有描述意义的词的应用必须满足一致性。而关于这种一致性的界定存在一种弱化的形式，即不使用"相关方面相似"这个概念，而使用"严格相似"（exactly similar）这个概念。两个对象严格相似就是在各个方面都相似，而不只是相关方面相似。弱化的形式可以表述为：如果一个词具有描述意义，那么，倘若它能应用于某一对象，那么它也能用于与该对象严格相似的另一对象，否则对这个词的应用就是不一致的。显然，这里提出的并不是一套**充分**的描述意义规则，因为具有描述意义的词并非只能用于严格相似的对象，但是，这个规则

---

① *Freedom and Reason*，p. 13.

对于有描述意义的词至少是**必要**的。由于不采用"相关方面相似"这个概念，也就不会遭遇由这个概念引起的麻烦。对于语言哲学来说，这种弱化的描述意义规则没能使人对描述意义有一个完备的理解，但是，我们将看到，对于黑尔想要发展的道德论证方法，只要这种弱化的描述意义规则能成立就够了。

针对"严格相似"这个概念仍然会产生异议，因为有人会说根本不存在两个严格相似的对象。这个异议可以有两种含义。第一，**逻辑上**不存在两个严格相似的对象，因为两个对象必定有某种差别，否则我们无法把它们区分为两个对象。对此，黑尔指出他所说的严格相似，是指两个对象在所有普遍属性上相似。而"普遍属性"这个概念，黑尔把它定义为："如果为了指明一个属性不必提及任何个体，那么这个属性就是普遍的。"[1] 他否认如果两个个体的所有普遍属性相同，它们就成了同一个个体，而主张莱布尼兹的不可分辨的同一性原理只在不那么极端的形式中才成立，即只有当所有普遍属性和非普遍属性都相同时，我们才能说两个对象实际上是同一个对象。上述异议的另一个含义是两个严格相似的对象**事实上**不存在，即使这种相似指的是普遍属性上的相似，因为现实中任何两个个体，我们都可以发现它们在普遍属性上的差异。对此黑尔可以这样回答，事实上不存在严格相似的对象，不妨碍我们在原则上可以设想其存在。因为我们可以用假言的方式来使用"严格相似"概念。我们可以说，**如果**存在两个严格相似的对象，那么，倘若一个有描述意义的词可以用于其中一个对象，则它也可以用于另一个对象。

---

[1]　*Sorting out Ethics*，p. 23.

因而黑尔进一步指出，描述意义与可普遍化性有密切的联系："现在我们必须注意某些判断是描述性的这一事实和另一特征之间的关系，当我们说到道德时，习惯于称这种特征为可普遍化性。强调道德判断与描述判断**共有**这一特征是非常重要的，虽然如同我们将看到的，它们其他方面的不同足以使得说道德判断是描述判断是误导的。然而，只要道德判断除了具有其他意义之外，的确具有描述意义，它们就分享这个一切承载描述意义的判断所共有的特征。"① 黑尔把描述意义与可普遍化性联系在一起，因此，由价值判断有描述意义这一点，可以推出价值判断是可普遍化的，任何人如果承认价值判断有描述意义，又否定价值判断可普遍化，将是自相矛盾的。由于描述判断和评价判断都有描述意义，因而它们也都有可普遍化性。黑尔这样来刻画描述判断和评价判断的这种相似性："如果我说一个东西是红的，我就等于称其他任何像它的东西是红的。如果我称一事物是好的 X，我就等于在称任何像它的 x 是好的。"②

黑尔断言，价值判断可普遍化是价值判断有描述意义的结果，所以，自然主义者不能否定道德判断的可普遍化性。因为自然主义者的主张是，价值词之所以能应用于某一对象，靠的是一种意义规则，这种规则规定这个词可以用于特定类的对象。这个类是什么是由这个对象的非价值属性决定的，正是对象的这种非价值属性使得价值词可以用于这样的对象。因而自然主义者不能一方面说"这个东西是好的"，另一方面又否定任何像这个东西

---

① *Freedom and Reason*，p. 10.

② *Freedom and Reason*，p. 15.

的其他对象是好的。因此黑尔承认自然主义中有合理的东西：
"自然主义中的真理是，道德词项的确具有描述意义。"[1]

黑尔和描述主义者的分歧在于，他认为价值判断的描述意义只是其意义的一部分，其意义中还有其他元素，即规定性的元素，而描述主义者认为描述意义穷尽了价值判断的意义。黑尔认为，描述判断可普遍化是一个琐屑的观点，但评价判断可普遍化则不那么琐屑。因为描述判断可普遍化的基础是描述词的意义规则，这是一个如何用词的问题；作为评价判断的可普遍化性基础——评价词的描述意义规则——则**不仅仅**是一个意义规则。因为给出评价词的描述意义规则就是给出一个评价标准，就是把评价意义和某种特定的描述意义结合在一起，这就不只是一个如何用词的问题了。给出描述词的描述意义规则是一个分析的过程，但给出评价词的描述意义规则，是把评价意义与描述意义联结在一起的过程，因而是个综合的过程。因而，虽然可普遍化性是描述判断和评价判断共有的特征，但两种判断不可混为一谈。

不过，我们必须指出，黑尔关于道德判断的可普遍化性来自道德判断的描述意义的观点很可能不正确。至少，按照黑尔对描述意义的解释，是不能从道德判断具有描述意义得出道德判断具有可普遍化性这个结论的。因为，道德判断的可普遍化意味着道德判断蕴含 U 型判断，U 型判断的特征是不包含提及个体的词。但是，正如约翰. L. 麦凯（J. L. Mackie）指出的，描述意义"自身可以包含这种对个体的指称"[2]。他用"亲法的"

---

[1]　*Freedom and Reason*，p. 23.

[2]　*Ethics：Inventing Right and Wrong*，p. 87.

(francophile) 为例子，这个词的使用限定于一类个体相互之间在相关方面相似的个体，显然具有描述意义（至少符合黑尔对描述意义解释），但它却包含对法国这个特定国家的指称。当然，我们可以把这个词分析为一个二位谓词（"亲"）加一个个体词（"法国"），并且认为"亲法的"中起描述作用的是其中所包含的"亲"这个二位谓词。从而，定义一种"纯描述意义"，使得具有纯描述意义的词中不包含对个体的指称。然后论证价值词和判断都具有纯描述意义。但是，这样的论证可能会过于复杂，因此，可能更好的做法是，直接诉诸道德语词和道德判断的随附性。随附性被黑尔当作一种诉诸我们对语言使用的直觉性知识就可察觉的现象。黑尔的随附性概念是，如果两个东西在其他方面都相同，那么对它们做出不同的价值判断，或者认为一个道德语词适用于其中一个而不适用于另一个，就是矛盾的。而这也就是可普遍化性命题的内容。所以，或许更为合理的是，道德判断具有可普遍性是道德判断具有描述意义的基础，而不是道德判断具有描述意义是道德判断具有可普遍化性的基础，道德判断的可普遍化性将使得它具有纯描述性。

第二节
对可普遍化性的阐释

价值判断有可普遍化性这一命题，黑尔的表述方式主要有两种。一种是一致性表述："对于我们承认在普遍的描述属性上相同的境遇，如果我们做出不同的道德判断，那么我们是自相矛盾的。"①

价值判断的可普遍化性的另一种表述是，它们是真正的全称规定判断，或者蕴涵着真正的全称规定判断。他对比了三种规定语句：

A 型规定语句：把钱还给他。

B 型规定语句：人应当偿还他承诺要偿还的钱。

C 型规定语句：你应当还他钱。

B 型语句是一个全称判断，它不包含任何提及特定个体的词。需要注意的是，在这种类型的语句中，可以包含"像这个一样"这种表达式，尽管看起来这种表达式提及了个体。对于这个问题，黑尔论证说，最好把"像 a 一样的"当普遍词项来对待，而不要拘泥表面形式。他指出："所有可以用直指方式定义的普遍词项都可以用表达式'像 x'和'不像 y'来定义。"② 例如，"一米长"这个普遍词项可以定义为"（长度上）像 m"，其中 m 是一个个体常元，指称巴黎的那根白金标准米尺。所以，当指称特定个体的词项处于"像……一样"这个表达式之中时，它就和这个表达式结合起来成为普遍词项。

而 C 型语句从形式上看不是一个全称判断，因为它包含指称个体的词"你"和"他"。因此它与 A 有类似之点。但是 C 型语句与 A 型语句的不同之处在于，它总是与 B 型语句有密切的

---

① *Moral Thinking：Its Levels，Method and Point*，p. 21.

② R. M. Hare. "Universalizablity"，in *Essays on the Morals Concepts*，Berkeley：University of California Press，1973，p. 23.

联系。因为 C 型语句总是要隐含地求助于 B 型语句。如果说出一个 C 型语句，同时又否认存在任何它所依赖的 B 型语句，黑尔就认为对这个 C 型语句的使用是不合法的。

在 1955 年发表的《可普遍化性》一文中，黑尔借用 E．A．Gellner 的术语，把上述 B 型语句称为 U 型判断，这种判断不包含指称特定个体的词，是真正的全称判断。还存在另一种判断，它们包含指称特定个体的词，因而不是完全普遍的，这种判断，黑尔用 Gellner 的术语称为 E 型判断。黑尔区分了两种评价，一种是 U 型评价，另一种是 E 型评价。U 型评价要么本身就是个 U 型判断，要么包含 U 型判断作为根据。例如，一个人说"你应当写信给他，因为你答应这么做"，这个语句依据的是一个 U 型判断"人应当做他答应做的事"，因而是个 U 型评价判断。但是如果一个人说"财政大臣的紧缩政策是对的"，而他的依据是一个 E 型判断"能增加英国开支余额的做法是对的"（其中包含"英国"这个专名），那么这个人做的是一个 E 型评价。在这篇文章中，黑尔试图把 U 型评价和 E 型评价的区分等同于道德判断和非道德的价值判断的区分，即只有道德判断是真正可普遍化的。这显然不同于他先前在《道德语言》中的观点。因为在那本书中他认为可普遍化性是所有价值判断的特征。在这之后，他似乎又回到了先前的观点。他在《自由与理性》中说："在其典型用法中，逻辑上要求可普遍化性的是'应当'一词，而不是'道德'一词。需要引入"道德"一词只是为了识别典型用法中的一类，这一类用法是我们道德哲学家最关心的。"① 因而"'道德'

---

① *Freedom and Reason*，p. 37.

这个词在这里起的作用比我一度想指派给它的小得多。"① 但是，这样一来，黑尔遗留下了一个问题，那就是 E 型评价的地位问题。既然 E 型评价没有完全的可普遍化性，那么它们还能否算作价值判断？这个问题黑尔采取了回避的态度。他在《可普遍化性》一文的一个注脚中说："E 型判断是否能恰当地称为'评价'，这个术语问题我将不做讨论。"②

对于可普遍化性命题需要澄清几个问题。本节只涉及其中几个比较简单的问题。

一种误解是，因为可普遍化性命题主张，关于我自己情况的道德判断蕴含涉及他人的相似情况的相似判断。因而做出一个道德判断的人势必总是对他人进行道德判断，对他人的行为说三道四。这种自命不凡的行为难道不是令人难以容忍的吗？这种误解实际上是把作为逻辑命题的可普遍化性和某种行为倾向混为一谈了。可普遍化性命题只是说，如果一个人做了一个道德判断，即使他是针对一个特殊例子而做的，这个判断也包含对其他所有相似情况的判断。因而，当一个人做了关于他自己的情况的道德判断，也就隐含地涉及了关于其他人的相似情况的判断。但是，这仅是说他的判断在逻辑上会蕴涵什么，并不等于他在对别人评头论足。因为他并不必然要向别人宣告他的道德判断。主张道德判断具有可普遍化性的人并不必然是行为上不得体的人。况且，可普遍化性所声称的是，如果另一个人处于与我相似的境遇中，那么关于我当前境遇所做的道德判断，也适用于另一个人所处的境

---

① *Freedom and Reason*, p. 37.
② "Universalizibility", in *Essays on the Morals Concepts*, p. 13.

遇。这里所要求的条件是他人与我所处的境遇相似。而在现实中，他人所处的境遇是否与我所处的境遇相似，是一个复杂而具体的问题，需要具体的分析。通常情况下，我们并不能完全了解他人所处的具体境遇究竟是如何的，所以我们关于自己所处境遇的道德判断是否适合于他人的境遇，在现实中往往并不确定。因而即使赞同道德判断有可普遍化性，也不必然得出我们的道德判断蕴涵着对现实生活中的其他人的情况的判断。所以主张道德判断具有可普遍化性并不是主张要对他人说三道四。

另一种误解是把道德判断是"普遍的"理解为道德判断是"被普遍接受的"。黑尔强调他不是在这个意义上使用"普遍"一词的。一个道德原则，如果世界上所有人都赞同它，那么它在这个意义上是普遍的。但是，黑尔说，显然无论如何并非所有道德原则都在这个意义上是普遍的，许多重大道德问题都存在广泛的分歧。所以黑尔所主张的普遍主义不是主张存在被普遍接受的道德原则，也不是要求某种道德原则被普遍接受。按照他的可普遍化命题，所有道德判断（更一般地说，所有的价值判断）都具有可普遍化性，是指所有的道德判断，即使是针对某一特定事例做出的，也蕴含普遍原则。但这决不是说所有道德判断都是被普遍接受的。后者是一种显然荒谬的说法。在此，我们可以附带讨论一下可普遍化性命题和所谓全球伦理问题的关系。主张全球伦理和普世伦理的人或者主张存在一些被普遍接受的最基本的价值标准或道德原则，或者试图发掘、展现不同文化传统在一些基本问题上的道德共识，由此确立被普遍接受的基本原则。如前所述，这既不是黑尔的可普遍化性命题所主张的，也不是它所反对的，不过，按照黑尔的见解，"虽然这个命题不是实质性的道德原则，而是逻辑原则，因而从它本身得不出任何道德上的东西，但是当与其他前提相结合，在道德论证中就能起非常强有力的作用"①。因而，可普遍化性命题为道德论证提供了工具，从而为理性地思考道德问题提供了支持。如果黑尔的这种说法是可能的，也就意味着确立能被普遍接受的道德原则是有理性基础的。

还有一个容易发生的误解是，主张可普遍化性就是主张道德上不宽容。其理由是，当一个人做了一个道德判断，根据可普遍化性命题，他等于承认在任何相似情况下也必须做同样的判断，因此必然导致道德问题上的不宽容。对此黑尔辩解说："为了清楚地理解这个问题，有必要区分认为其他某个人是错的和对他采取不宽容的态度。普遍主义者承认对相对主义的否定（这种学说无论如何是荒谬的）；他主张如果任何人在某个道德问题上不同意我，那么我就与他有分歧，除非我改变了我的想法。这看来是个非常无害的同义反复，不会给普遍主义者带来麻烦。但普遍主义者并不就要（在肉体上或以其他任何方式）迫害道德上与他有分歧的人。如果他是我这样的普遍主义者，他就会认识到，我们的道德观点可以通过我们的经验和跟他人讨论道德问题而改变；因而，如果另一个人不同意我们，所需要的不是压制他的观点，而是讨论这些观点，希望当他告诉我们支持他的观点的理由，我们告诉他支持我们的观点的理由时，我们可以达成一致。"② 黑尔在认为他人是错误的与对他人不宽容之间所做的区分是正确的，因为宽容不等于乡愿，不等于不分是非对错。只要我们是采

---

① *Freedom and Reason*，p. 35.
② *Freedom and Reason*，p. 50.

取平等对话的方式而不是强制压迫的方式来对待不同意见，就不能说我们是不宽容的。即使采用搁置分歧的态度，也是以承认分歧为前提的。但是，在上面这段引自《自由与理性》的论述中，黑尔似乎认为可普遍化性命题本身是对相对主义的否定，因而他似乎在此混淆了两种意义上的普遍主义。一种普遍主义是指主张道德判断有可普遍化性，另一种普遍主义是指与相对主义相对立的那种观点。从语境来看，黑尔在《自由与理性》中所使用的"普遍主义"一词应是指前一种普遍主义，但是，在上面的引文中，他却把普遍主义看作对相对主义的否定。而我们已经看到，道德判断的可普遍化性是与道德判断的描述意义相联系的。黑尔认为，他与描述主义者都赞同道德判断有描述意义，因此，如果描述主义反对道德判断有可普遍化性将是自相矛盾的。然而，按照黑尔在《描述主义的归谬》以及《清理伦理学》中的观点，描述主义必定导致相对主义。如果黑尔的这个观点是正确的，他就不能主张可普遍化性命题是对相对主义的否定。因为描述主义者也同样可以主张可普遍化性命题。实际上，按黑尔在"描述主义的归谬"中的观点，道德判断的规定性因素才是跨文化性的因素，因此不是道德判断有可普遍化性，而是道德判断有规定性以及规定意义与描述意义可分离才是反对相对主义的理由。

第三节
可普遍化性命题的性质

关于可普遍化性，黑尔一再提醒，他的命题是一个逻辑命题而不是道德命题。他说"我一直坚持由于'应当'这个词和其他道德词的意义，使得如果有人使用它们，他就因而使自己委身于一个普遍原则。这就是可普遍化性命题。"① 但是，这个命题不能与一个人由于使用道德词而在逻辑上必须承认的普遍道德原则相混淆。很容易和可普遍化性命题相混淆的道德原则有两个，一个是每个人都应当总是按照普遍的规则来控制他的所有行为，另一个是不应当为了自己的利益而对自己网开一面。对此黑尔分别进行了澄清，他试图表明，这两种原则，要么是实质性的原则，因而不能从逻辑分析中得出；要么这两个原则是分析的，因而不是实质性原则。

对于第一个原则，黑尔试图考察什么构成对它的违反。这取决于怎么解释这个原则。如果把这个原则解释为，人在行动时应当在某种意义上已经想到了一个规则，并且在某种意义上，想遵循这个规则构成了他行为动机的一部分，那么，黑尔说，这就是一个实质性的原则。如果一个人出于一时的兴致，而做了某件事，没有考虑这个行为涉及的规则是什么，那么就可以认为这个

---

① *Freedom and Reason*，p. 30.

人违反了应当按普遍规则来控制行为的原则，因为他的行为不是
出于对普遍原则的考虑，而是一时性起。但是，这个人的行为是
否违反了可普遍化性命题呢？黑尔否认这一点。因为如果一个人
赞同在某些情况下，应当不加反思地做某件事，并没有犯任何逻
辑错误。如果一个人认为他在那种境遇下，不加反思地做了那件
事是正确的，同时又主张，其他任何人，在处于和他一样的境遇
时，也不加反思地做那件事是错误的，那么他就违反了可普遍化
性命题，因为他的两个主张是矛盾的。但是可普遍化性命题并不
能决定其中的哪一个主张是正确的。所以可普遍化性命题并没有
告诉我们那个人的**行为**犯了逻辑错误，更没有告诉我们那个人的
行为犯了道德错误。可普遍化命题所施加的限制只是要我们在做
出道德判断时保持一致性，当存在不一致的道德判断时，我们必
须做出取舍。

　　对于第二个原则，黑尔认为可以采取相似的处理方式。如果
把这一原则解释为否定我应当以某种特定方式行为但其他人在同
样的情况下却不应当如此，那么这个原则是分析的，可以看作可
普遍化性命题的另一种表述方式，但是，它不是一个实质性的原
则，因为它并没有告诉我们，我们是否应当以那种特殊方式行
为。这就像否定 p 并且非 p，并不等于肯定 p 或否定 p 一样。
如果把这个原则解释为，当一个人反对别人这样做时，他自己也
不应这样做。这是一个实质性的原则，但是，第一，这个原则很
可能是我们大多数人不赞同的，因为很可能一个人的**行为**是正确
的，但他的道德**主张**（反对别人这样做）是错误的；第二，这个
原则也不能从可普遍化命题中得出，因为认为别人不应当这样
做，同时又主张自己应当这样做，是违反可普遍化性要求的，但

这只是表明这个人的道德主张是矛盾的；我们并不能因此说，由于他反对别人这样做，所以他自己也不应当这样做。

黑尔附带提及了两个著名的原则，但未做详细的讨论。这两个原则，一个是黄金规则，另一个是康德的原则。黄金规则在西方文化中起源于《圣经·马太福音》中耶稣的登山宝训："无论何事，你们愿意人怎样待你们，你们也要怎样待人，因为这就是律法和先知的道理。"① 如果把它解释为："如果别人应当这样对待一个人，那么，其他条件相同时，他也应当这样对待别人"那么根据可普遍化性命题，它是正确的，但是，它不是一个实质性原则。因为它并没有告诉我们到底应当做什么，而只是告诉我们在关于一个人应当怎样对待别人和别人应当怎样对待他之间，我们的道德判断要保持某种一致性。另一方面，如果把它解释为"一个人愿意别人怎样对待他，他就应当那样对待别人"，那么，这可能是一个实质性原则，但能否从可普遍化性命题中得出这个原则呢？我们认为回答是否定的。如果一个人说："我愿意别人这样对待我，但我不应当这样对待别人。"他是否违反了可普遍化命题？这取决于如何理解"我愿意别人这样对待我"。如果这个表达式是在陈述事实，我们正在讨论的这个判断是个实质性的判断，但是，并不违反可普遍化性命题。因为"我不应当这样对待别人"这个判断，根据可普遍化性命题，包含"在相似情况下，别人不应当这样对待我"，但是这个应当判断并不与"我愿意别人这样对待我"这个事实陈述相矛盾，除非我们能否定事实判断和价值判断之间存在逻辑鸿沟。如果把"我愿意别人这样对

---

① 《圣经·马太福音》7.12。

待我"理解为具有祈使语气，那么，它将与"别人不应当这样对待我"相矛盾。但是，这只是表明这两个规定语句相矛盾，但并没有告诉我们哪一个规定是正确的，从而不能实际地指导行为。黄金规则还有另一种否定形式，如"己所不欲，勿施于人"。但前面的那种分析方式也能适用于这种否定形式。

所谓康德的原则，指的是康德所说的"要只按照你同时能够愿意它成为一个普遍法则的那个准则去行动"①。黑尔认为："如果把康德的意思解释为倘若一个人说他应当以某种特定的方式行为，但又说'让其他人不要以同样的方式行为'，则他隐含地犯有自相矛盾的错误，那么康德的原则是陈述可普遍化性这个逻辑论点的推论的一种方式。"② 不过，与前面的分析相似，这将不是一个实质性原则。而康德本人似乎是把它当作实质性原则的。因为他称它为一条直言命令，并且认为把它作为原则，可以推出其他的命令，如"不得自戕""不得做虚假的承诺"等等。康德说："人们必须**能够愿意**我们的行为的一个准则成为一个普遍法则：这就是一般而言对行为作出道德判断的法规。"③ 可见康德并不认为他仅是在分析道德判断的逻辑特征，而且是提出了一个道德评价的标准。

我们认为康德的原则与黑尔的可普遍化性命题的确有着重要的区别。黑尔的可普遍化性命题只能推出，如果一个人同意了一个道德判断，那么他就同意了接受一个普遍原则的指导。需要强调的是，这是一个假言判断，因为它不仅**没有要求人们要接受特**

---

① 《康德著作全集》（第四卷），第 428 页。
② *Freedom and Reason*，p. 34.
③ 《康德著作全集》（第四卷），第 431 页。

定的普遍原则，而且没有要求人们必须接受普遍原则的指导。而康德则要求人们必须接受普遍原则的指导，而且，他认为能够成为普遍原则的东西不是任意的，普遍原则的形式特征将会对内容加以限定。普遍性这种形式特征为什么能对内容进行限定？这个问题我们后面会详细探讨，不过，我们现在可以说，单凭普遍性这一点，不能对原则的内容进行限制。黑尔的确提出了一种论证，并且这种论证来源于康德，但这个论证中，可普遍化性命题只是其中一个环节（附带说一下，当康德说"能够愿意"的时候，已经隐含了可普遍化性之外的东西）。因而，接受可普遍化性命题本身不会使一个人接受任何道德判断。

前面我们已经讨论过，黑尔关于道德判断的可普遍化性是道德判断具有描述意义的结果这一点是可疑的，但这并不会影响可普遍化性命题是逻辑命题这一性质，因为我们可以用道德语词的随附性来论证这个命题。而道德语词的随附性这是从我们的语言直觉中发现的，它仍然是道德语词的一个形式特征。

第四节
普遍性与一般性

对普遍主义[①]的批评中，更值得注意的是来自特殊主义的批

[①]　我们在上文提到两种普遍主义的区分，这里的普遍主义指的是那种主张道德判断具有可普遍化性的观点。

评。特殊主义强调道德判断的特殊性，强调特殊道德判断的地位，而反对做普遍的道德判断，或者认为特殊判断的地位优先于普遍判断。

一种常常被用来反对普遍主义的论证来自萨特。他在"存在主义是一种人道主义"一文中举了一个著名的例子：二战时期，他的一个学生面临一个困难的境遇，他不知道是应该到英国去参加自由法国军队抵抗德国人，还是留在视他为唯一安慰的母亲身边。萨特说没有什么原则能帮助他进行选择，无论是基督教的教义还是康德的伦理学，因为原则太抽象，"没有办法用它来决定我们目前所考虑的特殊的、具体的事情"①。对于这个学生，萨特说，他只能给予这样的忠告："你是自由的，所以你选择吧——这就是说去发明吧。没有任何普遍的道德准则能指点你怎样做：世界上没有任何的天降标志。"② 麦金太尔应用这个例子来反对黑尔的可普遍化性命题："他［萨特］的论证的部分力量是这样的。某人面对这样的决定，可以选择走或留，而不必企图为任何处于相似地位的人立法。他可以决定怎么做，但并不打算同意任何做不同选择的人应受责备。他可以合法地宣告自己的选择：'我决定我应当留在母亲身边。'如果他这么做了，他对'应当'的使用并不表达对能够普遍化的原则的依赖。它不是一个 U 型评价，却是一个道德评价。"③

麦金太尔的论证并不符合萨特的原意。萨特说："存在主义者坦然说人是痛苦的。他的意思是这样——当一个人为一件事情

---

① 《存在主义是一种人道主义》，第 5 页。

② 《存在主义是一种人道主义》，第 16 页。

③ A. C. MacIntyre, "What Morality is not", in *Philosophy*, p. 330.

承担责任时，他完全意识到不但为自己的将来作了抉择，而且通过这一行动同时成了为全人类作出抉择的立法者——在这样一个时刻，人是无法摆脱那种整个的和重大的责任感的。"[1] 很显然，萨特认为虽然我们是在决定一件特殊的、具体的事情，但是我们的决定却不是仅仅只适用于这个特殊场合，而是适用于一切相似的场合；我们不仅仅是在替我们做决定，而且是在为全人类做决定。因此，他的观点并不像表面上看来那样与黑尔相对立。当黑尔说"萨特本人与我都是普遍主义者，而且是在同一个含义上"[2] 时，他不是没有道理的。

黑尔本人并不反对做出一个道德判断是在做出一个决定而不是做出一个发现的观点。甚至可以说他也是这个观点的倡导者。他也宣称，在形成我们的道德见解时，我们是自由的。在这方面他的立场与萨特并无根本差别。但是，黑尔希望避免堕入像存在主义那样的非理性主义中。相反，他力图使自由和理性得到调和。在《道德语言》一书中，黑尔提出了"原则决定"的概念，以反对把原则和决定对立起来的观点。一个人即使在行动之前没有什么指导他的原则，我们也不能说他的决定必然是任意的、无根据的。如果一个人在做选择时毫不了解选择的结果，或完全没有考虑结果，像抛硬币一样做出选择，他的选择才可以说是随意的。如果一个人了解了选择的结果才做出了决定，尽管没有什么预先的原则指导他，也不能说他的选择是随意的。他可以说："我的选择是为了避免如此这般的结果，而力求如此这般的结

---

① 《存在主义是一种人道主义》，第 10 页。
② *Freedom and Reason*，p. 38.

果。"第二种情况不同于第一种情况就在于，在第二种情况中，那个人所做出的决定本身就是在确立一种原则。所以他的决定并不仅仅是关于一个特殊情形的决定，而且是决定了一个原则，这样的决定就是原则决定。如果他认为自己的决定是正确的，也就意味着他打算下一次遇到相似的境遇时，按照这次确立的原则来做出决定。如果他下一次在相似境遇中没有做出相似的选择，那么就意味着他放弃了这个原则，也就是否定他上一次的决定是正确的。黑尔反对把普遍主义理解为"存在一些特定的相当简单的一般道德原则，它们，在某种未解释的含义上，**存在**于任何道德判断做出之前，并且，当我们做这样的判断时，我们所须做的一切只是查阅相关的原则，不用费更多的力气，判断就做出了。"①相反，他主张的普遍主义指的是道德判断具有可普遍化性，即当我们做出一个道德判断时，即使这个判断是针对特殊境遇做出的特殊判断，并且不是简单地参照某个先已存在的原则做出的，但是，一旦做出了这个判断，它就使判断者委身于一个普遍原则。

应当注意到，萨特反对原则的理由是，原则是抽象的，因而不能指导特殊的、具体的选择。而黑尔所说的原则却不一定是抽象的。在原则决定的情况中所确立的原则显然不是一个抽象的原则。因为我们在某一境遇中通过深思熟虑的选择所确立原则，是考虑到了这个境遇的各种具体细节和各种具体结果做出的决定，这样的原则适用于同样具体的相似境遇。

为了避免主张道德判断的普遍性而导致忽略特殊境遇的具体性和复杂性，黑尔做出了一个重要的区分，即区分"普遍性"

---

① *Freedom and Reason*，p. 37.

(universality) 和"一般性"(generality)。而这个区别常常是其他普遍主义者忽略的。虽然"普遍"和"一般"经常被不加区别地使用，但在黑尔这里，它们却有着严格的区别。他指出，"一般的"与"具体的"(specific)相对；"普遍的"则与"个别的"(singular)相对。由于可普遍化性是与描述意义相联系的，因此黑尔用描述意义规则来说明一般与普遍的区别。如果一个判断具有描述意义，那么它就可普遍化，因为支配它的描述意义规则是普遍的，但这并不是说描述意义规则是一般的。因为描述意义规则是把一个特定谓词的应用范围限定为一个特定类别中的所有事物。然而，要指定一个特定的类，我们可能需要深入大量的细节。有的类是高度抽象和一般的，有的类则是非常具体的。不论一个谓词适用的类别是一般还是具体，支配这个谓词的描述意义规则都是普遍的，只要规则把这个谓词的适用范围限定为一个类别中的所有对象，而不是某个特定对象。黑尔举例说，"船舶"是比"三桅船"更一般的词项，但它们都是普遍词项。它们之所以都是普遍词项，因为它们都适用于某一类别的所有对象，而不是只适用于一个特定对象，在这一点上，它们都与"苏格拉底"这样的专名相区别。另一个可以区分一般性与普遍性的证据是，一般与具体是个程度问题，并不存在一般和具体的绝对界限；而普遍和个别的区分则不是一个程度问题。举例来说，"所有人都是要死的"比"所有学者都是要死的"更一般，但比"所有动物都是要死的"具体；然而，所有这些判断都是普遍判断，不是个别判断①，因为这些判断中都没有包含指称某个特定个体的词项，或者用逻辑术语来说，它们都只包含个体变元，不包含个体常元。

虽然这里是以描述词为例，但对于有描述意义的道德词项和道德判断来说同样适用。例如，"一个人永远不应当做虚假陈述"，这是一个高度一般的原则；"一个人永远不应当对他的妻子做虚假陈述"则相对来说更具体。但二者都是普遍的。因此，具体与普遍并非不相容。黑尔认为我们可以有高度具体的原则，原则可以具体到不能用语词来表示，只能借助例子来说明的程度。比如，有时我们只能这样来表达我们的这种高度具体的原则："在像当前这个境遇一样的所有境遇中，都应当像现在这样行动。""因而普遍主义不是这样的学说，即每个道德判断背后都必须有一个可用一般词项表达的原则；原则虽然是普遍的，但可以非常复杂以致根本不能用语词公式化。"② 一般性与普遍性的区分使可普遍化性命题可以避免特殊主义的指责，因为特殊主义的理由是，普遍的道德原则必然是抽象的，而我们总是在具体境遇中做出道德判断和道德决定的，抽象的原则不能和具体的判断联系起来，因此，说任何道德判断都有可普遍化性是不真实的。然而既然普遍的原则可以同时是高度具体的原则，特殊主义就没有理由反对道德判断（不论它有多具体）总是与普遍的原则相联系的可普遍化性命题，因为原则可以同样具体。

高度具体的道德原则有何意义？它常常不是在先存在的，而

---

① 作为逻辑术语时，通常将"universal"译为"全称的"，"singular"译为"单称的"。

② *Freedom and Reason*，p. 39.

是通过原则决定确立的，并且由于它高度具体，它的适用范围非常有限，仅能用于与某一特定境遇非常相似的那些境遇，而具体的境遇往往是很少重复的，极少有人一生能遇到两个在细节上高度相似的境遇。从这个意义上说，具体的道德原则很少作为现成可参照的原则来指导我们的行为，不过并不能因此认为具体的普遍原则没有什么用处。在黑尔提出的批判性道德思考中，每个具体境遇下的道德判断都承诺了一个高度具体的普遍原则这一点，恰恰是道德论证的一个极为重要的环节。

区别一般性与普遍性是黑尔对康德的可普遍化性概念的重要修正。在康德那里，这一区分似乎并未被充分意识到，并且，康德所谈论的道德原则很少是黑尔所说的那种高度复杂和具体的原则，而通常是一些较为简单的原则。正是二者在可普遍化性概念上的差别，导致了他们提出的道德论证方法也有着不可忽视的不同。

反对普遍主义的另一理由来自一种认识论观点，这种观点认为把普遍原则置于更优先的地位会导致怀疑论。Renford Bambrough 在《道德怀疑论与道德知识》中指责道德哲学中普遍主义所犯的错误是"他们认为要在天上而不是地上寻找我们知识的基础"[①]。这一错误不仅存在于伦理学中，而且存在于认识论的各个分支。这种错误表现为认为原则具有辩护上的优先性，特殊的例子必须立足于一般原则才能获得辩护。然而，如果关于一个特殊的例子，如关于苏格拉底是不是要死的，我们发生了争

---

① Renford Bambrough. *Moral scepticism and moral knowledge*, London: Routledge & Kegan Paul, 1979, p. 137.

议，那么试图诉诸任何原则来解决争议是徒劳的。因为，如果一个人争辩说："苏格拉底是有死的，因为所有人都是有死的，而苏格拉底是人。"另一个人可以反驳："你所陈述的这个原则是否包含了我们当前所争议的这个特殊例子？如果他包含在你陈述的原则中，那么，你就犯了偷用论题的错误，因为你的前提已经包含你的结论了；如果你的原则并不包含我们所争议的特殊例子，那么你的原则不能用来为你在这个特殊例子上的观点辩护。"这意味着，如果我们要用原则来为特殊判断辩护，那么原则应该有超过特殊判断的可靠性，但是，如果特殊判断是以可演绎的方式包含在原则之中的，那么，原则就不会比特殊判断更可靠。如果这个特殊判断是有争议的，那么原则也就是有争议的。就像如果我们连苏格拉底这个个别的人是不是要死的都不清楚，那么我们又怎么可能知道是否所有的人都是要死的？如果在实证科学中，原则并没有认识上的优先性，特殊的事实并不是借助原则被认识到的，相反，特殊的事实占有更基本的地位，对特殊事实的认识更容易更可靠，那么在道德哲学领域内同样如此。Bambrough说："要避免关于证明、解释、意义和辩护的通行假定所蕴涵的怀疑论，我们需要认识到，如果一个人不能回答'这件事是好还是坏'这个问题，那么他也就无法回答'所有这**种**事是好还是坏'这个问题。"①

Bambrough 认为黑尔正是这样一个应受谴责的普遍主义者。他认为，关于辩护，黑尔采用的正是通行的假定，即为一个结论辩护就是把它作为逻辑结果从优先于它的原则中演绎出来："如

---

① *Moral scepticism and moral knowledge*，p. 137.

果我要为一个道德结论辩护，我就必须有一个道德前提，并且如果这个前提反过来又需要得到支持，它就必须要参照进一步的和优先的道德前提。对道德论证的这种说明只会导致这样的结论，道德推理始于无法给予理由也无需给予理由的终极原则。"① 这样的结论，在 Bambrough 看来必然是怀疑论的，因为它使得任何道德判断最终依赖于可靠性得不到保证的原则。

不过，对黑尔的这种批评是不公允的，黑尔的普遍主义并没有承诺原则具有认识上的优先性。实际上 Bambrough 抨击的那种辩护程序也是黑尔早就反对过的。黑尔把那种程序称为笛卡尔式的程序，其特点是试图从一般原则出发，用演绎的方式得出特殊的结论。黑尔认为："过去所提出的许多伦理学理论，从性质上说都可以公正地称之为'笛卡尔式的'；这就是说，它们都试图从某种自明的第一原理中，推演出各种特殊义务。……道德中的笛卡尔程序如同科学中的笛卡尔程序一样都是虚幻的。"② 笛卡尔程序之所以是虚幻的，黑尔提供的理由与 Bambrough 如出一辙，那就是特殊的事实更容易认识，特殊的决定更容易做出。当我们面临"我现在应当说假话吗？"这样一个问题时，黑尔说，显然不能指望从"永远不要说假话"这样一个一般原则中推论出我们的决定，因为一般原则是将无数特殊情况包含于其中的，如果我们在这个特殊情况下都不能决定是否应当说真话，那么我们又怎么能决定在无数的情况下是否应当说真话呢？

的确，黑尔对可普遍化性命题的某些表述方式，使人误解他

① *Moral scepticism and moral knowledge*, p. 134.
② *The Language of Morals*, p. 39.

赞同原则－演绎模式。例如黑尔有时把可普遍化性命题表述为：道德判断总是要求某个普遍原则作为理由。但是，这并不意味着黑尔认为道德判断的辩护程序一定是笛卡尔式的。第一，黑尔区分了普遍和一般，因此，当他说道德判断总是要求某个普遍原则作为理由时，这种原则可以是非常具体的，而并非一定需要诉诸较为抽象的原则。第二，可普遍化性命题并没有承诺原则具有优先性，可普遍化性命题的本质在于认为价值判断总是涉及一类情况，而不是仅涉及某一个特定情况，而对于类似的情况判断必须保持一致性。第三，可普遍化性不是关于道德论证程序的，而是关于道德判断的逻辑特性的。虽然黑尔认为从道德判断的这种逻辑属性以及其他属性，我们可以得出道德推理的法规，从而获得道德论证的程序，但是我们将看到，这种程序与笛卡尔式的程序完全不同。

第五节
想象成为他人

对于可普遍化性还有一个需要澄清的问题。道德判断的可普遍化性有两种表述，（1）对普遍属性相同的境遇做出不同的判断是不一致的。（2）道德判断或者是一个真正的全称判断，简称 U 判断，或者蕴含着 U 判断。我们需要考虑的是什么是真正的普遍属性，以及什么是 U 判断。

首先要说明的是，时间和空间是否可以算作普遍属性？如果可以，那么将会导致这样的问题，因为没有两个境遇会同时发生在同一地点，因此不会有两个境遇严格相似。黑尔否认时间和空间可以算作普遍属性，因为要指明时间和空间必须提及个体。除非我们能确定座标原点，否则我们就无法指定任何时空位置。而确定座标原点，也就是把一个特定位置指定为原点。所以，对具体时空位置的说明不得不借助个别对象。我们可以用另一个论证来为黑尔做补充。正是因为没有两个对象会同时处于同一位置，所以，时空位置不是普遍属性。因为普遍属性，按其定义，原则上可以为不同个体所拥有。如果一个属性原则上不能为其他个体所有，那么它就是一个特定个体的特有属性，因而也就不是普遍属性。

其次，角色转换是不是普遍属性的变化？按照黑尔对普遍属性的界定，它是一个不必提及个体就可指明的属性，因此原则上可以为不同对象所共有。因此，如果对两个事例的描述，除了在指称个体的词上有差异，在别的方面没有差异，它们就在普遍属性上没有差异。例如，"a 打了 b" 和 "b 打了 a" 在普遍属性上相同，虽然 a 和 b 的角色发生了转换。这种个体角色转换显然不是一个普遍属性，因为个人在境遇中所处的地位不是该境遇的普遍属性，要指明它必须提及个体。而像人的经济社会地位、生理心理状态等等，都属于不必提及个体就可指明的属性，因此，按照黑尔的定义，都是普遍属性。因而，当 a 处于如此这般的境遇中（即处于一定的社会经济地位，具有一定的生理心理特征等等）时，我设想是我而不是 a 处于那种境遇，并不是在设想一个普遍属性不同的境遇。角色倒置的境遇（如在一个境遇中 a 是债务人，在另一境遇中成了债权人）仍然可以严格相似。因此，约翰·麦凯对可普遍化性三个阶段的划分①是成问题的。他的第一个阶段，即数的差异不相关（the irrelevance of numerical differences）与黑尔关于可普遍化性的一致性表述是等价的，因为数的差异就是非普遍属性的差异。而他的第二个阶段，将自己置于他人的位置，是设想一个与现实境遇没有普遍属性的差异，只有数的不同的境遇。既然数的差异没有相关性，所以对两种情况的判断应保持一致。所以，第二个阶段并不独立于第一阶段或者是对第一个阶段的扩展。麦凯很可能将黑尔的道德论证与可普遍化性命题混淆了。因此，需要强调的是，黑尔并没有单凭可普遍化性来进行道德论证。下一章将详细讨论这一点。

但是角色换位会涉及另一个问题，它是由查尔斯·泰勒（C. C. W. Taylor）提出的，他认为，想象我是另外一个人，就是要想象在一个假想境遇中，一个与我在各个方面都不同的人与我是一个人。如果要使这种角色转换成为可能，"需要的东西是允许两个有完全不同的生活史和迥异的生理心理特征的人仍然有相同人格的人格同一性理论，然而，这似乎是不可接受的，因为在这种情况下所有的人格同一性标准都被去掉，只留下一种不在任何方面相同的相同，即完全不相同"②。

黑尔采用了泽诺·万德勒（Zeno Vendler）的观点来回答这一异议。他辩称，即使假设每个人都有其本质，失去其本质就不再是他本人了，也不会影响他的论证模式的有效性。因为他的论证并不需要某个人，如琼斯，说"假如琼斯是史密斯"，甚至不

---

① *Ethics*：*Inventing Right and Wrong*，ch. 4.
② C. C. W. Taylor. "Review of R. M. Hare, *Freedom and Reason*", in *Mind*，Vol. 74，1965，p. 288.

需要假设琼斯精确地处于史密斯的地位上，而只需要琼斯假设"**我**是史密斯"或"**我**处于史密斯"的地位上。因为，即使"琼斯"这样的专名是与某种本质联系在一起的，但"我"这样的词不同于专名，并不与任何本质相联系。因为"琼斯"只能指称琼斯，但不论是琼斯还是史密斯都可以用"我"来指称自己。我可以用来指称任何个体，而不是只能用于具有特定本质的个体。所以，黑尔认为即使承认琼斯说"假如琼斯是史密斯"这样的话是矛盾的，琼斯仍然可以不矛盾地说"假如我是史密斯"。[1]

有趣的是，万德勒本人却认为他的观点并不能用来支持黑尔的论点："问题是这样的：自我指称的标记词（indexical）'我'的纯粹性如何能帮助我尝试想象我是另一个个体，或者与之相同的事情，即严格地处于他人的地位上？"[2] 因为"我"既可以指称 a 又可以指称 b 并不使得 a 和 b 是同一个个体，所以个体换位还必须依赖其他解释。万德勒指责黑尔实际上把个体当作了没有属性的纯粹殊相，从而假设个体之间能互换角色。按万德勒的观点，从"我"这样的词是纯粹的、没有描述内容的标记词这一点不能得出个体是没有属性的纯粹殊相这一结论。黑尔辩解说："当我说，'如果你和我换位，世界不会在它的普遍属性上有差别'，我并不意图主张你和我是'单纯的殊相'。"[3] 他辩称，我可以想象成为拿破仑，而不改变世界的普遍属性，并不暗示我和拿破仑都是没有属性的殊相，只是暗示，在想象的情形中我具有拿破仑在实际情形中具有的属性。他用万德勒关于"我"是标记

---

① *Moral Thinking：Its Levels，Method and Point*，pp. 119—121.

② Z. Vendler．"Changing Places？"，in *Hare and Critics*，p. 177.

③ R. M. Hare．"Comments"，in *Hare and Critics*，p. 284.

词的观点只是想表明，承认说"琼斯是史密斯"是矛盾的，并不妨碍我们可以不矛盾地说"我是史密斯"。他所需要的只是一个语言学的论点，而不是某个形而上学论点。不过，这个语言学论点并不能真正帮助黑尔。因为，他的目的是反驳泰勒关于想象我处于他人的地位不可能的观点，而泰勒的观点要害在于，两个在特征上迥然有别的个体在人格上不可能同一。虽然黑尔可以毫无矛盾地说"我是史密斯"，但是，正是因为"我"可以指称不同个体，使得无法保障"我"一定指说话者本人。也就是说既然假想境遇中的"我"在特征上与实际的我截然不同，假想境遇中的"我"和实际的我的人格同一性如何得到保障？

万德勒反对可以想象个体换位。当我想象我严格地处于另一个人的地位时，并不是发生了换位，也不是想象另一境遇，我们面对的仍是同一个境遇，改变的只是看待境遇的视角，即我们想象着从另一个人的角度来看当前的境遇，但这样并不意味着我这个个体与另一个个交换了位置。黑尔试图表明他与万德勒并没有根本分歧，既然想象成为另一个人并不改变境遇的普遍属性，所以从普遍属性上说，可以说我们考虑的是同一个境遇。然而，黑尔的观点和万德勒的观点之间仍然存在区别。万德勒认为想象成为另一个人，不是想象一个个体成为另一个体，或者严格地处于另一个个体的地位，即严格地具有另一个个体的所有属性，而是把另一个个体带入"我"－立场。其中涉及的是立场的改变或视角的转换，而不是个体换位。黑尔则认为想象成为另一个人就是想象我这个个体失掉其现实中的全部普遍属性，而具有了另一个人的全部普遍属性。想象这种事例不是想象从另一个人的角度去看世界，而是想象另一种事例，这种事例中个体的属性发生了变化。虽然从普遍属性上看，想象的事例与实际事例没有差别，但是，这个事例中的个体确实发生了变化。如果采用万德勒的观点，我们就给自己留下了一个问题：为什么做出关于某一事例的道德判断时，我们既要从这个个体的立场进行考虑，又要从另一个个体的角度进行考虑？如果采用黑尔的观点，这一点就容易得到说明：因为道德判断具有可普遍化性，所以对所有普遍属性相同的事例要给予同样的判断；想象当中的发生了个体换位的境遇与实际的境遇在普遍属性上并无差别，所以也应该做出相同的判断，而这相当于在实际情形中站在另一个个体的视角看问题。

对于黑尔来说，需要解释的是一个个体如何能失掉其现实中的全部普遍属性，拥有另一个人在现实中的全部普遍属性而仍然保持着人格同一性。而万德勒的观点并不会对黑尔有帮助，万德勒的"我"具有先验自我的意味，这不是黑尔想要的，他的"我"仍然是通常用来指说话者本人的普通含义上的代词。或许更有帮助的是克里普克的观点，因为泰勒对想象成为他人的可能性的质疑与跨世界同一性的问题性质相同，而一个假想事例也可以看作某个可能世界中发生的事情。跨世界同一性问题，就是如何识别存于不同可能世界中的个体是否具有同一性。例如，我们说在某个可能世界中，尼克松连任了三届总统，那么，我们凭什么说这个可能世界中的尼克松与现实世界中的尼克松是同一个人？或者说，什么标准可以让我们说一个世界中的某个个体与另一个世界中的某个个体具有同一性？克里普克认为，这是错误地想法导致的伪问题。"**可能世界是由我们赋予它的描述条件给出的**"①，而不是我们作为观察者观看到的实际世界之外的其他世界。我们完全可以做出关于某个个体的非真实描述，这样的描述就规定了一个可能世界。"我们可以指称对象，并问对它本可以（might have）发生什么事情。所以我们不是从世界出发（它们被假设为多少是实在的，它们的属性而不是它们的对象可以被我们感知），然后再问跨世界识别标准的问题；相反，我们从对象出发，在现实世界中我们**已经**并且能够识别它们。然后我们可以问是否某些事情对它们本可以是真的。"② 同样，当我想象我处于他人的地位时，我并不是从那种假想事例出发，问用什么标准来证明处那个地位的人与我人格同一；而是从我出发，设想关于我的种种可能情形。从语言直觉上来说，想象我有着与实际不同的生活史和生理心理特征，并不存在矛盾。不论这种想象与实际的我多么不同，它都是关于我的想象。

第六节
普遍性与非现实性

　　想象自己处于他人的地位会引出进一步的争议："道德原则，为了具有普遍性，是否必须应用于所有事例，不管是现实的还是

---

① Saul Kripk. *Naming and Necessity*, Oxford: Basil Blackwell Publisher, 1980, p. 44.

② *Naming and Necessity*, p. 53.

假想的，还是只用于现实事例。用时髦的术语来说，我们是否必须能将我们的道德原则应用于所有逻辑可能世界，而不仅是现实世界？"① 对此，黑尔的回答是："为了将可普遍化要求应用于道德论证，想象与实际所考虑的情况在相关方面精确相似的假想事例，只是所考虑的人物角色是颠倒的，这样做是总是合法的。"②不过，这会遭遇的一个问题是，现实性（actuality）是不是一个普遍属性？显然，对于黑尔来说，境遇是现实的还是假设的，不是境遇的普遍属性，否则，现实的境遇不可能和假设的境遇严格相似。这一点对黑尔的论证模式非常重要，因为正像我们将看到的，黑尔的论证方法不可避免地需要使用假设的境遇。但是，有人会辩称，现实性也是一个普遍属性，因此，现实的境遇与假设的境遇在普遍属性上是有差别的，关于现实境遇所做的道德判断不能用到假设的境遇中，一个人拒绝在道德思考中考虑假设的情况不违反可普遍化性命题，这涉及复杂的形而上学问题。在形而上学中有一个类似的争论，即实存（existence）是不是一个属性，它牵涉关于上帝的本体论证明这个著名的问题。一种证明现实性不是普遍属性的方式是指出，要把现实世界和只是可能的世界区分开来，必须提及现实世界是**我们**（一群特定个体）生活于其中的那个世界这一事实，因此，对现实性的指明必须提及个体，故而它不是普遍属性。但是，黑尔不愿意采用这种论证。因为，第一，这个论证包含循环定义。它把现实世界定义为某些特定个体生活于其中的世界，但是，这里的个体必须是**现实**个体，

---

① *Naming and Necessity*，p. 113.
② *Freedom and Reason*，p. 44.

因此我们还必须定义什么是现实个体。如果对现实性的这种定义行不通，那么这个论证就没有能证明现实性不是普遍属性。黑尔不采用这种论证的第二个理由，也许是更重要的理由，是他不愿意接受这样的观点：现实世界和可能世界同时实存或潜存（subsist）着，它们的区别在于我们是否生活于其中，他认为"可能世界只是作为思想的对象而存在"①。显然，黑尔的观点与罗素、奎因等人是一致的，他们都不接受潜存对象的观点，不愿意"本体论的膨胀"。不过黑尔并不想卷入本体论问题中，因为"伦理学可以不要本体论，并且这样做更简单"②。为了处理"现实性"问题，黑尔的策略是诉诸语言直觉。按照可普遍化性命题，如果我们承认两个情形在普遍属性上相同，但却对它们做出不同的道德判断，我们就是不一致的；黑尔认为这可以用来检验什么是普遍属性。如果两个境遇在别的方面都相同，只在某一方面有区别，如果我们可以借助语言直觉判断出，对它们做不同的道德判断是不一致的，那么这种差别就不是普遍属性上的差别。例如，时间和空间属性没有道德相关性，而这一点可以用如下方法来显示，如果同样一件事情，其他方面都相同，只是发生的日期或地点不同，一个人对之做出了不同的道德判断，他就会被认为是不一致的。"同样的步骤可以用于当前的情形。如果某人说'我应当对他这样做，但如果我恰好处于他的地位具有他的偏好，没有人应当对我这样做'，并且他给出的理由，不是他是他，或今天是今天，而是这是现实事例，那是假想事例，那么我断言，

---

① *Moral Thinking：Its Levels，Method and Point*，p. 115.
② *Moral Thinking：Its Levels，Method and Point*，p. 115.

会发生相同的逻辑不一致，就像他说了另外那两件事一样。"①
而这种不一致，说明"现实性"和时间、空间属性一样，不是普
遍属性。他认为我们在这里求助的是语言直觉，而不是道德直
觉，因为我们这里所求助的这一直觉可以为道德观点不同但对
"应当"这个词有相同理解的人所共有。

　　尽管像黑尔和塞尔论证的那样，在分析中求助于语言直觉并
非不合法，因为语言直觉来自对这种语言的掌握（参见第一章第
二节），但是，仅仅以某一种直觉为证据，这种论证还是有些薄
弱。如果能辅以其他论证，也许更有说服力。这里我们可以提出
另一个论证：如果两个事例在普遍属性上有差异，那么，这个差
异就足以把这两个事例区分开。例如，"a 欠 b 的钱"和"a 没有
欠 b 的钱"，这两个语句描述的事例显然是不同的，这里的差异就
在于债务关系的有无。而这两个语句的意义也显然是不同的。同
样，非普遍属性上的差异也足以区分两个事例。例如"a 处于如
此这般的境遇"和"b 处于如此这般的境遇"，只要 a 和 b 是两个
个体，不管他们有多么相似，他们所处的境遇有多么相似，我们
都可以说这两个语句描述的是不同事例，因而这两个语句的意义
不同。但是我们能设想有两组完全相同的描述语句，但一组描述
的是现实境遇，另一组描述的是假想境遇吗？这显然是荒谬的，
因为这等于说两组意义相同的语句，一组是真的，一组是假的。
换言之，两个事例的差异不可能仅仅在于一个是现实的而另一个
不是。现实性与非现实性不是把两个事例或者两个世界区别开的
属性。因而现实性并不是普遍属性，甚至不是一个属性。

---

① *Moral Thinking：Its Levels，Method and Point*，p. 116.

这一点还可以从另外一个角度来论证，那就是 U 型判断必定要涉及假想事例，这是可普遍化性的内在要求。内尔森·古德曼（Nelson Goodman）说："如果我们缺乏解释反事实条件句的手段，我们将很难宣称有一个恰当的科学哲学。"① 这是因为科学定理的普遍性必然涉及反事实条件句。例如，牛顿第一定律："任何物体在不受外来作用的情况下总保持其运动状态。"事实上，没有任何物体不受外力作用。而且，即使事实上世界上存在某些物体不受外力作用，这个定律显然也不只是在陈述这些物体总保持其运动状态，而是同时断定，即使那些事实上受外力作用的物体，在不受外力的假想情况下，也会保持其运动状态。又如："如果这块黄油加热到 150 度，它就会融化。"这个陈述涉及的是加热与融化之间的普遍联系，因此，即使这块黄油事实上从来没有被加热到 150 度，这个陈述也蕴含着"在这块黄油被加热到 150 度的假想情况下，它会融化"。因此，不论这块黄油被加热是现实的还是假想的，这个陈述都适用。

以上关于陈述句的论述也适用于道德判断。约翰·罗尔斯（John Rawls）曾提出要在道德原则中排除作弊的限定摹状词（rigged definite description）②。所谓作弊的限定摹状词是指表面上只使用了一个限定摹状词，而没有使用专名，但实际上这个限定摹状词是设计来指称一个特定个体的，这种摹状词的使用显然

---

① Nelson Goodman. "The Problem of Counterfactual Contionals", in Leonard Linsky（ed.）. *Semantics and The Philosophy of Language*, Bloomingtom-normal: the University of Illinois Press，1952，p. 231.

② John Rawls. *A Theory of the Justice*, Cambridge: Harvard University Press，1971，p. 131.

使得普遍性变成虚假的表面的普遍性。如麦凯所说："如果一个意大利爱国者提出所有靴形国家的利益都应该受到特殊照顾这样一个准则，倘若这只是为了躲避使用'意大利'这个专名，那么我们不会接受这是普遍化的。"[①] 这种诡计的有效，依赖于这种全称判断只适用于现实事例。但正如我们在科学陈述中看到的，如果科学陈述真的表达了一种普遍联系或普遍法则，那么它总是要涉及非现实的情形。同样道理，道德判断如果要具有真正的普遍性或可普遍化性，那么它就必然要涉及假想情形。因而，那个准则要具有真正的普遍性，所有靴形国家就不仅要包括现实存在的靴型国家，而且要包括假想情形中的靴形国家。引入可能世界的分析框架，可能是表达这种真正的普遍性的一种便利方式。我们可以说，一个道德判断，由于具有可普遍化性，因此它是关于所有可能世界中的相似事例的判断。

黑尔虽然认识到考虑假想事例是重要的，常常是必要的，但他似乎只是认为这是出于论证的需要，因为有很多情形，特别是那些非常具体的情形，现实中没有与之相似的其他情形，因而只考虑现实情形会使可普遍化性命题变没有意义。但是，我们的上述论证表明，考虑非现实的情形是可普遍化命题的内在要求，而不是仅仅因为现实中缺少普遍属性相同的事例。所以，道德判断如果具有可普遍化性，那么，它们应用于假想事例不仅是合法的，而且是必须的。

---

① *Ethics：Inventing Right and Wrong*，p. 85.

第七章

道德推理的方法

　　正如我们已经提及的，黑尔进入道德哲学领域时，他的抱负是希望表明我们可以理性地进行道德思考，因此他不满意当时流行的情感主义理论。但是，他很快发现那些情感主义的批评者，也就是他称为描述主义者的人的观点是他所不能接受的，他认为他们对情感主义的批评采取了一条错误的路线。黑尔试图走一条与描述主义者不同的道路，来回答"理性的道德思考如果可能"这个问题。他认为对这个问题的回答需要建立在研究道德语言的基础上，而他对道德语言研究的结果就是他的普遍规定主义理论。我们已经考察了这个理论的诸多方面和有关争议，现在需要进一步考察的是，这个理论能为道德思考提供什么。黑尔在后期思想中力图表明，在普遍规定主义的基础上，可以找到道德论证的正确模式，并且，通过这个模式，将使人们看到，唯一可以被接受的规范性理论是符合功利主义的理论。在这一章中，我们主要考察黑尔提出的道德论证模式，至于他如何由此达到功利主义立场的，将在下一章讨论。

第一节
非线性推理模式

　　自黑尔在《道德语言》中提出普遍规定主义以来，对他的一个主要反对意见是，他与情感主义者一样，对道德怀疑主义起着推波助澜的作用。尽管黑尔企图通过研究祈使句逻辑进而对道德推理有所阐明，但是很多人认为他对道德语言的分析最终无助于摆脱这样的结论：理性对于解决道德问题的作用是十分有限的，对道德问题的回答最终依赖于个人的主观选择和决定。福特在1958年的《道德论证》一文中，认为黑尔提供的道德推理图式是一种三段论模式，即任何道德结论都依赖于一个评价性大前提和一个描述性小前提，如果要论证这个评价性大前提，就需要更进一步的评价性原则作为前提。推理的链条最终不得不终结于某个最高的道德原则，它基于个人的决定和承诺，而不能给予任何理由。如果人们在终极的道德原则上发生分歧，那么没有什么理性的方法可以让他们达成一致。因此普遍规定主义并不能真正超越情感主义。① 对普遍规定主义的这种看法被很多人所接受，例如，Keekok Lee 认为："在构造实证主义的的伦理科学时，黑尔被迫把可演绎性正题和它的反题，即对一个道德体系的第一原则的承认是非理性的，结合起来（可演绎性－承认模式）。"② 黑尔在《道德语言》中说的一段话更加深了人们的这种印象："如果非要完整地证明一项决定是正当的，我们就必须完整地说明包含着这项决定的那种生活方式。……如果提问者继续问：'可是，为什么我**应该**像那样生活'，这时就没有进一步的回答可以给他了，因为，**按前提假设**，所有能包含在进一步回答中的东西我们都已经说过了。我们只能要他自己拿定主意应当过哪种方式的生活。因为最终一切事情都依赖于这样一种原则决定。他必须决定是否接受那种生活方式，如果他接受，那么我们可以接下去证明

---

① Philippa Foot. "Moral Arguments", in *Virtues and Vices, and Other Essays in Moral Philosophy*, pp. 98—99.

② Keekok Lee. *A New Basis for Moral Philosophy*, London: Routledge & Kegan Paul Public, 1985, p. 46.

基于这种生活方式的那些决定；如果他不接受，那么让他接受别的生活方式，并努力按它生活好了。"①

不过，黑尔并不像有些人认为的那样满足于"可演绎性－承认模式"（the Deducibility-Commitment model）。应该说，在《道德语言》中，黑尔主要的工作是分析道德语言的意义，而对于这种分析可以引出什么样的道德论证模式，就像他自己承认的那样"只有模糊的想法"②。说普遍规定主义所能提供的道德论证模式只能是上面提到的那种三段论模式，未免言之过早了。实际上，黑尔并不满足于把理性在道德思考中的作用仅仅限定在道德判断之间存在演绎推理的关系，而把对终极道德原则的承认交付给个人的专断。在1963年的《自由与理性》中，黑尔发展出了一种道德论证的模式，非常不同于上面那种三段论模式。这种模式具有强得多的论证能力，并且黑尔宣称这种论证模式得出的结论将是某种类似于功利主义的结论。在1981年的《道德思考》中，他继续对这种论证模式进行了进一步的完善和补充，明确地表示了对功利主义的支持，并对功利主义进行了大力的辩护。

黑尔的普遍规定主义否定了自然主义，因此也否定了自然主义的道德论证途径。按照自然主义对道德词的分析，道德词可以用某种描述性特征来定义，因此，给定一定的事实性前提，虽然它们不是道德判断，却可以从中得出道德结论来。这样，为了得出关于我们应当做什么的道德结论，我们只需要发现特定的非道德事实。然而，黑尔对自然主义的批评，否定了

---

① *The Language of Morals*，p. 69.

② *Freedom and Reason*，p. v.

我们可以做到这一点。

另一种可能的途径是发现某种自明的道德原则，从这种原则出发，我们可以演绎出特定的道德结论。这就是黑尔所说的笛卡尔式的论证途径。但是，正如我们已经看到的，这种笛卡尔模式也被黑尔否定了。于是像我们看到的那样，人们认为，黑尔实际上否定了在终极意义上道德论证是可能的，因为他把道德论证的最终基础建立在了个人的决定和选择上，而这种决定和选择是不可能给出理由的。

然而，黑尔并不想否认道德论证的可能性，因此，他就给自己遗留下了这样的任务，即提出另外的道德推理模式。既然不可能从非评价性前提中演绎出道德结论，因为不存在逻辑通道，也不可能从自明的道德原则中演绎出道德结论，因为没有自明的道德原则，那么，还存在什么样的可能性呢？上述两种推理有一个共同的特点，即都是先确立某个前提或前提的集合，然后推论出某个道德结论。这种从前提到结论的推理方式是一种线性推理方式。黑尔认为，我们也许应该寻求一种非线性的推理模式。为了说明这种非线性的推理模式，黑尔提出可以借鉴科学哲学的理论。他把道德论证的模式与波普尔提出的科学探究程序做了类比。

从特称或单称命题，无法有效地演绎出全称命题，这就是因休谟而广为人知的所谓归纳问题。这使得如何解释科学发现成为一个难题。因为在科学发现当中，我们所能得到的证据只能来观察和实验，而观察和实验只能提供给我们特称或单称命题。我们如何能够最终得到全称科学定律呢？一种解释就是存在与演绎推理不同的归纳推理，归纳推理与演绎推理不同，它的前提与结论之间没有必然联系，但保持着一种或然的联系。

波普尔拒斥归纳逻辑，否认可以从观察和实验结果过渡到全称的科学定律。他提出了检验演绎法来与归纳法相对抗。这种方法是按下列路线进行的：尝试性地把某种理论作为假说提出，然后对它进行检验，如果它经受住了检验，我们就暂时接受它；它被我们的检验所反驳，我们就抛弃它，而寻求其他的假说。在这样一种程序中，唯一发生的推理是演绎推理，但不是从确定可靠的前提中衍推出可靠的结论来，而是借助演绎推理，从尝试性的未经证明的假设中得出特殊的推论，然后对所得推论的真伪进行验证，从而达到检验原初假说的目的。如果推论被证伪了，则原初的假说是不可接受的，如果推论得到了证实，原初的假说就被保留下来。因此，这种方法不同于前提到结论的线性推论。

类似的，图尔明提出："虽然事实性理由（R）可以是一个评价性结论的良好理由，但是，断定结论并不就是断定理由，或者任何与 R 逻辑类型相同的东西。"[1] 图尔明同意事实性前提不可能演绎出评价性结论（这恰好是休谟的另一个问题，是－应当问题），但是，事实判断和评价判断之间却可能有一种既非演绎也非归纳的关系，使得前者能成为后者的理由，为后者提供论证。他称有一种伦理论证特有的推论形式——"评价推论"，可以从事实性理由过渡到伦理结论。[2] 但是，黑尔认为要从事实前提演绎出道德结论，需要一个道德判断作为大前提，图尔明只不

---

① S. E. Toulmin. *An Examination of the Place of Reason in Ethics*，Chicago：the University of Chicago Press，1986，p. 55.

② *An Examination of the Place of Reason in Ethics*，p. 38.

过是"通过把一个大前提变为推论规则，从而把一个熟悉的演绎推论形式打扮成一个不熟悉的推论形式，并称之为'评价性'推论"。① 就像波普尔否定可以通过归纳法从观察和实验结果过渡到全称的科学定律一样，黑尔也否定可以通过某种特殊的推理形式从事实前提过渡到道德结论。如果说科学探究是一种探险，黑尔认为道德推理也展现出相似的特征。道德推理不是从某种确定的前提出发，不论这种前提是事实性的，像自然主义者认为的那样，还是本身就是道德原则，像道德上的笛卡尔主义者认为的那样；而是对道德问题提出尝试性的回答，然后用某种检验程序对它进行检验。只有能通过这种检验的道德判断，才能被保留下来，否则就必须放弃这种判断，进而寻求其他的尝试性回答。

但是，黑尔的推理形式与波普尔之间存在重要差别，因为科学假说是陈述性的，而道德判断则是规定性的。因此对科学假说的选择最终受制于经验证据，而道德选择则有更大的自由，不受经验证据对科学假说的那种约束。这里唯一的约束是，选择必须是理性的。故此，黑尔的推理模式是一种理性选择论（theory of rational choise）模式：某个境遇中的正当行为是有理性者会选择的行为。但是，黑尔的理性概念不同于其他很多理性选择理论所采用的理性概念，那里的"理性"等同于"审慎"，而黑尔的理性概念要更加广义。布兰特提出了一个定义："我将占用'理性'这个术语，用来指经受住事实与逻辑的最大批判与修正的行

---

① R. M. Hare. "Review of S. E. Toulmin. *An Examination of the Place of Reason in Ethics*", in *The Philosophical Quarterly*, Vol. 1, 1951, p. 374.

为、欲求和道德体系。"① 按照布兰特的解释，"对行为、欲求和道德体系的'批判'不同于科学中的批判，至少不同于通过将一个科学信念与证据和逻辑原则（它们或者在逻辑上支持它或者与之不相容）相对照来确证它或反驳它。就欲求（等）而言，只是在这样的含义上才能存在'批判'，即，表明行为和欲求是受到证据和逻辑的最大影响时会（或不会）是的那样。"② 黑尔采用了这个定义。可以说，黑尔的理性选择指的是在充分考虑了相关事实和逻辑后仍然会做出的选择。他强调这里不需要任何进一步的要求，例如符合选择者的利益或符合某种原则之类。③

对这种检验程序的研究是元伦理学的任务。黑尔认为，元伦理学提出的这种检验程序，一方面应当道德中立，它是一种形式的东西，而不是实质性的道德原则；另一方面，它又是与道德相关的，因为它可以帮助我们做出道德决定。他用游戏规则做类比来说明这一点："游戏规则，在它本身并不决定哪个游戏者获胜的意义上，在游戏者之间是中立的。为了决定谁将获胜，游戏者必须按照规则玩游戏，这需要它们自己做出许多个别决定。另一方面，游戏规则的中立性并不使得游戏变成碰运气，以至差的游戏者和好的游戏者同样可能获胜。"④ 与此类似，元伦理学并不提出实质性的道德观点，因此它是道德中立的；但是，它所提出的检验程序却具有道德相关性，因为这种程序不会让任何道德判

---

① R. B. Brandt. *A Theory of the Good and the Right*, Oxford: The Clarendon Press, 1979, p. 10.

② *A Theory of the Good and the Right*, p. 11.

③ R. M. Hare. "What Makes Choices Rational", in *Essays in Ethical Theory*, Oxford: Clarendon Press, 1989, pp. 39—46.

④ *Freedom and Reason*, p. 89.

断都能通过。黑尔坚持认为,道德"游戏"的规则是由道德词的意义和功能决定的。对道德语言的分析就是对道德推理所需要的概念框架进行澄清,"这个框架支配着这种推理的形式"[①]。检验道德判断的程序是由道德语言的基本特征,即规定性和可普遍化性决定的。

第二节
黄金规则论证

黑尔的理论可以看作对康德下述观点的修改版:"我根本不需要高瞻远瞩的洞察力就能知道,为了使我的意欲在道德上是善的,我应当怎么办。即便对世事的进程没有经验,即便不能把握世事进程的所有自行发生的意外变故,我也只问自己:你能够也愿意你的准则成为一个普遍的法则吗?如果不能这个准则就是应予抛弃的。"[②] 而黑尔的推理程序是这样的:"当我们考虑被提议的行为时,如果我们发现,当它被普遍化时,它产生我们不能接受的规定,我们就拒绝把这一行为作为对我们道德问题的解答——如果我们不能把·个规定普遍化,它就不能成为'应当'。"[③] 黑尔宣称,在道德哲学的形式方面,他与康德是一致的,他所提出的道德论证模式是康德主义的。不过,在下面考察

[①] *Freedom and Reason*,p. 89.

[②] 《康德著作全集》(第四卷),第410页。

[③] *Freedom and Reason*,p. 90.

黑尔的道德论证模式时，我们将看到他与康德的某些不可忽视的差异。

在这里，我们首先描述一下黑尔的论证模式的梗概。黑尔使用了一个例子来展示他的论证。这个例子取自《马太福音》中一个著名寓言，不过被大大简化了。这个例子是这样的：假设 a 欠 b 的钱，b 又欠 c 的钱。按照法律的规定，为了索取债务，债权人可以把债务人送进监狱。这时，b 面临这样的道德问题："我应当为了使 a 还债而把他送进监狱吗？"

如果 b 问的仅仅是"我该为了使 a 还债而把他送进监狱吗"这个实践问题，那么他是乐于做出肯定回答的，他乐于接受"让我把 a 送进监狱吧"这个单称规定。但是，既然他要考虑的是一个道德问题，所以他并不能只考虑自己想要怎么做。按照黑尔的论证模式，他可以对这个道德问题做出尝试性的回答。一种最自然的回答方式就是把自己乐于接受的那个单称规定转化为一个道德判断：

（1）我应当为了使 a 还钱而把他送进监狱。

按照黑尔提出的道德判断的基本特征之一，即可普遍化性特征，b 必须意识到，做出这样一个特殊的道德判断包含接受一个 U 型判断：

（2）在任何与当前境遇严格相似的境遇中①，任何处于我的地位的人，如果他的债务人不还钱，就应当把他送进监狱。

可是，b 恰恰就处于和目前境遇相似的另一境遇中，对于 c 他也是一个未能偿还债务的债务人。如果任何处于他这种地位的债权人都应当把债务人送进监狱，那么 c 也应当把他送进监狱。因而 b 需要接受以下判断：

（3）c 应当为了使我还钱而把我送进监狱。

由于这是个规定性判断，因此它蕴涵着一个单称规定：

（4）让 c 为了使我还钱而把我送进监狱吧。

既然（4）是 b 不能接受的，那么他也就不能同意（1），这样就使得（1）这个判断遭到了反驳。由于这个论证表面上与黄金规则的某种表述形式（己所不欲，勿施于人）有类似之处，为了方便起见，黑尔有时把他的论证模式称为"黄金规则论证"

---

① 在《自由与理性》中，黑尔并没有加上"严格相似"这一限制，他认为如果在某一境遇中做出一个道德判断，那么同样的判断也适用于所有相关方面相似的境遇。但是有两个理由使得黑尔不再在他的道德论证中使用"相关性"概念。第一，涉及什么是相关方面相似，或者说需要判定相似的方面是否"相关"。黑尔意识到，这个问题不是纯粹形式方面的问题，而是具有实质性的问题。因为否定某个特征是道德上相关的，就是否定了一个道德原则。就像如果一个人否认红色是与草莓的好坏相关的，他就等于否定了"红色的草莓是好草莓"这个评价判断。在目前这种道德论证中，不应把某种实质性道德原则作为前提引入。因此后来（如在《道德思考》中）黑尔不再在道德论证中考虑相关方面相似，而只考虑严格相似。第二，黑尔注意到，对于目前这种论证来说，我们并不是寻求一个一般性的道德原则，而是要回答一个具体的道德问题，因此，我们的原则可以尽可能具体。因而只需考虑严格相似的情况就够了。

(golden-rule argument)①。我们看到，黑尔的论证与康德的相似之处在于，他们都认为除非我们能够愿意一个道德判断被普遍化，否则这个我们必须放弃这个判断。这个论证与波普尔的科学探究理论的相似之处在于，一个科学假说的被抛弃是通过它所蕴涵的单称陈述被证明为假，而"一个临时建议的道德原则被拒绝是因为它的一个特殊后承被证明为不可接受"②。

对黑尔来说，上述是一个过于简单化的例子，它需要加以扩展。"在我们使用的例子中，假定 b 对另外某个人的关系，与 a 对他的关系正好相同，因而使情况较为简单。这样的情况在实践中不大可能出现。"③ 如果要求两个境遇严格相似，则在现实中更不可能出现。故此，黑尔提出，b 实际上处于一个与当前境遇相似的境遇中，并且处于债务人的地位这个假定对论证并不必要。用来反驳一个道德原则的事例可以扩展到假想的事例。即使 b 并不欠任何人的钱，但是他在做出道德决定时可以假设自己处于这样一个境遇中，这与当前的境遇严格相似，并且自己处于债务人的地位。

黑尔选择的第一个例子表明，他认为对于他的推理模式来说，考虑假想境遇对他的论证是合法的，但不是逻辑上必须的。然而，黑尔对他的第一个例子的分析并不正确。在 b 既处于债务人地位，又处于债权人地位的事例中，如果 b 不考虑假想事例，

---

① 但是黑尔立即提醒不要被这种表达形式所误导，因为我们很快会发现，他的论证模式并不能被简单地概括为"己所不欲，勿施于人"。见 *Freedom and Reason*，p. 108.

② *Freedom and Reason*，p. 91.

③ *Freedom and Reason*，p. 93.

将不会得出黑尔所得出的结论。因为，如果只考虑应用于现实事例的原则，b 可以赞同这样一个规定性原则："债权人应当把无力还债的债务人送进监狱，除非债务人自己也是一个债权人。"按照这个原则，b 可以认为自己应当把自己的债务人 a 送进监狱，却不必承认自己的债权人也应当把自己送进监狱。按照黑尔的理论，这是在投机，而不是真诚地做出了一个道德判断。我们可以问 b："如果你像 a 一样只是一个债务人，而不是身兼两种角色，你还会赞同这个原则吗？"所以，在这个例子中，不应该认为 b 在这个例子中同时处于两个普遍属性相似但个体角色发生了转换的双边事例（$a-b$ 和 $b-c$）中，而是处于一个三边事例（$a-b-c$）中。b 为了做出道德判断，b 必须考虑自己处于 a 位置上的假想的三边事例和处于 c 位置上的假想的三边事例。正如我们在前面所论证的，道德判断的可普遍化性意味着道德判断要涉及所有相关的可能世界，而不可能只涉及一个世界，而这一点黑尔没有充分地意识到。

黑尔的论证仍然需要扩展，因为迄今为止他所论述的道德思考中只涉及了主体自身的倾向（inclination）或偏好（preference）①。一个人之所以不同意应当把他的债务人送进监狱，是因为他自己不愿意在不能偿还债务时被送进监狱。必须依赖人们有相同的偏好这个前提，迄今为止的论证模式才有助于达成道德一致。的确，在生活中的大多数问题上，人们有相同的倾向，例如几乎没有人喜欢被饿死或被汽车撞死，但是，在逻辑上

---

① 在《自由与理性》中，黑尔使用的是"倾向"（inclination）这个词，而后来的著述中采用了"偏好"（preference）这个词。这个词是对人的欲求、意愿、喜好等等的一般称谓。

不能排除人有古怪的偏好，同时，实际生活中的确存在人的偏好不一致的情况。因此上述道德推理模式对于达成道德一致来说还显得太不充分。为此，黑尔将他的论证进一步扩展，以至于能容纳人们的偏好不一致的情况。①黑尔用了如下例子来说明这种扩展的论证方式。

假设 a 和 b 比邻而居，a 喜欢古典音乐，而 b 则毫无兴趣。如果 b 问自己"是否应当在 a 用留声机听古典音乐时练习用喇叭吹奏爵士乐（这会妨碍听留声机）？"并且尝试性地做出肯定回答，那么道德判断的可普遍化性要求 b 承认，在他处于 a 的地位上时，别人也应该练习用喇叭吹奏爵士乐。古典音乐对 b 来说是令人厌倦的，所以他乐于别人在他听古典音乐时吹奏爵士乐。因此按照前面的论证方式，无法帮助他确定"我应当在 a 用留声机听古典音乐时练习用喇叭吹奏爵士乐"这个判断是错误的。避免这种结果的方式是，b 不能仅仅假想自己处于 a 的地位，但仍保留着自己的倾向；假想处于 a 的地位，就要想象拥有 a 的倾向。就是说，在"留声机—喇叭"的例子中，b 不仅要想象自己置身于 a 的房间，正在用留声机听古典音乐等等，而且要想象自己像 a 一样爱好古典音乐。这样，b 就必须承认，在这个假想的境遇中，他反对别人吹喇叭。这样一来，b 就不能认为他应当在 a 用留声机听古典音乐时练习用喇叭吹奏爵士乐了。因为道德判断的可普遍化性和规定性将使他陷入矛盾。这种扩展了的论证不需要假设人们有相同的倾向或偏好。但是，黑尔在这里强调

①　由于忽略了这种扩展，有人认为黑尔的推理依赖于人的基本偏好相同这个信念，并以此作为他的道德论证理论的缺陷。见涂纪亮主编：《当代西方著名哲学家评传》（第四卷），山东人民出版社，1996 年，第 201 页．

说，这不意味着他完全不应当吹喇叭，而是应该以某种方式来分配他吹喇叭的时间，使得他和 a 的利益都能得到适当的照顾。

现在我们可以看到，如果黑尔的论证模式站得住脚，那么我们可以得出这样的结论，如果我们的行为无视他人的倾向或偏好，那么我们不能认为我们的行为是应当的。这种论证模式将剔出那些自私的原则，只有不偏不倚地重视自己和他人的偏好的原则，才可能是道德原则。黑尔进一步认为这些原则与功利主义的立场一致。黑尔对功利主义的论证将在接下来的两章中讨论，本章中将不会专门涉及。

第三节
条件映射原理

在以下的几节里，我们要考察这个论证的要点。首先需要注意的是普遍规定主义提供的概念框架在论证中的作用。黄金规则论证的程序是从某个尝试性道德判断中得出它的逻辑后承，当这个后承不可接受时，原先的尝试性道德判断也就必须被放弃。我们看到，在"债权人－债务人"的例子中，之所以能从"（1）我应当为了使 a 还钱而把他送进监狱"这个尝试性道德判断得出"（4）让 c 为了使我还钱而把我送进监狱吧"这个单称规定，有赖于道德判断的两个属性。其一是可普遍化性，如果没有可普遍化性，从（1）到"（3）c 应当为了使我还钱而把我送进监狱"的推理不能成立；其二是规定性，没有这个特性，我们不能从道德判断中得出单称规定（4）。从这两个特性引出了黑尔道德推理的两个规则：

　　规则 1：如果赞同"行为 x 是应当做的"就要赞同实施行为 x。（规定性）

　　规则 2：如果赞同"在这个事例中，行为 x 是应当做的"，那么，就必须承认这个判断适用于所有普遍属性相同的事例，不论自己在那些事例中扮演何种角色。（可普遍化性）

　　由这两个规则得出的是，如果我赞同"在这个事例中，应当做行为 x"，我就要赞同"在普遍属性与这个事例相同但我处于另一个人的地位的事例中施行 x"这个规定。但这两个规则并不能决定我是否接受这个规定。如果仅有这两个规则，不能得出任何确定的道德结论。因此，黑尔在《自由与理性》中提出，除了上述概念框架外，还需要想象力，想象自己处于他人地位，包括了想象自己拥有他人的偏好，并问自己是否愿意别人在那种情况下对自己做行为 x。黑尔特别提醒，"首先，我们要把论证的性质弄清楚，如果，当我们要求 b 想象他自己处于他的受害者的立场上，我们表述问题的形式不是'如果你是他，你**会**怎样说（what *would* you say），或感觉，或认为，或**会**作何感想？'而总是以这样的形式'对于你处于你的受害者的立场上的事例（以本人的身份）你怎么说（what *do* you say)？'这种表述这个问题的方式的重要性是，如果你第一种方式表达，b 可以回答'当然，如果任何人对我这样做，我会对该行为非常愤恨，并且做出所有种类的反对的道德判断；但这绝对与我**现在**表达的道德观点的有效性无关。'为将他陷入矛盾，我们必须向他表明他**现在**对假想事例所持的观点与他关于实际事例的观点不一致。"① 也就是说，黑尔的论证需要这样一个前提，即如果别人不愿意我对他做 X，那么我也不愿意在我处于他人地位的假想境遇中别人对我做 X。黑尔的意思并不只是我在处于他人地位（包括拥有和他一样的偏好）的假想境遇中会有与他人一样的偏好（既然假想境遇，按前提假设，是我拥有他人偏好的境遇，当然在那种境遇中我有与他人现实中的偏好相同的偏好，所以这是一个重言式），而是在现实中我对这一假想的境遇中我所遭遇的事件的偏好与他人对于他所处的现实境遇中所遭遇的事件的偏好一样。在"留声机－喇叭"的例子中，如果我知道那个用留声机听古典音乐的人不愿意在听古典音乐时被喇叭所打扰，那么，我就会同样反感当我处于那个人的地位并具有那个人的偏好时被喇叭所打扰。这种偏好被艾伦·吉巴德（Allan Gibbard）称为"条件偏好"（conditional preference）："条件偏好是我实际具有的对假想情境的偏好。它绝不是当我处于（*were* in）那个情境时才**会**（*would*）有的偏好。"② 有时也被他称为"条件映射偏好"（conditional reflected preferences）。

吉巴德还指出了另一个区别："同情偏好必须与条件映射偏好截然分开。条件映射偏好是为了一个人自身利益的偏好，它们适用于处于另外某个人地位的假想境遇。"③ 不论是利己主义者还是利他主义者都可以拥有这种偏好。"相反，同情偏好可以适

---

① *Freedom and Reason*, p. 108.

② A. Gibbard. "Hare's Analysis of 'ought'", in *Hare and Critics*, p. 59.

③ "Hare's Analysis of 'ought'", in *Hare and Critics*, p. 62.

用于现实境遇，而且它们是为了另外某个人利益的偏好。"① 利己主义者不会有这样的偏好。黑尔认为这个区分是对他的正确理解②。

在《道德思考》中黑尔提出了一个观点："我不可能知道他人受苦的程度和性质，或一般而言，动机与偏好，除非我对当我处于他们的位置、具有他们的动机和偏好时发生于我的事有同等的动机。"③ 我们看到，这个观点，实际上已经隐含于《自由与理性》中所概述的论证模式，但黑尔在那时并没有明确地独立表述这个原理，也没有说明它的地位，而是把它包含在"想象力"这个概念中，并且把"一定的想象力并乐于使用它"④ 作为道德论证的一个必要成分。这使得黑尔的道德论证看起来具有某些心理主义色彩，因为它让人认为，这个论证的有效性依赖于人的心理能力。《道德思考》中，黑尔对这个观点进行了专门论证〔但黑尔本人并没有给予它一个专门的名称，为了方便起见，我们将追随吉巴德称它为"条件映射原理"（conditional reflection Principle)⑤〕。

在论证条件映射原理时，黑尔区分了"仅仅知道某人遭遇某事"（something is happening to someone）和"知道**他作何感受**"（what it is like to him）⑥。前者不一定被经验到，例如一个人可以受到损害（be harmed）而没有意识到，但一个人却不可

---

① "Hare's Analysis of 'ought'", in *Hare and Critics*, p. 62.
② "Comments", in *Hare and Critics*, p. 62.
③ *Moral Thinking：Its Levels，Method and Point*, p. 99.
④ *Freedom and Reason*, p. 94.
⑤ "Hare's Analysis of 'Ought'", in *Hare and Critics*, p. 58.
⑥ *Moral Thinking：Its Levels，Method and Point*, p. 92.

能受苦（be suffering）却没有意识到。因而，情感（affective）状态（如受苦）和认知（cognitive）状态（如知道自己的苦痛）总是相互联系，不能单独存在。这种联系是概念性真理。黑尔进一步指出："这些联系着的认知状态和情感状态也伴随意动（conative）状态。如果我在受苦，我就有终止苦痛的动机。这也是一个概念性真理，它的成立是由于这些语词的意义。"① 讨论了关于一个人自己的情况后，黑尔接下来考虑关于他人的情况。他论证说："这里，认知、情感和意动状态之间再次存在密切的概念性联系，但最后一个状态的对象不是现实的，而是假想的。"② 也就是说，如果我知道他人在某种境遇中遭遇的苦痛，我就会反对我处于他的境遇包括具有他的偏好时有他那样的遭遇。在这里，心理色彩被去掉了，因为条件映射原理被当作一个概念真理，我对他人情感状态的认知状态，与我对我的假想事态的意动状态之间的关系是概念联系。如果我不能想象出这种假想事态，不是我的想象力的不足，而是我关于他人的认知不足，从而是知识上的缺陷。

布兰特不同意条件映射原理是一个概念性真理，甚至认为它很有可能是假的。他举例说，在热天徒步行走几个小时并且没有喝过水，会使我想要饮料喝，这个欲求产生于自然的因果作用。"但是，假设我现在只是带着生动的想象考虑，我马上要缺水、脱水，并有那种情况下的感觉。我现在会为这个假想的即将发生

① *Moral Thinking*：*Its Levels*，*Method and Point*，p. 93.
② *Moral Thinking*：*Its Levels*，*Method and Point*，p. 94.

的境遇而想要饮料吗?"① 布兰特认为欲求的产生是一个经验问题，而不是一个认知问题。但是，这里的认知是关于欲求或偏好的认知。的确，喝水的欲求与生理状态之间是因果关系，但条件映射原理并不是说对生理状态的认知与喝水的欲求之间有概念联系（它们之间的关系也许的确是因果关系），而是对喝水的欲求的认知与喝水的欲求之间有概念联系。一个人即使他现在不想喝水，并且原本不打算在一个小时后喝水，但如果他确信一个小时后自己会非常想要喝水，他会不想要自己在那个时候有水喝吗?如果他知道现在不准备水，一个小时后就没有水喝，他难道不会现在提前做准备吗? 我认为这并不是一个需要经验来告诉我们的问题，而是一个黑尔所说的概念性问题。②

　　不过，由于黑尔对条件映射原理的上述论证着眼于当事人的心理经验，会导致难以处理欺骗性行为。例如，一个骗子将赝品当作真品卖给某人，并且因为赝品极其逼真，所以买主以为这是真品。故而，这个买到赝品的人的心灵状态与买到真品并无区别。按照黑尔的上述论证，如果清楚地知道那个人的心灵状态，我会认为，在我处于那个人地位的假想境遇中，把赝品当作真品卖给我和卖给我真品是一回事，只要带给我的感受是一样的。但这显然是荒谬的。这里涉及一个长期的争论，即人所欲求或反感的最终对象是不是某种心理经验本身。到底是因为发生了一件我

---

① R. B. Brandt, "Act-Utilitarianism and Metaethics", in *Hare and Critics*, p. 34.

② 如果这个人拒绝为满足未来对水的欲求提前做必要的准备，尽管他确信现在不做准备将来欲求就得不到满足，那么他就是有相反的欲求，例如他希望自己在那时没有水喝，以考验自己的耐受能力。

不愿意其发生的事情而使我痛苦，还是因为那件事的发生使我痛苦所以我不愿意它发生。如果是后者，那么那件事情的发生与我的痛苦之间是一种经验性的因果关系，因而，如果我没有经历过那件事情，我也就不知道它会不会使我痛苦。但是，实际上有很多事情即使没有经历过，也会知道一旦它发生我们会作何感受。例如，并不必等到亲人去世才知道那是件令人痛苦的事情，而是一旦想象到那种情景就会知道那时我们会作何感受。而正如休谟所指出的，如果从没有两个现象相联结的经验，我们就不会知道二者有因果关系。① 所以，如果我强烈地偏好 x 发生而非不发生，那么，当我意识到 x 发生时就会有痛苦的感受，而这种联系是一种概念联系，而非经验联系。而黑尔所说的"如果我在受苦，我就有终止苦痛的动机"具有误导性，因为他使得动机成为关于经验的动机。而实际上，是因为我有某种动机或偏好，我才可能有相应的痛苦或快乐的经验。回到赝品的例子，买主的目的是买到真品，而不是得到买到真品的感受。所以，黑尔着眼于行为对人的经验的影响和人对经验的偏好是成问题的。当然，黑尔也承认，这是一个临时的（provisional）考虑。② 但这个临时的考虑与黑尔的总体理论意图不融贯。承认道德判断是一个理性活动是黑尔道德哲学的核心观点，按照黑尔对理性的解释，做出道德判断包括"当我考虑他人欲求时，要考虑那些其他人如果完全

---

① 所谓"失去方知可贵"，并非失去 x 的感受使我们产生了对 x 的偏好，而是失去产生的感受使已有偏好显示出来。而且并不是只有失去了才知道可贵，而是我们本可以在失去之前就知道这一点，但我们忽略了失去 x 的可能性，从而使我们没有注意到我们的对 x 的偏好。原则上，我们总是可以在失去 x 之前就知道失去 x 会使我们作何感受。

② *Moral Thinking：Its Levels，Method and Point*，p. 90.

审慎会是什么样——即欲求他们在信息充分并且没有误会时所欲求的东西"①。从这点看，条件映射原理应该包括理性偏好而排除非理性偏好。在最初提出这条原理的《什么使选择成为理性的?》（发表于 1979 年）这篇文章中，黑尔对这个原理的表述是："如果我们充分地获悉他人的理性偏好（这涉及在想象中分享它们），那么我们将理性地偏好，那些同样的偏好在我们处于他人的境遇并具有它们时应该被实现。"② 这个表述可能更为恰当。

因而，对于一个事例，我们要考虑的是这个事例中的当事人在相关信息充分的情况下的感受，因为这种感受表现了他的理性偏好，而不一定是实际感受。有人可能会提出反对："如果这种想象的角色转换有任何意义，那么，行动者关于以他本人的身份（*in propria persona*）会作何感想的判断，至少应该以考虑他在假想境遇中**会**（*would*）作何感想为基础。"③ 对此我们可以回答说，我们考虑的正是判断者在假想境遇中，**如果信息充分**，会作何感想。例如，在赝品的例子中，我们要考虑的是那个受骗者，在知悉自己受骗时，会作何感想。这种感想是基于那种境遇的特

---

① "Ethical Theory and Utilitarianism", in *Essays in Ethical Theory*，p. 218.

② "What Makes Choices Rational", in *Essays in Ethical Theory*，p. 42. 吉巴德认为，由于黑尔在论证这条原理时，讨论的是他人的当下经验，这将带给这条原理某些限制，使它排除掉某些理性偏好，例如关于葬礼的偏好。见 "Hare's Analysis of 'Ought'"，in *Hare and Critics*，pp. 60－61. 黑尔在回应吉巴德的评论时说："我有强烈的倾向把条件映射原理应用于所有的偏好，但是，由于与德沃金（Dworkin）教授的 '外部偏好'（external preferences）相联系的困难，我决定不做这样的总括性主张。"见 "Comments"，in *Hare and Critics*，p. 230. 这表明，黑尔对应用条件映射原理的精确界限还存在不确定。

③ Hairy S. Silverstein. "A Note on Hare on Imaging Oneself in the Place of Others"，in *Mind*，Vol. 81，1972，p. 449.

征，如他买到了赝品，并且是因为受人欺骗，以及他的人格特征等等。给定了这些特征，我们就可以推定他一旦知道他受骗买到了赝品这些相关情况后会作何感想，而这决定了我们对于自己处于他的地位的那种假想境遇的感想。这并不使得角色转换变得没有意义。

总之，条件映射原理给出了黑尔道德推理的第三个规则：

规则 3：如果我充分了解了他人的理性偏好，那么，此时，对于我处于那个人的境地，具有那个人偏好的假想境遇中所发生之事，我有与那个人一样的理性偏好。

第四节
规定与偏好的权衡

前已述及黑尔的道德推理的三个规则，即规则 1（规定性）、规则 2（可普遍化性）和规则 3（条件映射原理）。前两个规则都与道德判断的逻辑属性有关，而第三个规则是关于偏好、欲求或动机这样的意向性状态，因此需要把语言的逻辑属性与意向性状态联系起来。黑尔认为规定（prescription）是动机性状态的表达方式，就像陈述是信念的表达方式一样。"拥有一个偏好就是接受一个规定"① 并且"一切规定，……都是广义的偏好或欲求

---

① *Moral Thinking：Its Levels，Method and Point*，p. 91.

的表达"①。J. W. Roxbee Cox 等人认为这种推理实际上是一种"非自我规定者的否决（non-self-prescriber's veto)"②。

J. W. Roxbee Cox 根据黑尔在《自由与理性》中关于债权人的例子，将普遍规定主义推理（Cox 称之为 UP 推理）的模式概述如下：

x 为了弄清是否应该对 y 做行为 a，做了以下推理：

1. 我应当对 y 做行为 a。

所以，2. 如果任何人对另一个人的关系像我对 y 的关系一样，应该对那个他者做行为 a。

所以，3. 如果某人 z 对我的关系与我对 y 的关系一样，z 应该对我做行为 a。

所以，4. 我规定 z 在这一境遇中对我做行为 a。

但是，5. 我不想 z 在这种境遇中对我做行为 a。

所以，6.（i）我不能做（4）那样的规定，（ii）因而我不能接受（3）或（2）或（1）。③

Cox 认为以上的模式是 UP 推理的本质所在，即使引入更复杂的情况，如多边的例子，需要想象处于另一个人的地位的例子，都不会改变上面所概述的基本模式。"UP 模式中的核心冲突来自我的'应当'判断要求他承认的（4）中的规定和（5）要

---

① *Moral Thinking：Its Levels，Method and Point*，p. 185.

② J. W. R. Cox. "From Universal Prescriptivism to Utilitarianism"，in *Philosophical Quarterly*，Vol. 36，1986，pp. 2−3.

③ "From Universal Prescriptivism to Utilitarianism"，in *Philosophical Quarterly*，pp. 2−3.

他承认的规定之间的不相容。"① 也就是道德判断蕴涵的单称规定和判断者的条件偏好之间的冲突。由于判断者的条件偏好是他人偏好的条件映射，所以实际上是判断者的判断所衍推的单称规定与他人的偏好的冲突。这意味着，按照 UP 模式，关于某个事例的道德判断所规定的行为如果与有关各方中的任何一个的偏好不符，这个判断就要被放弃。如果有关各方的偏好存在冲突，没有任何行为符合所有各方偏好，那么任何判断都不能通过可普遍化性检验。"因而，我们可以预料，当受一个行为影响的人为数众多时，结果常常是提议任何'应当'判断都必定被拒斥。"② 如果这种解释是正确的，从普遍规定主义的立场不但得不出无偏私地对待所有人的偏好（以及进一步的功利主义）的结论，而且，其应用范围极为有限，只能用于双边事例和少数各方偏好不发生冲突的多边事例。按照这种解释，黑尔的道德论证方式对于解决道德问题并没有太大意义。

黑尔的一些论述，如"债权人与债务人"的例子，的确会给人一种印象，他提出的推理形式不过就是"己所不欲，勿施于人"③，但是黑尔明确否认他的道德推理理论是一种否决理论："没有一个偏好具有否决权。"④ 我们并不是要做我们当下的每一偏好所要求的事情（一个人的偏好出现冲突是可能的），而是

---

① "From Universal Prescriptivism to Utilitarianism", in *Philosophical Quarterly*, p. 6.

② "From Universal Prescriptivism to Utilitarianism", in *Philosophical Quarterly*, p. 7.

③ 这里"己所不欲"实际上是我的条件性偏好，即对他人的偏好的映射，所以也许表述为"人所不欲，勿施于人"更妥当。

④ "Ethical Theory and Utilitarianism", in *Essays in Ethical Theory*, p. 247.

"任何情况下我们都要做我们当下众多偏好的权衡（balance）所要求的事情"①。他认为把他的理论看作否决理论是对他的一种误解。的确，"非自我规定者的否决"解释肯定不符合黑尔的意图，他决不是要提出一种否决理论。那些看起来像是符合否决模式的例子都可以看作黑尔为了论述的需要而过于简化所导致的。例如"债权人和债务人"的例子，它之所以看起来像是"己所不欲，勿施于人"，我们可以理解为因为这是他用于阐明自己的推理模式的第一个例子，黑尔为了循序渐进地阐明他的理论，所以在初次表述时将某些问题略而不谈，以免一开始就把问题弄得复杂，使读者不得要领。这就导致了人们认为这个事例中 b 只需要考虑对他处于债务人地位时假想境遇的偏好，而不需要考虑他自己的实际偏好，以及如何权衡这两种偏好。

但是，这种对黑尔的道德理论的"否决"式解读，不能仅仅归结为一个文本解释的问题：它不能仅仅理解为黑尔在表述上有所省略引起了读者断章取义，片面曲解。我们需要探究，他的理论怎样才能避免被当作否决模式。

首先，要避免被解释为否决模式，需要重新说明偏好与规定的关系。按照黑尔的表述，拥有一个偏好就是接受一个规定（黑尔并没有明确承认弱的规定性，参见第四章第五节）。这就是说，某个境遇中，某个人 x 偏好行为 a 不发生，根据条件映射原理，我将偏好在我处于 x 地位的假想境遇不发生行为 a。这就等于我接受"在我处于 x 地位的假想境遇中不要做行为 a"这一规定。

① "From Universal Prescriptivism to Utilitarianism", in *Philosophical Quarterly*, p. 104.

而"在这个境遇中应当做行为 a"这个判断蕴含着"在我处于 x 地位的假想境遇中做行为 a"的规定。显然这个规定与表达我的条件偏好的那个规定相矛盾，因此我不能接受，因而也就不能接受那个"应当"判断。这样一来，任何偏好都将具有否决权。因此，黑尔的理论被解释为"否决"理论，很大程度上要归因于他关于偏好、欲求或动机这类意向与规定之间关系的观点。既然后者是前者的表达，那么，后者的逻辑也就同样支配着前者。当然，黑尔会说，我们必须先对不一致的偏好进行权衡，在偏好之间进行取舍，某些偏好会被另一些偏好所压倒，最终那些保留下来的偏好将是一致的。我们接受什么样的道德判断是由这些经过权衡的偏好来决定的。经过权衡达成一致之后的偏好每一个都将有否决权，但权衡之前的偏好没有。但这里有两个问题。

第一，偏好权衡是对偏好进行取舍调整使得偏好达成一致吗？如果回答是肯定的，就意味着经过权衡后我不再有偏好冲突。但是，假如一个人考虑要不要去看牙医，他要在治好牙齿和不想经受治疗时的痛苦这两个偏好之间权衡。不论这种权衡的结果是怎样的，都不意味着其中一个偏好消失了或减弱。即使他决定去看牙医，也不等于他不在乎治疗时的痛苦，治疗牙齿的过程对他而言仍然是一个痛苦的经验①，他仍然有着偏好的冲突。所以一个理性的人可以有不一致的偏好，但不能真诚地接受不一致的规定（至少按照黑尔对规定的解释）。偏好与规定的关系可以类比为力与运动的关系，一个物体可以受到两个相反方向的力，

---

① 在黑尔的术语中，痛苦（suffering）与疼痛（pain）不同，痛苦在概念上包含终止痛苦的动机，而疼痛则不然，一个人可能感到疼痛，但对它不在乎，尽管这种情况很罕见。见 *Moral Thinking：Its Levels，Method and Point*，p. 93.

但不可能沿着两个方向运动。因而"拥有一个偏好就是接受一个规定",如果其中的规定是黑尔通常所用的那种强意义的规定,这就是一个过强的表达。也许,表达为"拥有一个偏好就是接受一个*初显*规定"更合适。偏好 x 发生所对应的表达不是"让 x 发生",而是"其他条件相同时,让 x 发生"。一个人可以接受两个相冲突的初显规定,例如,他可以既真诚地同意"其他条件相同时,让我去看牙医",也同意"其他条件相同时,我不要遭受治疗时的痛苦",同时知道"如果我要去看牙医,我要遭受治疗时的痛苦"。即使他决定去看牙医,也不意味着放弃后一个初显规定。回到 Cox 描述的 UP 推理,他实际上把"我不想 z 在这种境遇中对我做行为 a"等同于"我规定 z 在这种境遇中不对我做行为 a",这当然与从"我应当对 y 做行为 a"中衍推出的"我规定在 z 这一境遇中对我做行为 a"相矛盾,从而使单独一个偏好具有了否决权。一旦把那个条件偏好理解为"我规定,其他条件相同时,z 在这种境遇中不对我做行为 a",它就不再具有否决权了(但它与"我规定在 z 这一境遇中对我做行为 a"之间仍然存在冲突,因为接受这个规定将使这个偏好得不到满足),因为它并不否定我可以出于其他考虑而规定 z 在这种境遇中对我做行为 a。

第二,为什么要先对偏好进行权衡?需要对偏好进行权衡是因为偏好之间存在冲突,即没有任何选择能满足所有偏好。但条件偏好本身并不发生冲突,因为它们是关于不同的假想事例的,或者说是关于不同可能世界的。例如,"我欲求在我处于 z 的地位的那个可能世界中我对别人做行为 a"与"我欲求在我处于 y 的地位的那个可能世界中别人不对我做行为 a"并无冲突。我并不需要事先对它们进行权衡然后再来考虑我是否接受"我应当对别人做行为 a"。因为我可以既不接受"我应当对别人做行为 a",也不接受"我应当不对别人做行为 a",当然这样一来我就不会做出任何普遍规定了。要避免这种情况的出现,必须有一个作为前提的限制,即我的所有选项都是作为普遍规定的应当判断,而将所有的单称规定都排除在外。实际上黑尔完全意识到了这个限制的必要性,但是他没有清楚地把它作为他的道德推理的一个必要前提,而他将自己的推理模式与波普尔的证伪理论进行类比,更是具有误导性。

波普尔的证伪理论的特点是一个反例就足以否定一个理论,如果这一点套用到黑尔的道德推理理论,那就是一个偏好就足以否决一个判断。如果在道德推理中,选项的范围限制为普遍规定,不允许否决所有可能的道德判断,这种推理模式就将在一个重要方面不同于波普尔的证伪理论。实际上,即使在科学哲学领域,波普尔的观点也受到广泛的批评,拉卡托斯(I. Lakatos)提出了一种"精致证伪主义"来作为对波普尔的"朴素证伪主义"的修正,其中的一个重要修正是,一个观察不足以淘汰一个理论,淘汰一个理论的是另一更好的理论。[①] 黑尔的道德推理模式与这种精致的证伪主义类比或许更恰当,即任何一个偏好都不足以否定一个应当判断,否定一个应当判断的是另一个更可接受的应当判断。而一个应当判断更可接受,就是它衍推的**所有**单称规定的集合**在总体上**更可接受,至于哪个判断所衍推的单称规定

---

① 伊·拉卡托斯:《科学研究纲领方法论》,兰征译,上海译文出版社,1986年,第45页。

的集合在总体上更可接受，就需要对我的条件偏好进行权衡。

由此，我们得到黑尔道德推理的另外两个规则：

规则 4：拥有一个偏好就是接受一个初显规定。

规则 5：只能在应当判断之间进行选择。

规则 4 来自对偏好的表达形式的分析，而规则 5 的根据在于，道德推理是为了回答"我应当做什么"这样的道德问题，因此只能在应当判断之间选择。然而，这样就遗留下一个问题，即，我为什么要考虑"我应当做什么"这样的问题？或者我为什么要有道德？显然，黑尔的道德推理需要规则 5，所以并不能回答这种外部问题，他的推理方法只能用于解决道德的内部问题。如果一个人拒绝思考这种内部问题，不打算承认任何事情是应当做的，这样的人黑尔称为非道德主义者，他承认他的道德推理为这种人留下了逃路。

第八章

对功利主义的证明

在上一章我们已经考察了黑尔所提出的道德推理方法的一般模式与基本规则。本章我们将考察他是如何用这种方法得出功利主义立场的。

第一节
古典功利主义

功利主义思想的起源可以追溯到古希腊时期。有人认为《普罗泰戈拉》篇中苏格拉底关于人总是选择较大份额的快乐和较小份额的痛苦的观点，就与后世的功利主义有亲缘关系。居勒尼学派和伊壁鸠鲁学派更是发展出了快乐主义的伦理学，可看作功利主义的先声。但是这些学说还不具备功利主义的基本形式，更多的是一种关于审慎的学说，而不是关于道德的学说。

功利主义的真正产生是在近代启蒙运动中，"功利主义道德思想在这一康德主义的含义上是'得到启蒙的'：功利主义者拒绝受权威的指导，坚持从第一原理得出自己的立场"①。这些第一原理往往来自对某种关于人的自然本性的学说。追求快乐、避免痛苦被很多人看作基本的人性原则。某些哲学家，例如爱尔维修，从人性是自爱的，引申出人的幸福和利益是评价行为的标准，正直的行为就是以公共幸福为目标。这样的思想已经具有明

---

① Geoffrey Scarre. *Utilitarianism*, London；New York：Routledge，1996，p. 50.

显的功利主义的特征。苏格兰启蒙运动的代表人物哈奇森、休谟和亚当·斯密都对功利主义有重要影响。哈奇森最早提出了"最大多数人的最大幸福"这个功利主义的著名口号；亚当·斯密则提出了"公正的旁观者"这个在功利主义思想史上有重要地位的观念。休谟提出，任何有价值的东西要么具有功利，要么令人愉快。这个原则在休谟那里虽然不是一个规范性原则而是一个解释性原则，但是，对功利主义产生的影响是毋庸置疑的，甚至功利主义这个名称也来自休谟对"功利"（utility）一词的使用。苏格兰的启蒙思想家们不认为道德可以仅仅建立在趋乐避苦的动机上，所以他们会强调除了自利的动机外，仁爱或同情也是人的天性。

最早系统阐述功利主义思想的是边沁。他提出道德领域和政治领域评价是非的标准是功利原理（或者用他后来喜欢使用的术语，最大幸福原理）。边沁对功利原理的信念，仍然是以某种人性学说为基础，他开宗明义地宣称："自然将人类置于两位至高君主——痛苦和快乐——的统治之下。"① 他的功利原理可以表述为：当一项行为增大共同体幸福的倾向大于它减小这一幸福（在边沁那里，"幸福"是"快乐"的同义词）的倾向时，它就是应当做的，或者说正当的。而共同体的幸福就是其成员个人幸福的总和。对于这一原理，边沁认为证明它既无必要亦无可能，"因为被用来证明其他每个事物的，其本身无法被证明：证据之链必定有其始端"。边沁对功利主义的贡献在于将功利原理变成

---

① Jeremy Bentham. *An Introduction to the Principles of Morals and Legislation*, Oxford: The Clarendon Press, 1907, p. 1.

一个规范性原则，而不只是一个解释性原则，同时，将"公益""最大幸福"这些概念加以定量化，确立了最大化原则，成为功利主义的一项核心内容。

边沁更感兴趣的是功利原理的应用，特别是在立法中，而不是讨论其哲学基础。功利主义的哲学阐述更多地是由密尔来完成的。密尔明确强调一个常常被功利主义的反对者们所忽略的区分："构成正当行为的功利标准的幸福，不是行动者自身的幸福，而是所有有关人士的幸福。在自身幸福和他人幸福之间，功利主义要求他像一个无私而仁爱的旁观者那样绝无偏私。"① 边沁提出了计算的七条标准，这种计算方式可以概括为，首先计算每个人的快乐的大小，然后把所有有关人等的快乐加起来，求得快乐得总和，因而主要是量的计算，而密尔提出应当把快乐的质的差别也计算在内。密尔同边沁一样认为对功利主义无法给出任何直接的证明。然而这只是对问题的回避。如果可以按边沁的理由豁免对功利原理的证明，那么任何人提出的最高道德原则都可以用同样的理由来要求豁免对它的证明。因而，这个问题难以回避。功利主义者总需要对功利主义原则做出某种说明，以表明其合理性。

密尔清楚地将功利主义表述为一种目的论形式："凡是可以被证明为好的东西，必须通过表明它是某种不需证明就可被认可为好的东西的手段，才能被证明为好。"② 好的东西或者是作为目的而好，或者是作为手段而好，作为手段的好依赖于作为目的

---

① *An Introduction to the Principles of Morals and Legislation*，p，24.
② *utilitarianism*，p. 6.

的好。而"快乐和免除痛苦是唯一作为目的而可欲的东西。"①行为的道德价值就只能是作为手段的价值，而行为的正确与错误，就与它们促进幸福或背离幸福的程度成比例。

这条路线会遇到两个障碍。密尔从快乐是被欲求的，得出快乐是可欲的，因而是价值评价的标准，这被摩尔指责为犯了自然主义谬误。密尔是否犯了自然主义谬误是非常有争议的事。因为他在《逻辑体系》一书中非常明确地区分了"是"与"应当"，而且他在《功利主义》中也否认关于终极目的地问题可以给出通常意义上的证明。但是，这至少说明，对于唯有快乐才具有内在价值的观点，密尔并没有给出有效的证明。而如果试图想对它进行证明，又很难避免被指责为犯了自然主义谬误。另一个难题是，功利主义并非主张行为的正当性与它增进行为者本人的快乐的倾向成比例，而是主张与增进共同体的快乐的倾向成比例，即使承认快乐是唯一值得当作目的来追求的，也并没有证明每个人不应当只追求增进一己的快乐，而应当追求增进所有有关人等的快乐之和。

这两个困难都被西季威克②充分地意识到了："所以，我们必须理解：当密尔对这一原则做'普遍幸福是值得欲求的'这样的陈述时，他的意思是说（而且他的整部著作也表明他的确是说）普遍幸福是每个人**应当**欲求，或至少——在'应当'的更严格的意义上——应当努力在行动中实现的东西。但是，密尔的命

---

① *utilitarianism*，p. 10.

② 在道德哲学中，黑尔较多地提及他与康德和密尔的联系，而较少提到西季威克。实际上，西季威克在《伦理学方法》中有许多观点与黑尔类似，包括对道德判断的分析。

题并没有证明这一命题，即使我们可以合理地说实际被欲求的东西就是值得欲求的东西，情况也是这样。因为，即使各种实际的欲望是指向普遍幸福的各个部分的，它们的总和也不构成一种存在于某人身上的对普遍幸福的欲望。"[①] 因此他试图通过寻求真正清晰明确的伦理学直觉来达到功利主义的基本原则。他提出了三条原则，（1）公道原则，即如果一个行为被判定为正当的，那么它也就被隐含地判定为对所有处于相似情况下的相似的人都是正当的；（2）审慎原则，即时间上的先后不能成为某一时刻的利益比另一时刻的利益更重要的理由；（3）合理仁爱原则，即从普遍的观点看，任何一个人的利益都不比另一个人更重要。他认为这三条原则都是真正的自明原则，功利主义就建立在这三条原则的基础上。

二十世纪以来，经过了摩尔对"自然主义谬误"的批判，艾耶尔与斯蒂文森的情感主义理论和 R. M. 黑尔的规定主义理论的提出，使得许多哲学家认为论证功利主义是不可能的。例如，当代功利主义哲学家 J. J. C. 斯马特承认，由于斯蒂文森和黑尔这样一些作者的元伦理学非认识主义理论日益为更多人所接受，似乎使得要想证明某种伦理原则显得不可能。他赞同西季威克对功利主义的阐释，但否认功利主义原则的正确性可以像西季威克认为的那样通过理智的直觉加以认识。因此他放弃了证明功利主义的企图，而是采取对某些人有说服力的方式来陈述他的功利主义理论："为了建立规范伦理学体系，功利主义者必须诉诸

---

① 西季威克：《伦理学方法》，廖申白译，中国社会科学出版社，1993 年，第 402 页。

某些基本的态度,这些态度是他和那些他正与之对话的人共同持有的。功利主义者诉诸的情感或态度就是普遍化仁爱(generalized benevolence),即为全人类或一切有知觉的存在者追求幸福或至少是这样或那样意义上的好效果的意向。"他仅仅希望通过逻辑一致地、清晰地陈述一种功利主义体系,从而使那些有普遍化仁爱情感,因而本来能接受功利主义的人接受功利主义。也就是说,他认为不能诉诸理性以求表明功利主义的合理性,而只能诉诸情感,通过对功利主义的恰当阐述,使之具有最大限度的说服力。

第二节
黑尔的证明

尽管斯马特声称,他的观点受到了黑尔的元伦理学的影响,但是黑尔本人却不认为我们只能使某种道德主张有说服力,而不能表明它的合理性。斯马特的元伦理学观点更多地类似于情感主义,而黑尔则是力图与情感主义划清界限的。黑尔把自己的道德哲学研究的思路总结为:"我自己的策略是,揭示我们实际所拥有的道德概念,表明它们产生特定的道德推理规范,它将引导我们采取特定的实质性的规范性道德思考方法。"① 正如我们看到的,黑尔所构造出的道德推理模式与康德类似,但是,他认为,

---

① *Moral Thinking*:*Its Levels*,*Method and Point*,p. 20.

按此策略我们最终将被引导接受的"规范性道德思考方法"却不是康德主张的那种道义论的思考方法，而是功利主义的思考方法。黑尔用他的那种论证模式，构造出了一种功利主义的论证，当代的另一位著名的功利主义哲学家 R. B. 布兰特评论说："在我看来，黑尔教授关于伦理学的著作，是自亨利·西季威克以来对功利主义的最重要和最精妙的表述与捍卫。"[1]

黑尔之所以认为他的黄金规则论证能用来支持功利主义，是因为他的论证表明我们应当不偏不倚地对待自己和他人的偏好，在黑尔看来，这相当于说我应当把他人的偏好也当作自己的偏好来看待。他认为，从这一点出发，在处理更为复杂的问题时，就将把我们带向功利主义立场。

康德曾经举过一个例子，用来否定"己所不欲，勿施于人"这个格言可以作为道德原则，这就是"罪犯会从这一根据出发对要惩罚他的法官提出抗辩"[2]。而黑尔意识到这个例子可能作为对他所提出的那种论证的一个反对意见："有人可能反对说，一个罪犯面对他的法官可以使用与我们用于对付债权人和喇叭手的论证形式相同的论证。罪犯可以说：'你不会愿意被送进监狱，如果你是我的话；所以你如何能将你的要把我送进监狱的规定普遍化？而如果你不能，那么你如何能主张你应当送我进监狱？'"[3] 像康德一样，黑尔认为罪犯的这种抗辩是"己所不欲，勿施于人"的一个反例，不过他认为，这是因为这是黄金规则论证的一个过于简单化的形式，"罪犯的论证缺乏说服力的原因是，

---

[1] "Act-Utilitarianism and Metaethics", in *Hare and Critics*, p. 27.

[2] 《康德著作全集》（第四卷），第 438 页注 1。

[3] *Freedom and Reason*, pp. 115—116.

他描绘的情况比实际的要简单"①。罪犯的论证只涉及他和法官两个人，但是，在这个例子中，要不要把罪犯送进监狱，远不只是罪犯和法官两个人事情，而是涉及公众的利益。因此"己所不欲，勿施于人"这种类型的简单论证不能直接应用于这个事例。故此，"在我们将我们的方法一般化以包括涉及多边的境遇之前，我们不能恰当地说明法官－罪犯的例子"②。

实际上，黑尔的论证方法中需要解决的一个问题是，如何处理利益的冲突。按照他的论证模式，要求站在道德立场上思考问题的人公正地对待所有人的利益，但是，如果出现了利益冲突，如何才能公正地对待所有人的利益呢？这个问题在双边的事例中就已经存在，例如在喇叭手事例中，要让古典音乐爱好者不受打扰，就要限制吹奏喇叭的时间。而如何权衡他们二者的利益才算公正，答案并不是一目了然的。而多边的事例则会更为复杂，因为这里面会出现多数人利益与少数人利益的冲突问题，这在双边事例中则不会出现，因为双边事例中的冲突只是一个人和另一个人冲突，不会形成多数与少数的问题。他提出了一个在他的论证框架下令人苦恼的问题（实际上也是所有基于无偏私性的道德理论所面临的问题）："我们必须考虑受影响的所有各方的利益；但这种考虑如何导致一个确定的道德结论？"③

最终，黑尔选择了功利主义的方式来解决这个问题："正是在努力寻找我们能在一个给定境遇中普遍规定的行为方式时，我们发现我们必须平等地重视各方的欲求（分配正义的根据）；而

---

① *Freedom and Reason*，p. 116.

② *Freedom and Reason*，p. 117.

③ *Freedom and Reason*，p. 118.

这又进一步导致我们应该寻找满足最大化的观点。"① 他引用了
功利主义者广为引用的边沁格言："每个人算一个，没人超过一
个（everybody count for one，nobody for more than one）"，② 把
这个原则作为普遍规定主义与功利主义的一个联结点，因为它
"既可以诉诸可普遍化要求来证明，也可以用来给我们当前的问
题提供答案"③。换言之，黑尔的普遍规定主义以这样一种方式
与功利主义结合起来：普遍规定主义提供的道德论证模式为公正
地对待所有人的利益提供了证明，而功利主义的最大化原理则回
答了什么是公正地对待所有人的利益。黑尔把这视为康德主义的
形式与功利主义的内容的结合。

　　回到罪犯与法官的事例上，黑尔认为，可以诉诸功利主义的
立场来回答罪犯的抗辩。法官可以说："如果只有你和我，我当
然不会觉得有义务送你进监狱。但是考虑到那些如果我不送你进
监狱将被你抢劫的人们，以及其他被你的榜样所鼓励将要去抢劫
的人，我发现，将盗贼应该被送进监狱这一准则普遍化更为容
易。"④ 因为，道德判断的可普遍化性将要求公正地关切所有受
影响者的利益，而这将要求遵循功利主义的原则。在这个事例
中，把盗贼送进监狱，是符合功利主义的原则的。

　　在《自由与理性》中，黑尔似乎还没有毫无保留地赞同最大
化原则。在提及功利主义内部的诸多问题时，黑尔谈到："另一

---

① *Freedom and Reason*，p. 123.
② 密尔在《功利主义》一书中称这是边沁的格言，但并不见于边沁本人的著
作。见 *utilitarianism*，p. 93.
③ *Freedom and Reason*，p. 118.
④ *Freedom and Reason*，p. 117.

个困难产生于这样的场合，即我们面临这样的选择，要么平等但不完全地满足很多人的欲求，要么更完全地满足其中大多数人的欲求，代价是少数人的欲求完全落空。……这个问题将被视为类似于，如果不能得兼，我们应当使幸福最大化还是平等地分配它，这是使功利主义者感到困扰的问题。"① 并且，在这本书中，黑尔承认他还不能够解决这些问题。不过，黑尔显然倾向于最大化原则，他用他提出的那种论证模式做了如下论证：

因为，如果我的行为将影响许多人的利益，而我问自己什么做法是我能够对处于这个境遇中的人普遍规定的，那么，为了回答这个问题，我必须做的是在想象中将自己置于其他各方的位置上（或者，如果他们很多，就用有代表性的样本），并问我们让那个债权人在想象他自己处于债务人地位时间的同种问题。在这种探究中触动我的考虑只能是，（当我想象自己依次处于每个人的位置上时）我多大程度上想拥有这个，或避免那个。但是，当我遍历了受影响各方，回归我自己的身份，来做一个平等重视有影响各方的不偏不倚的道德判断，除了支持在总体上最小限度地阻碍我想象我有的那些欲求的做法之外，我还可能做什么呢？但这（似乎可以合理地说）就是使满足最大化。②

这个论证的要点是这样的：

（1）按照普遍规定主义的概念框架，做出一个道德判断就是做出一个普遍规定。

---

① *Freedom and Reason*, p. 121.
② *Freedom and Reason*, p. 123.

（2）做出一个普遍规定，就是对所有相似的事例做出相同的规定，不论我在这些境遇中处于哪一方的位置上。

（3）为了确定我是否承认某一普遍规定，就要考虑所有相似的事例，因此我要依次想象自己处于其他各方的位置上，拥有他人的欲求，并考虑这个普遍规定是否妨碍我在这个位置上的欲求。初看起来，到此为止，我会得出什么结论还不明显。

（4）关键在于，在黑尔那里，（3）可以等同于想象自己依次经历所有各方的境遇，或者说，所有各方的境遇（包括欲求）被想象为自己不同时期的境遇，然后再问自己，在这种想象的情况中，我会赞同什么样的做法？一个理性的人会平等地重视自己各个时期的欲求，不会为了眼前的满足而无视自己未来的利益，他会用最大化原则来权衡自己的所有欲求，选择能使自己的所有欲求在总体上得到最大满足的做法。既然有关各方的境遇被想象为我不同时期的境遇，那么，我所能赞同的做法就是能使有关各方的欲求在总体上获得最大满足的做法。

黑尔在 1976 年发表的《伦理学理论与功利主义》一文中，对此表达得更为清楚："功利原则要求我做的是，对每个受我行为影响的人，做我愿意在我恰好处于他的境遇这种假想情境中对我做的事情；并且，如果我的行为影响不只一个人（我的行为几乎总会这样），要做的事情就是，我在总体上愿意在我处于他们的所有境遇（当然不是同时，而是以随机次序）这种假想情境中对我做的事情。"[①] 这种先后依次经历所有各方境遇的图式，黑

---

① "Ethical Theory and Utilitarianism", in *Essays in Ethical Theory*, pp. 215—216.

尔称为"逐次遍历生活"（all lives *seriatim*）。

在《道德思考》一书中，黑尔采取了一种更为直接的论证方式，而没有借助"逐次遍历生活模式"。在《道德思考》中，黑尔给出了一个例子。假设我想在某个位置上停放我的汽车，但那个位置上已经停了一辆自行车。我是否应当把自行车移开以停放我自己的车？假定自行车主不愿意别人这么做，按照条件映射原则，当我完全了解了自行车主的偏好，我就会以同等的强度不愿意别人在我处于那个人的地位的想象境遇中把我的自行车移开。另一方面，如果我试图把我的偏好（想把自行车移开）普遍化为一个道德判断，那么，由于可普遍化性的要求，我就必须同意别人在我处于那个自行车主的地位的想象事例中把我的自行车移开。自行车主关于当前境遇的偏好就转化成了我一个人关于我处于自行车主的地位的那种想象境遇的偏好；我和自行车主之间在偏好上的冲突变成了我一个人内部的不同偏好之间的冲突。如何处理人际之间偏好冲突的问题，可以看作如何处理我内部不同偏好的冲突的问题。双边的例子很容易扩展到多边的例子，因为在多边例子中，"不论人际冲突多么复杂，涉及的人有多少，只要充分地知道他人的偏好，人际的冲突就会还原为个人内部的冲突。既然在我们的日常生活中，我们能处理相当复杂的个人内部的偏好冲突，我看不出有任何理由说我们不该以同样方式处理这种特殊的冲突，它们产生于我们对他人偏好的认识，加上我们将我们的道德规定普遍化的要求"①。因此，经过道德思考，我们就会同意，应当像对待我自己的所有偏好那样对待某一境遇中所

---

① *Moral Thinking*：*Its Levels*，*Method and Point*，p. 110.

涉及的所有人的偏好。既然在审慎的范围内，我对待自己所有偏好的合乎理性的方式就是使自己的所有偏好的满足在总体上得到最大化，那么，在道德问题上，就是使所有人的偏好的满足在总体上得到最大化，而这正是功利主义的立场。

如果说黑尔在《自由与理性》对功利主义还有所保留，只是说自己的理论会为某种与功利主义有亲缘关系的规范性理论提供支持，那么，在《伦理学理论与功利主义》一文中，黑尔则明确表示自己支持了规范性理论是功利主义的。[1] 并且，他似乎对"平等化还是最大化"这个问题不再感到困扰，而是明确主张最大化原则，而没有再为其他考虑留下余地。

黑尔之所以认为他的论证方法能用来支持功利主义，是因为他的论证表明一方面，道德思考使我们超越了审慎思考，在实践中不再只考虑我自己的偏好，而要同等地考虑所有有关人等的偏好；另一方面，道德思考又与审慎思考有相似的特征，因为在道德思考中对待所有有关人等的偏好的方式，与我在审慎思考中对待我内部的各种偏好的方式是类似的。这样一来，黑尔似乎解决了功利主义的难题。功利主义要求人追求增进所有人的快乐，但如果我们问，为什么应当增进所有人的快乐？边沁和密尔的做法是诉诸人总是追求快乐这一论据。即使抛开其他的困难不谈，这一论据表明的也不过是人总是追求增进自己的快乐，如何能从中得出人不能仅追求增进自己的快乐，而且也要追求增进他人的快乐呢？黑尔的论证试图表明，通过某种逻辑机制，所有人的偏好都可以转化为我关于某个想象境遇的偏好。这就说明了人们为什

---

[1]　*Moral Thinking*：*Its Levels*，*Method and Point*，p. 213.

么应当像功利主义要求的那样不偏不倚地看待所有人的欲求，把其他人的欲求看作仿佛是自己的欲求一样，从而，像追求自身欲求的最大满足一样，追求社会欲求总体上的最大满足；这就完成了利己向利群，审慎原则向道德原则的跳跃。

黑尔的功利主义版本与古典功利主义的一个不同之处在于，他的功利主义不用"快乐"这样的术语来表述。这样就避免了快乐主义与非快乐主义之间难以解决的争论。实际上，按照黑尔的规定主义，这一争论是无法解决的，因为说一个东西好的首要意义是对它的赞许，而原则上我们可以赞许任何东西。所以，好的标准是快乐还是别的什么东西，在黑尔的规定主义框架内是一个没有固定答案的问题，它取决于每个人自己的决定。因此，对黑尔而言，论证功利主义不能采用通常的路线：首先证明某些东西是自身就好或作为目的而好；然后证明行为的好不是作为目的而好，而是作为手段而好，行为的正当在于它能使好的效果最大化。正如我们已经看到的，黑尔否认可以在作为目的的价值和作为工具的价值之间做出区分。他的功利主义版本可以称为"偏好论的功利主义"，即我们在道德上赞同的行为是能够在总体上使所有有关人等的偏好总体上得到最大满足的行为。

黑尔和西季威克一样看到了边沁和密尔的路线存在的困难，即个人幸福与总体幸福之间的不一致性。故此，黑尔和西季威克一样试图把密尔和康德结合起来。不过西季威克以通过道德直觉发现的三条实质性原则作为功利主义的基础，而黑尔则不承认有自明的道德原则，他认为道德原则不能通过直觉，只能通过论证来发现。黑尔用可普遍化性命题取代了西季威克的公道原则，并强调这个命题是逻辑命题，不是实质性的道德原则。合理仁爱原则在黑尔那里是可普遍化性命题和条件映射原则相结合所导出①的结论，而不是通过直觉发现的。

黑尔和西季威克一样认为康德的理论是与功利主义相协调的。在他看来，他的论证所建立起来的道德体系"在形式上是康德的，在内容上是功利主义的"②。康德说人应当按照他能同时愿意其成为普遍法则的准则来行动，黑尔认为这相当于说我应当的行为是我可以普遍地加以规定的行为，也就是说不仅对于我扮演着实际角色的当前境遇我愿意这一行为发生，而且对于所有我占据着他人的角色的相似境遇我也愿意这一行为发生。"我不可能愿意这样，除非我愿意承受处于所有这些角色时所遭受的东西，当然同时也获得我处于其他角色时享受的好处。"③ 这相当于，我能普遍地加以规定的行为是总体而言对所有受影响者最好的行为。而这就是符合功利主义的行为。

第三节
道德思考的两个层次

功利主义的反对者对功利主义的一个重要攻击是，功利主义会在某些情况下导出直觉上不可接受的道德判断。例如，可以设

---

① 这里虽然使用了"导出"一词，需要注意黑尔并不是使用通常的从前提到结论的方式进行推导的，而是一种非线性的论证模式。
② *Freedom and Reason*，p. 124.
③ *Sorting out Ethics*，p. 153.

想某些情况下撒谎将有较大的功利，或者采用奴隶制将有较大的功利，甚至谋杀也可能有较大的功利①，而这些是违背我们的道德常识的。这些例子就构成了功利主义的直觉反例，在这些特殊例子中，功利主义将会导出某种违背我们直觉的结论。

黑尔并不想简单地否定道德直觉。他试图采取的做法是，一方面维护功利主义，指出直觉的道德原则对于道德思考是不充分的；另一方面，试图将功利主义与直觉的道德原则协调起来，指出功利主义与直觉原则不是对立的，而是相辅相成的。

黑尔的做法是划分道德思考的两个层次，一个是直觉层次，一个是批判层次。在直觉层次上，人的道德思考诉诸普遍接受的、高度确信的道德原则。像罗斯、普理查德这样的直觉主义者认为这些原则是自明的，它们不可论证也不需要论证。判断行为是否正当，不是像行为功利主义者那样计算行为的功利，而是看它们是否合乎这些直觉原则。②

但是，黑尔认为仅有这一个层次，对于道德思考是不够的。他的主要理由是，在直觉层次上无法解决道德冲突。道德冲突是指我们似乎有相冲突的责任的情形。例如，如果在直觉上，我认为应当做 a，并且应当做 b，但是，在某一情形中，由于环境的限制，不能同时既做 a 又做 b。这时我们就陷入了道德冲突。因为这时我们不能同时履行做 a 和做 b 这两个责任。黑尔提出，在

---

① 例如，可以假设，在某种情况下，谋杀一个人将可以救活两个需要器官移植的人。

② 摩尔虽然也在某种意义上是直觉主义者，但他与罗斯和普理查德等人不同，他认为不需要论证也不可论证的是关于事物的内在价值的原则，而不是关于行为的正当性的道德原则。

直觉层次上解决这种冲突的各种可能途径都不可能成功。

不能只有直觉思考的另一个理由是，直觉是"我们的教养和过去做决定的经验的产物，它们不是自证的（self-justifying）；我们总是可以问，我们的教育是不是我们可能拥有的最好教养，过去的决定是不是正确的决定，即使是，这样形成的原则是否应该用于新的境遇，如果不是全部都可应用，应该用哪一个"①。

因此，我们需要另一个道德思考的层次，那就是批判层次。"批判性道德思考就是，在仅仅由道德概念的逻辑属性和非道德事实所施加的约束下进行选择。"② 也就是应用黑尔所提出的那种论证模式。而按照黑尔的观点，最终将证明，按照这种思考方式所做出的推断，"与最仔细的行为功利主义者会做出的判断是一致的"③。批判思考除了诉诸语言直觉（因为语言直觉是逻辑的基础），不诉诸任何其他直觉，特别是道德直觉。语言直觉有着道德直觉所没有的优点（关于诉诸语言直觉的合法性，我们已经在第一章第二节谈到了），道德直觉不能像语言直觉支持逻辑那样支持道德，因为它们没有那样的权威性和一致性。正因为如此，黑尔说："因为直觉的道德思考不能自我支持，而批判思考能够并且实际上是自我支持的，所以，后者在认识论上优先。"④ 我们可以在西季威克那里发现相似策略："功利主义者必须向直觉主义者表明，不同规则可能相互抵牾，因而我们需要某种更高

---

① *Moral Thinking*：*Its Levels*，*Method and Point*，p. 40.
② *Moral Thinking*：*Its Levels*，*Method and Point*，p. 40.
③ *Moral Thinking*：*Its Levels*，*Method and Point*，p. 43.
④ *Moral Thinking*：*Its Levels*，*Method and Point*，p. 46.

的原则来解决如此产生的冲突。"①。

　　尽管直觉思考是不充分的，但黑尔却认为它对于人来说是必要的。因为要进行正确的批判思考是非常不容易的。黑尔把只需要批判思考，不需要直觉思考的理想思考者称为"大天使"（archangels）②。他们的特征是，能立刻洞察所有有关的事实；没有任何理智上的缺陷，可以在瞬间完成推理；完全没有对自己的偏私和道德软弱。与此相反的极端是"无产者"（proles）③，具有一切人类的一切弱点，理智上的和品格上的。他们无法做正确的批判思考，只适合直觉思考，即依赖于别人教给他们的原则来决定行为。黑尔认为绝大多数人介于两者之间，在很多情况下不适合做批判思考。由于我们并不总是有时间和能力像大天使一样思考，所以需要给我们心中植入合适的原则以便进行直觉思考。这些原则要有一定的简单性，否则难以掌握，不能提供有用的指导；要有足够的概括性，以覆盖各种各样的、具有显著共性的境遇。黑尔借用罗斯的术语，把这样的原则称为初显原则。批判思考与直觉思考的关系是："批判思考旨在挑选出初显原则的最佳集合供直觉思考之用。同时它也可用在这个集合的原则偶然发生冲突时。"④ 也就是说，批判思考是直觉思考的基础，直觉思考是批判思考的不完善的替代品，人类需要这种替代品是因为人类的不完善。批判思考挑选出的初显原则，是在正常情况下能

---

　　① 《伦理学方法》，第434页。

　　② 这个词是从十八世纪的英国政治理论家威廉·高德文（Williams Godwin）那里借用的。

　　③ 这个词来自乔治·奥威尔的《1984》。

　　④ *Moral Thinking*：*Its Levels*，*Method and Point*，p. 50.

够得出从批判思考的角度看来正确的判断的原则。直觉思考的原则只是用来应付常见情况的，因此不适用于异常的例子。

两个层次的划分使黑尔有了应付反功利主义的直觉反例的武器。他可以说，这些反例都是一些虚构的、实际世界中几乎不可能发生的例子。在直觉层次上我们可以使用初显原则，但是这些原则只适合于考虑正常情况，而不适合异常情况，因为这些原则不是为它们而设计的；在批判层次上可以考虑虚构的例子，但不能使用任何初显原则，因为在批判层次上，初显原则被悬置，有待于批判思考来考察其可接受性。在现实的正常情况下，不会发生功利主义与直觉相违背的情况；虽然在逻辑上有可能存在某些异常情况，在这种情况下功利主义会与直觉相悖，但这不能成为反对功利主义的理由，因为这种情况超出了直觉思考的范围。

两个层次的划分，也被他用来处理行为功利主义和规则功利主义之争。行为功利主义将功利原则直接用于个别行为；规则功利主义则将个别行为的正当性交给行为规则来判定，而只是在考虑行为规则本身的道德根据时，才诉诸功利原则。规则功利主义不使用功利原则直接判断个别行为的正当性，因此更能避免得出反道德直觉的结论。规则功利主义的倾向甚至可以在密尔的著作中找到。[①]

黑尔曾经认为："如果'应当判断'可普遍化，两种理论并没有表面上那么大的差别。"[②] 因为根据他的可普遍化性原理，任何关于个别行为的道德判断都包含对普遍规则的承认，只不过

---

① *utilitarianism*，pp. 35－61.

② *Freedom and Reason*，p. 130.

这个普遍规则可能极其具体，以至于只能用于与当前事例高度相似的事例。所以，"即使在通过参照结果来决定一个个别行为的道德性时，就像行为功利主义要求的那样，我们也同时在决定是否接受或拒绝可应用于所有某类行为的规则，就像规则功利主义要求我们的"①。

有一些例子，经常被用来表明行为功利主义与道德常识不吻合，因此为规则功利主义优于行为功利主义提供了理由。而如果黑尔的上述观点是正确的，就需要证明二者对这些例子的结论是一致的。黑尔以"临终承诺"为例来表明这一点。行为功利主义之所以难于处理这个例子，是因为通常人们假定死者是没有痛苦与快乐的，因此在一个人死后违背在他临终前对他的承诺，不会给他带来任何的影响。如果处置遗产时，违背对死者的承诺，而能够给其他人带来更大的快乐，按照行为功利主义的观点，这是正当的，但这不符合诚实守信的道德常识。黑尔认为，"然而，困难在一定程度上被我们所采用的达到功利主义的方式所缓解"②。因为，黑尔的理论不借助快乐这样的术语，而使用欲求或倾向（偏好）这样的术语。而"几乎我们所有人都有许多常见的强烈欲求，其对象是我们死后的事态"③。所以，按照黑尔的论证方式，我们可以问那个打算在受诺者死后违背诺言的人，他是否愿意普遍地规定在所有与此精确相似的事例中违背承诺，即使处于受诺方地位的就是他本人？黑尔认为我们大多数都反感处于那种地位时被欺骗，所以，如果清楚地体会到临终者的立场，

---

① *Freedom and Reason*，p. 131.

② *Freedom and Reason*，p. 133.

③ *Freedom and Reason*，p. 134.

那个打算违背临终承诺的人就不会同意违背临终承诺是正当的，因为那等于同意，当他处于临终的受诺者地位时，别人在他死后违背承诺。所以，行为功利主义的立场与规则功利主义一样，不会得出与常识不吻合的结论。

但是，很容易表明，黑尔的论证是无效的。首先，就这个具体的例子而言，黑尔的论证实际上要求受诺者不愿被欺骗的欲求极其强烈，但是，我们总是可以设想，承诺者违背承诺带来的功利极其巨大，以至于压倒了受诺者不愿受骗的欲求。例如假设受诺者希望他的遗产被用来支助一项他喜爱的无聊活动（比如麻将），但承诺者却违背承诺将他的遗产用于支助医院从而使很多人的生命得救。这种情况下，即使按照黑尔的论证方式，也会得出违背承诺是正当的。其次，按黑尔的可普遍化概念，普遍区别于一般。因此，对个别行为的道德判断虽然要求承认普遍规则，但只是非常具体的普遍规则，只应用于与所判断的事例高度相似的事例，并不要求这种规则具有一般性。而道德常识或直觉往往具有一般性，如不得违背承诺。规则功利主义所讲的规则恰恰是较为一般的规则，而不是较为具体的规则，这样才能与道德常识一致。黑尔也承认，"如果做一个规则功利主义者，要求我们说我们应当遵循特定一般规则，不管他们在个别事例中的后果（甚至要求在我们考察这些事例之前这样说），那么，对我来说，规则功利主义是一个没有吸引力的学说"[1]。也就是说，黑尔实际赞同的是行为功利主义，而他声称赞同的规则功利主义，恰恰不是通常意义的规则功利主义。因而，他对行为功利主义与规则功

---

[1]　*Freedom and Reason*，p. 134.

利主义的调和是失败的。这个失败缘于他将行为功利主义与规则功利主义的差别理解为个别与普遍之间的区别，而这个区别的确可以用可普遍化性概念来克服：关于个别事例的道德判断总是包含对普遍规则的承认。但是，实际上行为功利主义与规则功利主义的差别在于具体与一般之间的差别。规则功利主义要求将功利原则用于一般规则，而不是具体行为，因而会导致某个具体行为符合功利原则，但却不符合某种为道德直觉所接受的一般规则。

黑尔后来显然意识到自己在这个问题上的处理是不成功的。他承认："一方面是简单的一般原则，另一方面是恰当地处理特殊事例的必要性，二者之间存在张力。导致各式各样规则功利主义出现的论争，是这一张力的最大表现。"① 他区分了具体规则功利主义（实践上等同于普遍主义的行为功利主义）与一般规则功利主义。② 因此，规则功利主义与行为功利主义之争不是可普遍化性概念可以克服的，并且，像他在《自由与理性》中那样拒斥一般规则功利主义，也过于简单化。在提出道德思考的二层次理论后，他重新思考了规则功利主义和行为功利主义的关系。他仍然持一种调和论的立场，认为关于行为功利主义和规则功利主义的许多论争是由于忽视了批判层次和直觉层次的区别："一旦区分了层次，就有望获得一种兼有两个变种之优点的功利主义形式。"③ 那就是行为功利主义或具体规则功利主义适合于批判层次，而一般规则功利主义适合于直觉层次。④ 因为，"当行为功

---

① "Principles", in *Essays in Ethical Theory*, p. 60.
② "Ethcial Theory and Utilitarianism", in *Essays in Ethical Theory*, p. 60.
③ *Moral Thinking: Its Levels, Method and Point*, p. 43.
④ "Ethcial Theory and Utilitarianism", in *Essays in Ethical Theory*, p. 60.

利主义的推理被普通人采用，可以预料那会引起麻烦。大多数时候他们最好受简单的一般规则和他们的良心的指导"①。这样，两种不同类型的功利主义就可以在不同层次并存。

<h2 style="text-align:center">第四节
理想与狂热主义</h2>

黑尔功利主义论证的特点是，他在方法上，没有采取目的论的方式，而采用了一种与康德有渊源关系的可普遍化性理论。对此一个重要批评是，无论是康德的还是黑尔的可普遍化性理论都有一个共同的缺陷，即不确定性（indeterminacy）。菲利普·佩迪特（Philip Pettit）论证说，黑尔的论证程序并不必然迫使人同意功利主义。也就是说即使承认了他的论证所需要的几个前提，仍然有足够的余地选择非功利主义的道德结论。在《没有功利主义的可普遍化性》一文中，佩迪特肯定黑尔关于道德判断是普遍规定的观点是"非常有说服力的"②，但是，他否认只有能符合功利主义的规定才是可普遍化的规定，我规定我做的行为并不一定是为了满足我的欲求，一个人做出普遍规定可能是基于与偏好无关的理由。如果我把理由 r 作为应当做行为 x 的决定性理由，那么对于任何 r 在其中成立的相似的境遇，我都要规定行为

---

① "Principles", in *Essays in Ethical Theory*, p. 60.
② Philip Pettit. "Universalizability without Utilitarianism", in *Mind*, Vol, 96, 1987, p. 74.

x。如果 r 不包含规定者的偏好，那么对于任何 r 在其中成立的境遇，不论我的偏好如何，我都可以规定 x。因此，不论这个行为是否满足功利主义的要求，我都可以普遍地规定它。佩迪特自己也承认，某一因素"不可能成为打动他的理由，如果他缺乏与之相应的欲求"①。不过他坚持认为这种欲求并不是规定的根据，并且这种欲求的产生应由作为理由的那种因素的动机性力量来解释。他举例说，我规定自己今天伏案写作一篇文章，而不去给学生上课，不是因为我有写这篇文章的欲求，而是因为这篇文章很重要。既然我的规定与我的欲求无关，所以我可以普遍地规定这一行为，不论它是否会使我在想象自己处于学生的地位时会感到不满。②

在《自由与理性》中，黑尔承认存在这种可以规避功利主义论证的情况。例如，在"留声机－喇叭"的例子中，黑尔说，存在这样一种情况，即 b 认为他应当吹奏喇叭，不是因为他有吹喇叭的欲求，而是因为喇叭是一种高贵的乐器，因此不应当为了满足任何人的欲求而阻挠吹喇叭，包括他自己的欲求在内。概而言之，存在不是出于欲求，而是出于**理想**③的规定。"拥有一个理想就是认为某种事物在某个更大的类中异乎寻常地好。"④ 因而理想本身具有规定性，但是与偏好不同的是，"它们自身具有可

---

① "Universalizability without Utilitarianism", in *Mind*, p. 79.

② M. W. Baron, P. Pettit, M. Slote. *Three Methods of Ethics*: *A Debate*, Oxford: Blackwell Publishers, 1997, p. 135.

③ 在黑尔那里，广义的欲求包括理想。不过理想是普遍的欲求，从而区别于狭义的欲求。狭义的欲求是兴趣或利益（interests），没有普遍性。广义的欲求就是人所持有的规定，而一个欲求是普遍的，指的是这个欲求可以表达为一个普遍的规定。

④ *Freedom and Reason*, p. 159.

普遍化性"①。道德理想，除了可普遍化性和规定性之外，还有另一个特征，即它们不可被压倒。由于理想具有规定性，所以它将包含着广义的欲求，"在这个含义上，任何被感觉到的行为倾向（disposition）都被算作欲求。"如果在某些人的心中存在道德理想，那么，这种理想压倒了一切欲求，包括他自己的欲求，因此，黑尔的功利主义论证就不会打动他，因为黑尔的论证是通过可普遍化性和条件映射原则相结合的机制，把他人的偏好转化为自己的偏好，从而得出我应当像对待自己的偏好一样对待所有人的偏好，也就是要使所有人的偏好在总体上得到最大满足。既然一个人可以为了理想而无视自己的欲求，那么黑尔的论证也不能说服他考虑其他人的欲求。黑尔把这样的人称为狂热分子（fanatic）。例如，一个主张为了造就理想的社会应当灭绝犹太人的纳粹分子，如果他足够真诚和头脑清楚，他将会同意，假如他自己是个犹太人，那么他自己也应当被消灭。对于这样铁石心肠的纳粹分子，无法用黑尔的论证来说服他放弃种族灭绝主义观点。所以，在《自由与理性》中，黑尔承认，他的功利主义论证"将不仅依赖于逻辑本身——虽然没有逻辑我们永远不会达到这一点，而且依赖于一个幸运的偶然事实，即，真正想象自己处于他人的地位后，仍然采取这个逻辑上可能的观点（指种族灭绝——引者）的人，是极为罕见的。"② 在这里，黑尔被迫承认，功利主义并不是理性地进行道德思考后的唯一结论，无视所有人利益（包括自己在内）的狂热主义可以与功利主义一样是理性

---

① *Freedom and Reason*，p. 158.

② *Freedom and Reason*，p. 176.

的。只不过这种真正的狂热分子，即全心全意赞同某种理想，无视任何人的利益包括自己的利益的人，是很少的。大多数的狂热理想追随者，都不是这种死硬的狂热分子，因此，黑尔相信，用如下策略可以大大减少狂热理想的支持者："第一，澄清道德语词的属性，就像我们对它们所做的描述那样；第二，告知他们与所争论的问题相关的事实；第三，激发他们的想象力。"① 因为大多数现实中的人之所以赞同某种狂热理想，是因为，他们不知道赞同一种道德理想意味赞同在一切境遇中，包括在他们处于他人地位的假设境遇中，实现这种理想；或者他们不知道实现这种理想会带来怎样的后果；或者他们对于实现这种理想会给某些人带来怎样的痛苦缺乏想象。一旦他们鲜明地想象出实现这种理想会给某些人带来的痛苦，并且理解了赞同这种理想就是赞同假如自己处于他们的地位时也要把这种痛苦施加给自己，他们就会放弃把它当作理想。但是，逻辑上不能排除实施了上述三种策略后，仍然有人不肯放弃狂热主义理想，这些人就是真正的狂热分子。只不过，黑尔认为"真正的狂热分子相对很少，如果不是因为他们的误导能力赢得了大量本身不是狂热分子的人的支持，他们没有能力造成危害"② 。故此，黑尔相信他的理论提供了一种应用于现实世界中有用的道德论证方法，但是"如果我们的目标是纯粹理论的，要提供一种无懈可击的论证方法使人们达到同样的道德结论，而不论世界和其中的人是怎样的，那我们不得不承认失败"③ 。

---

① *Freedom and Reason*, pp. 180−181.
② *Freedom and Reason*, p. 185.
③ *Freedom and Reason*, p. 184.

　　而在《道德思考》中，黑尔似乎找到了一条摆脱狂热主义的麻烦的途径，使他可以不再满足于《自由与理性》中所达到的有限目的。这一途径就是把严格的、纯粹的狂热主义看作功利主义的一个变种，而不是与功利主义相矛盾的。关于这一点，需要与黑尔在《道德思考》中提出的道德思考分层理论联系起来。

　　直觉思考和批判思考的区分，使黑尔认为他处于一个更有利的地位来处理《自由与理性》中困扰他的狂热主义问题。《自由与理性》中区分了赞同狂热理想的普通人和真正的狂热分子，在《道德思考》中他们被分别称为"不纯粹"的和"纯粹的狂热分子"。前者具有非功利主义的道德观点是因为他们不能或不愿进行批判思考。现实中的狂热分子大多属于此类。正如在《自由与理性》中一样，他们并不造成麻烦。狂热分子并非总是持有极端的理想（如纳粹的理想），但是一种正常的理想，如果以极端的形式来坚持它，也会变成邪恶的。黑尔说："使一个人成为狂热分子的，并不是他的直觉原则的内容，而是他对待它们的态度。"[1] 也就是拒绝批判思考。而后者是能够并愿意进行批判思考的人，但经过批判思考后仍然坚持不同于功利主义道德观点的人。只有这种人会造成困难。而这种人又分成两种情况，第一种是经过批判思考仍然坚持狂热理想，并且所坚持的观点与功利主义有真正的不一致；第二种仍然坚持他们的观点，但与功利主义没有真正的不一致。第二种人是《自由与理性》中令人棘手的死硬的狂热分子。第一种人会造成真正的困难，但，黑尔说，如果他对批判思考的描述是正确的，他们根本不会存在。第二种人逻

---

① *Moral Thinking*：*Its Levels*，*Method and Point*，p. 175.

辑上可能存在，但现实中不会遇到，并不会给功利主义带来困扰。黑尔论证说，因为批判思考要求我们把所有各方的欲求，不论是自己的还是他人的，都当作仿佛是自己的欲求一样来加以考虑。而理想也无非一种广义的欲求。在《自由与理性》中，狂热主义之所以给黑尔造成麻烦，是因为他在那里赋予了理想特殊的地位。因为理想不同于利益，理想本身是普遍的，所以理想可以压倒利益，如果一个人强烈地坚持某种理想，以至于无视任何利益，我们就无法说服他同意功利主义。这是因为，在《自由与理性中》没有区分直觉思考与批判思考这两个层次，所有的道德原则被定义为都具有规定性、可普遍化性和压倒性这三个特征。但是，区分直觉思考与批判思考后，理想，即使是道德理想，也不具有压倒性，因为理想只是一种直觉的原则。在批判思考中，不能依赖于任何实质性的原则，我的理想和任何个人的利益一样在做道德决定时没有权威性，它们必须和其他所有理想和利益一起被权衡。如果我的理想在强度上被其他的利益和理想所压倒，那么我的理想就是不应当实现的。但是，在某种情况下，批判思考将决定我的理想是应当实现的，虽然这将阻碍所有其他欲求得到满足。这不是因为我的理想是理想而不是利益，而是我的理想在强度上超过了所有各方的其他理想和利益的总和。黑尔强调，这并不违背他那种形式的功利主义。因为他那种形式的功利主义无非是说，应当使所有各方的欲求在总体上得到最大满足。既然我的理想，作为一种欲求，在强度上超过了所有人的其他欲求（包括理想和利益）的总和，那么，实现我的理想就是使所有各方的欲求在总体上得到最大满足。这蕴涵着，如果一个纳粹对他的理想的追求足够强烈，黑尔版的功利主义将会赞同他的理想（灭绝犹太人）。这显然与日常的道德观点完全相悖。黑尔依然用前面提到过的那种策略来应付：这种情况在现实中几乎不可能遇到（因为现实中不可能有哪一种理想会被如此强烈地追求），因此它超出了直觉思考的范围。所以，功利主义会赞同这种逻辑上存在的狂热主义并不是对功利主义的归谬。在现实中会遇到的狂热主义者不是这种类型的狂热主义者，他们的道德观点不会受到批判思考的认可。这些人之所以坚持他们的道德主张是由于他们拒绝批判思考。这种狂热主义是真正与功利主义相抵触的，但是可以在批判思考中加以反驳。

佩迪特对黑尔论证的攻击主要集中于黑尔的这一观点，即规定与偏好存在紧密关系。然而，我们认为佩迪特的论证是黑尔可以应付的。我们可以问，一个理由具有动机性力量的含义是什么？是指它能激发起我们的欲求吗？就像苹果的甜味可以激发起我们对这个苹果的欲求？如果是这样，这种力量只是一种因果作用，它并不是必然的，在逻辑上，我可以承认这个苹果是甜的，但并不产生对这个苹果的欲求，这种情况下，这个苹果是甜的不能成为规定我选择这个苹果的理由。既然 r 要成为我规定某一行为 x 的理由离不开相应的欲求，而这一欲求的产生在逻辑上又不依赖于 r，这就意味着仅仅根据 r 不能决定我规定 x，而还需要有相应的欲求。除非存在相应的欲求，并且这个欲求不被其他的欲求所压倒，r 才成为规定 x 的决定性理由。

对于上面提到的佩迪特的那个反例，黑尔可以回答说，除非存在对写文章的强烈的欲求，足以压倒我的所有其他欲求，包括我想象自己处于学生的地位时产生的欲求，我才能在所有相似的境遇中都规定行为者写文章而不上课。而且我们注意到，佩迪特在他的例子中所提到的理由是，要写的那篇文章具有重要性，这本身就是一个评价判断，而按照黑尔的观点，任何真正的评价判断都是规定性的，而任何规定判断都表达了广义的欲求。我赋予文章很高的重要性，本身就表现了我的某种欲求。如果我经过了批判思考，仍然不顾所有有关各方的欲求，坚持要写文章而不去上课，那么我就是一个黑尔所说的纯粹的狂热分子。而黑尔已经论证了，这种狂热分子的存在不构成功利主义的反例。

第九章
功利主义与正义

黑尔自认为是一个功利主义者，而这一点也得到了广泛的承认。但是，本章却会提出这样一个问题："黑尔是否可能不是一个功利主义者？"换言之，有没有可能从黑尔的道德推理理论中得出一种与他本人实际主张的功利主义立场不同的另一种道德立场？我们将联系罗尔斯的对功利主义的批评及其正义理论来考虑这个问题。

第一节
罗尔斯的正义理论

在功利主义的当代批评者中，罗尔斯无疑具有巨大的影响。因此，我们将考察罗尔斯对功利主义的批评以及黑尔对罗尔斯的回应。

黑尔与罗尔斯之间的差异是显而易见的，黑尔是功利主义的支持者，而罗尔斯是功利主义重要的批评者，然而，黑尔与罗尔斯之间也有值得注意的相似之处。

对于道德哲学的传统进路，罗尔斯曾做了这样的概括："哲学家们通常试图用两种方法之一来证明伦理学理论的正确性。有时，他们试图找到一些不证自明的原则，从这些原则可以产生相当一批标准和知觉，用来说明我们深思熟虑的判断。我们可以把这种证明看作笛卡尔式的。它假定，可以把第一原则看作正确的，甚至必然是正确的；然后，再用演绎推理把这种确信由前提传递到结论。另一种办法（由于滥用语言而被称作自然主义）是利用假定的非道德概念来引进关于道德概念的规定，然后通过关于常识和科学的公认方法，来表明与所宣称的道德判断相配合的说法是正确的。尽管根据这种观点，伦理学的第一原则并不是不证自明的，但道德确信的证明却没有引起任何特殊的困难。只要给定了定义，就能用与关于世界的其他陈述相同的方式确立这些基本原则"① 罗尔斯这里所说的第一种方法，即笛卡尔式的方法正是黑尔所坚决反对的，这一问题我们在第六章第四节中已经澄清过了。而自然主义，更是黑尔一直以来论战的对象。因此，这两种方法都为黑尔所拒斥。然而，黑尔却不认为否定了上述两种方法，就否定了理性地解决道德问题的可能性。发展替代性的道德论证方法，正是黑尔道德哲学的目标。与黑尔一样，罗尔斯也没有采用这两种方法，而是试图另辟蹊径。罗尔斯的影响不仅在于他提出的实质性道德政治理论，而且在于，当笛卡尔式的方法和自然主义方法受到激烈批判和广泛质疑后，罗尔斯提出了一套新的道德论证方法。

他们的方法都可称为理性选择理论，因为他们都主张，证明道德原则正确性的方法是考察什么原则是有理性的人愿意选择的。罗尔斯声称："我一直努力去做的就是把以洛克、卢俊和康德为代表的传统社会契约论加以概括并提升到一个更高的抽象层次上。"② 他采用契约论的形式来构造他的理论，是因为他认为"契约这个术语的优点是，它表达了这样的观念：正义原则可以被设想为有理性（rational）的人会选择的原则，通过这种方式，

---

① John Rawls. *A Theory of the Justice*, Cambridge: Harvard University Press, 1971, pp. 577-578.

② *A Theory of the Justice*, p. viii.

可以对一些正义观作出解释和辩护"①。尽管罗尔斯主要考虑的是正义问题，但对他来说契约论可以一般地应用于整个伦理学体系。② 这意味着所有道德原则都可以看作有理性者会一致选择的原则。

罗尔斯和黑尔都声称自己从康德那里获得了教益，都在某个方面是康德的追随者。罗尔斯看重康德的道德自律观念和道德法则是直言命令的观念。前者表明，道德原则是理性选择的对象，后者则认为道德原则的有效性不以一个人是否有某种具体的欲望或目标为转移。黑尔的理论同样试图体现康德伦理学的这两个方面。普遍规定主义强调做出道德判断就是理性地选择自己的行动原则，体现了一个意志自由的主体的决定。而他对假言祈使句的分析则表明，假言命令中，祈使语气已经被抵消了，因此不能表达真正的规定。既然道德判断具有规定性，因此不可能是假言的。黑尔和罗尔斯一样，认为道德原则应该是公正的，不依赖个人的具体偏好。

但是，与黑尔截然不同，罗尔斯反对倚重对道德语言的意义分析，认为"定义和意义分析并不占有特殊的地位"③。在他看来，定义只是构建理论的手段，而不是构建理论的基础，一旦理论结构建立起来了，定义本身就不再有特殊地位。理论构架的成功与否，并不是诉诸定义来决定的，理论构架的成败本身也决定了定义的成败。罗尔斯采取的是所谓"反思平衡"的方法。这种方法的要点是，通过某种理论构造，得出一般性的道德原则，然

① *A Theory of the Justice*，p. 16.
② *A Theory of the Justice*，p. 17.
③ *A Theory of the Justice*，p. 51.

后考虑这些原则是否与我们深思熟虑的判断相吻合。如果提出的原则与我们的判断不吻合，那么或者对理论进行修改，或者修改我们的判断，最终达到原则与判断的一致。所谓深思熟虑的判断，罗尔斯指的是"那些最可能不加扭曲地展现了我们的道德能力的判断"①。他举例说，某些情况下，我们的道德能力显然受到扭曲，或无法表现出来，例如，做出判断时犹豫不决，或对自己的判断没有把握；心烦意乱时或受到恐吓的情况下做的判断；或我们一心要以某种方式获得好处时所作的判断。总之，深思熟虑的判断是在没有私心杂念的情况下冷静地做出的具有高度确信的道德判断。不过罗尔斯强调这样的判断并不是自明的，因为它们仍然是参差不齐、易于扭曲的，不是绝对不可以被修正的。但是在探求道德原则的过程中，这样的判断起着非常重要的作用，如果得不到深思熟虑的判断的支持，我们的理论得出的原则就没有可靠性。

可普遍化性概念是黑尔理论中的关键性环节，并且被他看作康德的重要遗产。但是罗尔斯却认为："强调一般性和普遍性在康德伦理学中的地位是一个错误。道德原则是一般的和普遍的，这对他来说几乎不是什么新见解；正如我们已经看到的那样，这两个条件无论如何不会让我们进展很大。要在这样薄弱的基础上构建一种道德理论是不可能的，因此，对康德学说的讨论如果仅仅限于这些观念，就会使讨论价值不大。他的观点的真正力量在别的地方。"② 罗尔斯尤其反对康德的道德哲学只是为功利主义

---

① *A Theory of the Justice*，p. 47.
② *A Theory of the Justice*，p. 251.

（也包括其他道德理论）提供了形式因素的观点，并且把黑尔作为这种观点的代表。①

罗尔斯对功利主义的批评，主要有以下几点：

第一，功利主义与正义优先的常识信念相冲突。社会的每个成员都有不可侵犯的自然权利，"在一个正义的社会里，基本自由被视为理所当然，并且得到正义保障的权利不受制于政治交易或社会利益的权衡"②。这意味着"权衡不同的人的得失，仿佛他们是一个人，这种推理要被排除"③。但是，功利主义的基本原则却是增进社会总福利，遵循正义只是作为次级规则具有从属的有效性。我们要遵循正义原则只是因为在绝大多数情况下，这是符合功利原则的；但在逻辑上并不排除在某些情况下，为了实现功利的最大化，而牺牲少数人的自由和权利。而在罗尔斯看来这违背了常识性的道德信念。

第二，功利主义把只适用于个人的原则扩展应用到全社会。而罗尔斯认为这种扩展是没有理由的。适用于社会的原则应该是社会成员一致的选择，因此应该是"原初协议的对象"。④ 而功利主义的观点则是"通过合并所有的欲求系统，将为单个人选择的原则应用于社会"，就像无偏私的旁观者（impartial spectator）⑤ 那样。因此，"功利主义并不认真看待人际区分

---

① *A Theory of the Justice*，p. 251，n. 29.

② *A Theory of the Justice*，p. 28.

③ *A Theory of the Justice*，p. 28.

④ *A Theory of the Justice*，p. 28.

⑤ 黑尔的著述中常常使用"理想观察者"（ideal observer）这个词而不是"公正的旁观者"。

(*distinction between persons*)"①。这一方面违背基本事实，另一方面，也使功利主义显得矛盾，因为它似乎是个人主义的，但实际上"功利主义并不是个人主义的，至少通过更自然的反思过程而得到的功利主义不是个人主义的"。②

第三，功利主义是一种目的论。所谓目的论，罗尔斯指的是"脱离正当而独立地对好作出定义，然后把正当定义为好的最大化"③。这种目的论，在罗尔斯看来，有两个主要问题。一个是好（值得作为目的加以欲求的东西）是因人而异的："个体发现他们的好的方式各不相同，并且许多东西对一个人是好的，对另一个则不好。"④ 这意味着对于好的观念会存在难以消除的分歧。另一个问题则是，"在功利主义中，任何欲求的满足自身都具有某种价值，必须在决定何为正当时被纳入考虑之中"⑤。因为功利主义将欲求的满足作为目的。因而，即使是侵犯人的权利的不正义的欲求，"这些欲求的满足也必须被和其他欲求一样，根据强度等等给予慎重的考虑"。即，假如不妨碍社会福利的最大化，满足这样的欲求也是正当的。

需要注意的是，罗尔斯反对的是目的论而不是后果论，认为与道义论相对立不是后果论，而是目的论："应该注意，义务论被定义为非目的论，而不是独立于后果来刻画制度和行为的正当性的观点。值得我们注意的所有伦理学学说在判断制度和行为的

---

① *A Theory of the Justice*，p. 27.
② *A Theory of the Justice*，p. 29.
③ *A Theory of the Justice*，p. 24.
④ *A Theory of the Justice*，p. 448.
⑤ *A Theory of the Justice*，pp. 30—31.

正当性时都考虑了它们的后果。如果哪个学说不这样做，那么它就是非理性的、疯狂的。"①

另一个需要注意的问题是，罗尔斯否定了另一个常用来攻击功利主义的论据，即人际比较是不可能的。"对人际比较的怀疑态度，常常是从一些靠不住的观点出发的，……我相信功利主义的真正困难在别的地方。"②

罗尔斯对目的论的批评很大程度上不能用于黑尔的理论。因为，正如我们已经看到的，黑尔对功利主义的论证不依赖于对好的定义，也不需要承认欲求的满足自身具有价值。黑尔与罗尔斯的分歧并不在于正当优先还是好优先。他们在实质性道德理论方面最根本的分歧在于允许人际补偿的最大化原则。正是由于功利主义（当然也包括黑尔那种形式的功利主义）的最大化原则允许人际补偿，导致了有罗尔斯所说的侵犯个人权利的可能性；允许人际补偿，使得处理人际冲突的原则与处理个人内部冲突的原则一致；而允许人际补偿，使得某种侵犯个人权利的欲求满足可能成为正当的。而罗尔斯在上述对功利主义的批评中，主要是指出人际补偿会导致直觉上不可接受的结论，即在某些情况下，容许为了社会总体利益的最大化而侵犯个人的自由和权利。

罗尔斯将他的正义理论作为可以替代功利主义的理论。他认为正确的正义原则是在得到合理设定的原初状态下有理性的人会选择的正义原则。在这种条件下人们所达成的原则就是正确的正义原则。

---

① *A Theory of the Justice*，p. 30.
② *A Theory of the Justice*，p. 91.

他所设定的这种原初状态有若干特征：（1）人们处于中等程度的匮乏，可供分配的资源不是太多，也不是太少，因而既不是不需合作，也不是任何努力的合作都会归于失败；待选择的原则要受制于一些形式条件①，包括一般性、普遍性②、公开性、能给冲突的要求确定次序、最终性；（2）处于原初状态中的人是理性的（rational），但这里的理性是主要是社会理论中的概念，指总是采用有效的手段来达到目的；（3）他们是相互漠不关心的，他们只有自利的动机，既没有对他人的关爱，也没有对他人的嫉妒、仇恨；（4）他们处于无知之幕之下，他们知道关于人类社会的一般知识，但他们所知道的唯一特殊知识是他们的社会受制于正义环境，并且他们不知道自己关于冒险的态度，他们对概率的计算建立在客观基础上，而不使用不充分理由原则（principle of insufficient reason）。

罗尔斯认为，在原初状态的上述设定中，"互相漠不关心与无知之幕结合起来，就达到了与仁慈（benevolence）相同的目的。这两个条件的结合起来，迫使原初状态中的每一个人将他人的利益纳入考虑"③。也就是说，前述的条件（3）和（4）的结合会得出公正地对待所有人的利益的原则。这与黑尔的结论似乎一致。但是，无知之幕屏蔽了大部分关于概率的知识，因此，原

---

① 罗尔斯否定这些形式条件是来自概念分析，而认为是来自它们的合理性（reasonlableness）。

② "一般"在罗尔斯那里的含义基本相当于黑尔所说的"普遍"，而罗尔斯的"普遍"是指"对所有人都成立"，但允许使用个体词，故此与黑尔所说的"普遍"不相同。罗尔斯所说的"一般而普遍"的原则相当于黑尔那里的一般原则，因为它们必须忽略一些具体细节，以便对所有人成立。

③ *A Theory of the Justice*，p. 148.

初状态中的人遵循的不是最大化原则，而是最大最小（maximin）规则，因此，他们选择的不会是功利原则，而是罗尔斯的两个正义原则。"把这两个原则看作对社会正义问题的最大最小式解决作为一种启发性图式是有用的。两个原则与不确定情形下进行选择的最小最大规则之间存在类似性。"[①]

第二节
黑尔对罗尔斯的反驳

罗尔斯的《正义论》出版之后的 1973 年，黑尔发表了《罗尔斯的正义论》一文，激烈地反驳了罗尔斯的理论。黑尔提出道德哲学家需要考虑的四个问题：

（1）哲学方法论——认为哲学的任务是什么以及如何进行。……

（2）伦理学分析——道德语词的意义或本性和道德概念的逻辑特性。……

（3）道德方法论——应当如何开展道德思考，或者如何进行道德论证或推理才能使它们令人信服。

（4）规范性道德问题——我们应当做什么，或不应当做什么，什么是正义的，什么是不正义的，诸如此类。[②]

[①] *A Theory of the Justice*，p. 152.

[②] "Rawls's Theory of Justice"，in *Essays in Ethical Theory*，p. 145.

这四个问题正是黑尔展开自己的理论的次序，他抨击罗尔斯："由于关于（1）的错误观念，罗尔斯没有对（2）给予足够注意，因而缺乏有效处理（3）的必要工具；所以，他关于（4）的言论，无论可以显得多么受欢迎，都没有得到任何坚实论证的支持。"①

虽然黑尔也采用理性选择论的方式来回答规范性道德问题，但是，如果不加限制，就无法确定有理性的人会选择什么样的原则。所以必须要设定一些条件，而这些有理性的人的选择是在这些条件下进行的选择。黑尔指出："关于所有这类理论，需要注意的重要事情是，这个假设中的人会选择什么原则，如果具有确定性（很多这类理论没有做到这一点），就必然是由他所受制的条件决定的。"② 黑尔的观点是，这些限制条件的设定应该以"对道德语词的逻辑特性的研究为基础"。③ 而罗尔斯的做法则是求助于"反思平衡中的深思熟虑的判断"。这种做法在黑尔看来本质上是一种直觉主义，而"直觉主义几乎总是一种伪装的主观主义"④。

黑尔把罗尔斯那种契约论形式称为"理性立约者（rational contractor）理论"，他认为，要达到公正地对待所有人的利益这个结论，并不需要罗尔斯那种厚的无知之幕，而只需要最薄的无知之幕。只需要假定原初状态的中的理性立约者所不知道的是他们在社会中所处的角色，而不需要像罗尔斯那样将几乎所有的特

---

① "Rawls's Theory of Justice", in *Essays in Ethical Theory*, p. 145.
② "Rawls's Theory of Justice", in *Essays in Ethical Theory*, p. 151.
③ "Rawls's Theory of Justice", in *Essays in Ethical Theory*, p. 152.
④ "Rawls's Theory of Justice", in *Essays in Ethical Theory*, p. 147.

殊知识都屏蔽掉。黑尔认为这是"理性立约者理论最简单和最自然的版本"①。黑尔相信这种版本的理性立约者理论与他自己的普遍规定主义的立场是相同的，因此会得出相同的规范性结论——功利主义，而不是罗尔斯那种正义即公平的结论。这样，理性立约者理论就可以奠基于对道德概念的逻辑研究，虽然它自身不能提供道德论证，但却能为道德论证提供一个生动的阐明。

我们可以考察一下普遍规定者如何可能转换为理性立约者。普遍规定者是在寻求普遍规定性原则，而可普遍化性要求他在某个境遇中做出的判断适用于所有普遍属性相同但他在其中的角色发生了转换的境遇。黑尔认为，薄的无知之幕可以起到同样的限制作用。处于薄的无知之幕之下的理性立约者，不论他是否想要寻求普遍原则，他都不得不寻求普遍原则，这种原则适用于一切普遍属性相同的境遇，而不论他在其中扮演何种角色。因为无知之幕屏蔽了关于理性立约者个人身份的知识，他不知道自己是有关各方中的那一个。但薄的无知之幕仅仅屏蔽了个人身份，因此并不妨碍理性立约者知道有关他所处境遇的所有普遍属性和有关各方的特性，包括他们的偏好。黑尔相信这种无知之幕起到的作用就是可普遍化性规则起到的作用。而处于薄的无知之幕之下的理性立约者，他们会选择的原则是功利主义。因为，虽然他不知道自己是有关各方中的哪一个，但是，他知道他是其中的一员，他可以假定他是其中任何一个的概率是均等的。如果某个原则使得有关各方 a，b，c……n 获得的满足分别是 $S(a)$，$S(b)$，$S(c)$……$S(n)$，而理性立约者不知道他是 a，b，c……中的

---

① "Rawls's Theory of Justice", in *Essays in Ethical Theory*, p. 159.

哪一个，他只能假定他是其中任何一个的概率是 $1/n$。那么，他可以期待这个原则可以给他带来的满足是 S（a）＋S（b）＋S（c）＋……＋S（n）／n。也就是说，如果一个原则能使有关各方偏好的满足在总体上最大化，理性立约者就可以期待这个原则能给他带来最大满足。理性立约者是自利的，所以他总是会选择能使有关各方偏好的满足在总体上最大化的原则。这样，理性立约者的选择，将会和黑尔的普遍规定者相同，都是符合功利主义的。

很明显，薄的无知之幕之下的理性立约者之所以会选择功利主义，是因为他可以假定他是有关各方中的任意一个的概率是均等的。而他之所以做出这个假定是运用了不充足理由原则。不充足理由原则要求我们，对于两种或两种以上的情况，如果没有理由认为某种情况发生的概率比其他情况大，那么就要假定它们发生的概率是均等的。由于薄的无知之幕屏蔽了关于理性立约者身份的知识，他不知道他是有关各方中的哪一个，也没有理由认为他是其中一个的概率比其他情况更大。但是罗尔斯没有采用薄的无知之幕，而采用了厚的无知之幕，设定理性立约者不知道自己关于冒险的态度，并且不使用不充分理由原则。因为"如果各方被看作不厌恶冒险并且遵循不充分理由原则计算可能性的理性个体……，那么，原初状态这个概念就会自然地导致平均［功利］原则。"① 因而，罗尔斯的理性立约者理论不是黑尔乐观其成的那种简单形式，而是远为复杂的形式，需要设定更多更强的条件，因此，也就需要为此给出更多的说明与论证。显然黑尔对罗

---

① *A Theory of the Justice*，pp. 165－166.

尔斯的论证极不满意，他指责"罗尔斯总是求助于直觉而不是论证，裁剪他的理论来适应他的反功利主义成见"①。

黑尔在方法论对罗尔斯的批评不无道理，罗尔斯的方法从根本上说属于直觉主义，虽然是精致和隐蔽的直觉主义。他的原初状态并不是一种实际的状况，而只是理论虚构，对原初状态的设定是为了限制所能得出的原则。罗尔斯对原初状态的设定是恰好能得出他所主张的正义原则的设定。这种设定本身是反思平衡的产物。如果所设定的原初状态所产生的原则不能符合深思熟虑的判断，就要对这些设定做出调整，或者修改判断，经过这样的反复往还，"我们最终将会找到一种对原初状态的说明，这种说明既体现了合理的（reasonable）条件，又产生了符合我们经过适当修改和调整的深思熟虑的判断"②。这种平衡是偏向于深思熟虑的判断的，例如，罗尔斯认为"对正义理论的一个主要检验标准，是看它在多大程度上把我们对一系列广泛问题的深思熟虑的判断加以条理化和系统化"③。他拥护他所提出的那种正义观，就是因为"这种正义观最接近于我们对正义的深思熟虑的判断"④。而深思熟虑的判断，按罗尔斯的说法，是最可能不加扭曲地展现了我们的道德能力的判断，但是，罗尔斯给出的识别这些判断的标准并不严格，更谈不上论证按这些标准挑选出来的判断就是最可能展现我们道德能力的判断。所以，什么是深思熟虑的判断，最终依赖的是我们的直觉。虽然罗尔斯强调这些判断是

① "Rawls's Theory of Justice", in *Essays in Ethical Theory*, p. 159.
② *A Theory of the Justice*, p. 20.
③ *A Theory of the Justice*, p. ix.
④ *A Theory of the Justice*, p. viii.

可以修正的，但这是在"一个人碰到了一种在直觉上具有吸引力的对自己正义感的说明"① 的情况下。罗尔斯的反思平衡最后达成的是一个多方印证、相互支撑、最大限度地符合道德直觉的融贯体系。

这样的方法不能免于这样的批评：一个融贯体系无论怎样相互印证和支撑，都有循环论证的嫌疑；人的道德直觉常常不一致，从而可能存在不只一个这样的融贯体系，罗尔斯的方法不能告诉我们在这些不同的体系之间做出选择是如何可能的，因此难以克服相对主义。

当然，这并不意味着罗尔斯的方法是毫无意义的。他的方法可以看作生动（甚至有些戏剧化）而系统地展现某些人的道德直觉的方法。他对功利主义的批评以及他自己的正义理论之所以能产生如此广泛深远的影响，就在于他的方法将反功利主义的直觉整合起来，并能指出什么是能为这样的直觉所接受的规范性结论。故而罗尔斯的理论在直觉上很有吸引力，而他指出功利主义忽视人际区分，的确是指出了功利主义在直觉上令人难以接受的要害所在。但是，在直觉层次上对功利主义的批评并不是完全充分的，还需要在批判层次上为这种批评寻求根据，这将是我们在下一节要做的。

---

① *A Theory of the Justice*，p. 48. 着重号为作者所加。其中的"正义感"可以扩展为一般意义的道德感。

第三节
功利主义论证中的等概率假设

尽管罗尔斯没有给他对原初状态的设定提供除直觉之外的依据，因此不能看作对他的正义原则的定义，但是，正像罗尔斯自己所说："即使不服务于其他目的，原初状态概念也会是一个有用的分析手段。"① 我们已经看到，黑尔那种形式的理性立约者理论与罗尔斯那种形式的理性立约者理论之所以会得出不同的结论，在于他们对原初状态的不同设定。

黑尔认为与他自己的立场相当的那种简单形式的理性立约者理论允许做人际的权衡，这不仅是因为在那种情况下，有关各方对一个理性立约者来说，不过是他可能成为的人，是他的一种可能的存在样态；而且是因为，他可以假定他成为有关各方的概率是均等的。我们看到，后一点在罗尔斯版本的理性立约者理论中被禁止了。只有这样，理性立约者理论才能避免忽略人际区分的功利主义。虽然，罗尔斯否定这一假定的理由主要是直觉层次上的，不过，至少，在这里，罗尔斯让我们看到，等概率假定对于功利主义的思考方式的重要性。

这一点在拥护功利主义的经济学家约翰·C·海萨尼那里表达得更为直接。同黑尔和罗尔斯一样，海萨尼也采用理性选择理

---

① 　*A Theory of the Justice*，p. 189.

论的进路来讨论伦理学问题，他主张"现代决策论的出现使得伦理学成为了一般理性行为理论的有机组成部分"①。因而道德判断也表达了人的理性选择，不过这是一种特殊的理性选择，因为判断者不是站在个人立场上，而是在等概率（equiprobability）假设下做出判断的。所谓等概率假设，就是"有相同的概率处于任何可能的社会地位上这种虚构的假设"②。而基于等概率假设的决策模式，海萨尼称之为"道德价值判断的等概率模式"③。并且他认为在等概率模式所规定的条件下，"根据贝叶斯决策论（Bayesian decision theory），一个理性个体将总是选择使他的预期功利最大化的社会制度"④。从而为功利主义提供了证明。⑤ 等概率模式也就是黑尔认为与自己立场相同的那种形式的理性立约者理论。

在海萨尼那里一旦明确了道德判断的性质（等概率假设下的理性决策），得出功利主义的结论就只是数学问题了。但是他承认道德判断性质的发现"总在本质上是一个哲学——也就是一个

---

① John C. Harsanyi. "Morality and the Theory of Rational Behavior", in *Social Research*, Vol. 44, 1977, p. 627.

② "Morality and the Theory of Rational Behavior", in *Social Research*, p. 632.

③ "Morality and the Theory of Rational Behavior", in *Social Research*, p. 632.

④ "Morality and the Theory of Rational Behavior", in *Social Research*, p. 632.

⑤ 海萨尼和黑尔支持的功利主义都属于偏好功利主义类型，不过，他们之间也存在差别。黑尔赞同古典功利主义，而海萨尼则赞同平均功利主义；海萨尼主张规则功利主义，反对行为功利主义，但黑尔在批评思考层次上拥护行为功利主义。

概念——问题"①。虽然海萨尼并没有详细地进行概念问题的讨论，但他说他的道德理论基于道德哲学中的三个不同的传统：亚当·斯密的无偏私的旁观者观念、康德的普遍性要求和功利主义的最大化原则。而他所理解的康德的普遍性要求就是黑尔的可普遍化要求。② 因此，他对道德的概念问题的思考，与黑尔应有某种类似之处。同时，虽然黑尔本人喜欢的不是海萨尼那种道德判断的等概率模式或者薄的无知之幕之下的理性立约者模式，但是，他本人显然认为他对道德概念的分析和由此得出的道德推理方法能为这种模式提供逻辑基础。而且，我们可以发现，黑尔本人采用的模式，实质上也包含某种形式的等概率假设。黑尔最初采用"逐次遍历生活"模式，就是假设一个人将依次经历所有各方的境遇，这就意味着他处于所有各方的地位的概率都相同，只不过在海萨尼的模式中，这个概率是 $1/n$，而在"逐次遍历"模式中，这个概率是 1（对于公正的旁观者模式而言，也是如此，正如海萨尼所说，他的模式可以"成为亚当·斯密的无偏私而有同情心的观察者理论的一个现代重述"③）。

不过，在黑尔后来采用的以《道德思考》为代表的论证形式中没有借助于这种启发性图式，而是直接阐述他的道德推理程序来达到功利主义的结论。但是，我们将分析一个黑尔使用过的自行车与小汽车的例子，来揭示即使在《道德思考》中的论证形式

---

① "Morality and the Theory of Rational Behavior", in *Social Research*，p. 630.

② "Morality and the Theory of Rational Behavior", in *Social Research*，p. 624.

③ "Morality and the Theory of Rational Behavior", in *Social Research*，p. 633.

中，也隐蔽地使用了等概率假设。

假设一个人 b，想要在某个位置上停放他的汽车，但那个位置上已经停放了另一个人 a 的自行车，并且 a 不愿意他的自行车被移动。现在我要考虑 b 移动 a 的自行车来停放自己的汽车在道德上是否正当①。正如我们前面已经讨论的，黑尔的道德推理程序可以归结为五条规则：

规则 1：如果赞同"行为 x 是应当做的"就要赞同实施行为 x。

规则 2：如果赞同"在如此这般的境遇中，行为 x 是应当做的"，那么，就必须承认这个判断适用于所有普遍属性相同的事例，而不论自己在那些事例中扮演何种角色。

规则 3：如果我充分了解了他人的理性偏好，那么，此时，对于我处于那个人的境地具有那个人的偏好时所发生之事，我有与那个人一样的理性偏好。

规则 4：拥有一个偏好就是接受一个初显规定。

规则 5：只能在应当判断之间进行选择。

按照规则 2，我的判断要适用于两个事例 1 和 2，这两个事例差别只在于：

事例 1：我处于的 b 的地位上，是汽车的主人，想要移开自行车停放自己的汽车（简称为我处于境遇 p）；

---

① 在黑尔的例子中，是以汽车的主人的立场来进行道德思考的，现在为了讨论方便，我们将从旁观者的立场来进行思考。

事例2：我处于 a 的地位上，是自行车的所有者，并且不愿意自己的自行车被移动（简称为我处于境遇 q）。

除了个体的角色发生转变之外，事例1和事例2的普遍属性都相同。同时，根据规则3，由于我充分了解到了 a 和 b 的偏好，我将有如下两个条件映射偏好：

偏好1：我想在我处于境遇 p 时移动自行车来停放汽车（其强度与 b 的偏好相同）。

偏好2：我想在我处于境遇 q 时自行车不被人移动（其强度与 a 的偏好相同）。

要注意的是，这两个偏好都是我当下具有的偏好，而不是我在假想事例中具有的偏好。我现在要在如下两个判断中做出选择：

判断1：b 移动 a 的自行车来停放自己的汽车是正当的。

判断2：b 移动 a 的自行车来停放自己的汽车是错误的。

根据规则2，如果我做出判断1，我就要承认，不论我处于境遇 p 还是 q，移动自行车都是对的，根据规则1，这就要求事例1和事例2中都施行移动自行车来停放汽车的行为。而这与我的偏好1一致，但与偏好2抵触。同理，如果我做出判断2，将与偏好1抵触，但与偏好2一致。因此，在做道德判断时，偏好1和偏好2会发生冲突，就像在我们所描述的境遇中，a 和 b 的偏好发生冲突一样。

　　根据规则 4 和 5，我最终做出哪一个判断，取决于我的偏好 1 和偏好 2 权衡的结果。① 偏好 1 与 2 都是我的内部偏好，因此，我可以按照权衡我的内部偏好的方式来进行权衡，这就是最大化原则。如果偏好 1 的强度更大，我就做出能使偏好 1 得到满足的判断（即判断 1）；反之，我就做出使偏好 2 得到满足的判断（判断 2）。而不难证明，这等价于按最大化原则来权衡 A 和 B 的偏好。

　　以上就是黑尔的论证思路。表面上看，这里没有涉及概率问题，但是，这里已经隐蔽地引入了等概率假设。因为在一个人对他的偏好进行理性权衡的通常方式中，他并非仅仅根据偏好的强度来分配权重，而且还包含对概率的考虑，换言之，功利计算涉及概率。例如，一个人选择交通工具时，既希望安全，又希望快捷，他需要在这两个偏好之间权衡，但他不能仅仅考虑两个偏好的强度，还必须考虑各种情况出现的概率。虽然一个人对安全的偏好大大超过对快捷的偏好，但是因为有微乎其微的概率会出现危险，就放弃了选择快捷的交通工具，是非理性的。一个人在估算自己的选择带来的偏好满足的总和时，他需要知道可能出现的各种结果的概率，例如飞机失事的概率。当然，他不需要精确地知道这个概率，但他必须有一个足以帮助他做出判断的粗略的估计。如果不知道这些概率，他就无法计算出自己的选择带来的偏好满足的总和。某些情况

---

　　① 规则 5 是必要的，因为只有将选项限制在普遍规定的范围内，偏好 1 和偏好 2 才是冲突的，因为没有任何普遍规定能够与两个偏好都一致。如果没有这个限制，那么判断者就会选择与两个偏好都一致的非普遍规定，也就是说，他会做出非道德判断。

下，我们在权衡时似乎只需要比较偏好的强度，例如，如果我既是自行车的主人，也是汽车的主人，我是否愿意移动**我的**自行车来停放**我的**汽车，显然取决于我更愿意我的自行车不被移动，还是更愿意把汽车停放到自行车所在的那个位置上。[①] 但这是因为我知道自行车不被移动的概率为 1 时，把汽车停放到那个位置的概率为 0，反之亦然。

回到刚才的汽车与自行车的例子上。偏好 1 得到满足当且仅当我处于境遇 p 并且自行车被移动以便停放汽车这个事件（记为事件 1）发生；偏好 2 得到满足当且仅当我处于境遇 q 并且自行车不被移动这个事件（记为事件 2）发生。如果要按照通常的最大化原则（这个原则在权衡我的内部偏好时似乎是非常自然的）来决定做出判断 1 还是判断 2，就要假设我处于境遇 p 和处于境遇 q 的概率是相等的。令偏好 1 的满足为 S（1），偏好 2 的满足为 S（2），满足的大小与偏好的强弱成正比。而我处于境遇 p 和境遇 q 的概率都等于 P，当判断 1 得到执行时（不管我处于哪种境遇，自行车都要被移动），事件 1 发生的概率等于 P，而事件 2 不发生。同样，当判断 2 得到执行时（不管我处于哪种境遇，自行车都要被移动），事件 2 发生的概率为 P，事件 1 不发生。我可以预期，判断 1 将带来的满足是 P×S（1），判断 2 带来的满足将是 P×S（2）。这样，我做出选择的方式与就与我处理内部偏好冲突的方式一致。

但是，我们注意到，无论是"逐次遍历"模式、海萨尼的等

---

① 这个修正过的事例也来自黑尔，用来说明我们处理内部冲突的方式。见 *Moral Thinking：Its Levels，Method and Point*，p. 110.

概率模式还是亚当·斯密的公正的旁观者模式，都是一种虚构的理论假设，是一种用来阐明或展示某种学说的启发性图式，正如黑尔所说："做这项工作需要以论证的逻辑为基础，必须用哲学逻辑的程序来表明它的有效性。"[①] 然而，在黑尔的道德推理规则中，并不包含这样一个假设。并且，我们将论证，黑尔对道德概念的分析和对道德推理的研究，不但不能为等概率假设提供根据，相反与等概率假设是不相容的。

第四节
等概率模式的错误

Michael McDermott 已经注意到，黑尔将关于两个普遍属性相同的事例的偏好与"逐次遍历生活"模式等同起来是一种混淆。[②] 为了更清楚地说明这个问题，我们可以用"可能世界"作为分析工具。黑尔虽然不愿意涉足"可能世界"概念引起的本体论问题，但正如我们已经看到的，他偶尔也使用"可能世界"这个术语替换"事例"这个词来表达他的观点。因此，如果把"可能世界"概念作为一个分析工具，而不引入本体论问题，应该不会歪曲他的理论。如果用可能世界来表达，我们可以说，"逐次遍历生活"模式，是在同一个可能世界中依次经历所有各方的境

[①] "Rawls's Theory of Justice", in *Essays in Ethical Theory*, p. 159.

[②] Michael McDermott. "Hare's Argument for Utilitarianism", in *The Philosophy Quarterly*, Vol. 33, 1983, p. 389.

遇，而不是在不同的世界中处于不同的地位上。我们可以那个自行车和汽车的双边例子来展示这一点：

假设有一个世界，其中一个人拥有一辆自行车，而另一个人拥有一辆汽车。并且，我们假定，自行车拥有者没有汽车，将来也不会变成汽车所有者；同样，汽车拥有者没有自行车，将来也不会有。注意，这里描述的都是这个世界的普遍属性，而没有涉及特定个体。假设有另一个可能世界，它与前一个世界在其他所有方面都相同，二者唯一的区别是，我在前一个世界中是自行车拥有者，在后一个世界中是汽车拥有者。再设想第三个世界，这个世界与前两个世界在其他方面尽可能相似，但有一点不同，我先是一个自行车拥有者，但后来将自行车换成了汽车。我们立即发现，第三个世界与前两个世界在普遍属性上已经发生了变化。我在第三个世界中的境遇既不同于我在第一个世界中的境遇，也不同于我在第二个世界中的境遇，因为我在第一个世界中一直都是一个自行车拥有者，而在第二个世界中，一直都是一个汽车拥有者；在第三个世界中，我的生活却发生了变化。如果我要做的是一个只打算用在第三个世界中的选择，我可以做一个最有利于我这种境遇的选择。这样的选择，即使具有原则的形式，仍然可能是一个投机的原则，并不能通过可普遍化性检验。

对于概率小于 1 的情况，结果是一样的。例如，让我们对上面的例子做一个修正，在三个世界中，我拥有一辆自行车还是汽车将由掷硬币来决定，并且一旦决定就不会发生变化，如果代表我的那一面朝上，我就将拥有汽车。但是在第一和第二个世界中，硬币是不均匀的，总是正面朝上（硬币的属性在两个世界中相同）。在第一个世界中，代表我的那一面是反面，在第二个世界中则是正面。这样描述的两个世界在普遍属性上仍然是一样的，① 只是我在第一个世界中将是拥有自行车的人，而在第二个世界中将是汽车的拥有者。而在第三个世界中，硬币是完全均匀的，因此它每一面朝上的倾向是一样的，所以，我拥有自行车和汽车的概率相等。可以看出，这第三个世界在普遍属性仍然不同于前两个世界，因为用来决定命运的硬币具有不同的普遍属性。

概率可以看作可能世界内部的属性，某种事件的概率的差异，就是可能世界的差异。所以我们只能在一个可能世界之中谈事件的概率。例如，我们要说某个硬币正面朝上的概率大还是反面朝上的概率大，我们就必须说明是在哪一个可能世界中来谈。② 以刚才的例子为例，我们可以说，在第一个和第二个世界中，硬币正面朝上的概率为 1，而在第三个世界中，概率等于 0.5。我也可能说在第一个世界中拥有自行车的概率等于我在第二个世界中拥有汽车的概率，但是，如果由此得出我处于这两种境遇的概率相等，则是没有意义的，由此进行的概率计算也没有意义。因为，事件 a 在第一个世界中的概率与事件 b 在第二个世界中的概率的比较是一种跨世界的概率比较，从这种比较中得不

---

① 代表我的面不同，不是普遍属性上的区别。因为要描述这个差别必须提及我这个特定个体。

② 一般情况下，我们不必指明是在谈哪个世界中的事件，因为我们默认一般谈论的都是现实世界中的问题。但是，如果我们使用虚拟语气，或者做反事实陈述时，就需要提及相应的可能世界。例如，一个学生说："如果我平时更努力一些，这次考试通过的概率就会更高了。"这可以分析为，他说的是，在他平时学习更加努力的那个可能世界中，他通过考试的机会比在现实世界中更高。

出两个事件在某一世界内的概率关系。这就如同从"如果我是恺撒，我将在法萨卢斯（Pharsalus）大战中获胜，如果我是庞培，我将在法塞拉斯大战中失败"不能得出"我在法萨卢斯大战中获胜或失败的概率相等"。

第二，我们只能计算某个选择在某个可能世界中带来的预期满足的总和。如前所述，为了计算出某个选择的预期满足总和，我们需要知道这个选择带来的各种结果的概率分布。只有在一个世界中谈这种概率分布才有意义。例如，如果我们问："抛掷这枚硬币，它落下来时正面朝上和反面朝上的概率各是多少？"我们就需要知道这是对哪个可能世界而言的（在不加说明时，我们一般总是认为是对现实世界而言的）。

现在我们可以更清楚地说明黑尔对功利主义的证明为什么是错误的。在批判层次上思考一个道德问题时，我们需要考虑不同的可能世界，债务人兼债权人的例子已经展示了这一点（见第七章第二节）。我们的条件性偏好是关于某个可能世界的，不同的条件性偏好是关于不同可能世界的。[①] 条件性偏好在多大程度上满足或不满足取决于相应的可能世界中发生的什么样的事情及其发生概率等等。而由于道德判断的普遍性和规定性，做出一个道德判断就是一致地规定在所有普遍属性相同的相关可能世界中都做某一行为，故此会影响到所有相关的可能世界，从而会使得与这些可能世界相关的条件性偏好满足或不满足。但是，当黑尔认

---

　　① Michael McDermott 已经观察到了这一点，见 "Hare's Argument for Utilitarianism", in *The Philosophy Quarterly*, p. 388. 但他由此认为关于不同事例（可能世界）的条件性偏好之间没有冲突，这是因为他对黑尔的道德推理方法的理解中，没有包括我们所说的第五个规则。

为我们可以用审慎地权衡自己的各种偏好的方式去权衡条件性偏好时，也就是要求计算某个普遍规定所带来的条件性偏好满足的总和时，他就陷入了误区。因为这要求引入跨世界的概率分布，而跨世界的概率分布是没有意义的。让我们用稍微形式化的方式来展示这一点。

现在我要考虑在某个可能世界中做什么行为是正当的。可选择的行为将影响的人有 n 个（分别编号为 1 到 n）。某个行为 a 给他们带来的满足分别是 S1、S2……Sn（取决于他们的偏好的内容和强度）。有 n 个与所考虑的那个可能世界普遍属性相同的可能世界 W1、W2……Wn，我在其中分别处于 1、2……n 的地位。如果我知悉了他们的偏好，我就会有相应的条件性偏好，使得分别在我处于 1、2……n 的地位上时施行行为 a 带给我的满足也分别是 S1、S2……Sn。如果我承认行为 a 在所考虑的那个可能世界中是正当的，我就是在规定 W1、W2……Wn 中都要施行行为 a。如果我要按照权衡我的内部偏好的方式来权衡我的这些条件偏好，就是要计算行为 a 对我的条件性偏好的满足的总和，也就要知道我处于 1、2……n 的地位上的概率分布。而我是在不同的可能世界中处于 1、2……n 的地位上的，故此，这是要求一个跨世界的概率分布，从而是无意义的。而黑尔对功利主义的论证正是不自觉地做了一个这样的不合法的跨世界等概率假设。黑尔认为他的理论可以转换为"逐次遍历"模式或薄的无知之幕模式，甚至理想观察者模式，也是缘于这一点。一旦注意到后面三种模式是世界内的等概率假设，就会明白这种转换是行不通的。

功利主义的支持者往往认为功利主义体现了爱人如己的仁爱

精神、一视同仁的平等精神。殊不知，功利主义的这种"爱人如己"和"一视同仁"是以抹杀人的分立性为代价的。正如 David A. J. Richards 所说："黑尔构造的从普遍规定主义到功利主义的推论，在某种意义上没有恰当地对待个人分立（separateness of persons）这个伦理学的基本事实。"① 但是，这一错误并非由普遍规定主义本身所造成，我们已经看到，普遍规定主义的论证模式，不但不是功利主义的逻辑基础，反倒可以用作反驳功利主义的工具。黑尔把康德和密尔结合起来的企图并不成功，因为康德主义的形式消化不了功利主义的内容。

第五节
对最大最小原则的论证

那么，黑尔的道德推理方法应该得出什么结论？M·H·莱斯诺夫（M. H. Lessnoff）提出了一个有些讽刺意味的观点："事实上，黑尔的前提（普遍规定主义），至少按照他的解释，产生的是罗尔斯的结论。"② 他的论证是，如果一个人按照黑尔给出的限制进行选择，那么他不会选择功利主义。因为功利主义很可能在有关各方之间造成不平等，而这个人不会愿意

---

① D. A. J. Richards. "Prescriptivism, Constructivism and Rights", in *Hare and Critics*, p. 119.

② M. H. Lessnoff. "Justice, Social Contract, and Universal Prescriptivism", in *The Philosophical Quarterly*, Vol. 28, 1978, p. 65.

自己处于最不利的那一方，这样，功利主义原则就无法通过换位测试（也就是无法满足可普遍化性要求）。[①] 因此，他会倾向于选择平等原则。但是，"在完全平等和对每个人有利的不平等之间选择时，他肯定偏好后者——即他偏好罗尔斯的最大最小原则"[②]。

我们上述关于可能世界与概率的分析应该能够支持莱斯诺夫的这个观点。黑尔在平等化与最大化之间选择了最大化，是因为他没有能认识到他的普遍规定主义的论证模式与等概率模式是不相容的，而以为二者是一致的。一旦弄清这一点，普遍规定主义就不会导致包含最大化原则的功利主义。排除了功利主义的选项后，我们还要排除非道德主义的选项。如果不排除非道德主义，黑尔的论证方式很可能不能得出任何的肯定的道德结论。因为，如果有关各方的偏好存在冲突，那么，就没有任何原则能使得所有由了解有关各方的偏好而产生的条件性偏好得到完全满足，如果不排除非道德主义，那么，不做任何道德判断，就是最合理的消除冲突的方式。排除非道德主义需要外部理由。不管这些外部理由是否成立，至少我们可以把我们的问题限制在道德争论的范围内，只讨论在各种可能的道德立场中，哪一种是最可接受的。在这个限度内，选择范围受到了限制，即必须在各种可能的普遍规定之间做出选择，而这就是我们前面所说的黑尔道德推理模式中的规则 5。

[①] "Justice, Social Contract, and Universal Prescriptivism", in *The Philosophical Quarterly*, p. 72.

[②] "Justice, Social Contract, and Universal Prescriptivism", in *The Philosophical Quarterly*, p. 73.

回到上面的分析，我已经知道在可能世界 W1、W2……Wn
中施行行为 a 对我的相应条件性偏好的满足分别是 S1、S2……
Sn。我们已经论证，计算条件性偏好满足的总和是不合法的，
因为跨世界概率分布不合法，所以不能用这种方式决定是否接受
对 a 的普遍规定。在这种情况下，我能采取何种方式来权衡我的
条件性偏好，最终做出一个道德判断？

用下棋做类比可能有助于回答这个问题。在某一局面下应
该采取什么策略，棋手需要考虑对手可能采取何种应对。如果
他考虑的是在一个具体的棋局中如何取胜，他要根据他对对手
的了解估计对手采取各种应对的概率分布，以及各种应对下他
的获利情况，从而计算出这种策略带来的最大利益。他将选择
的是给他带来最大利益的那种策略，他的选择有可能是基于估
计对手有较大概率不会采取最佳应对（对手的最佳应对就是对
己方最不利的应对），因此包含风险。但是理性选择包含对风
险的正确评估，而不是不冒任何风险。如果这个棋手考虑的不
是针对具体对手的具体棋局，而是一般性地考虑在这种棋局下
最合乎**棋理**的下法（例如他要给新手写一本如何下棋的教科
书，那么他在其中假设对手采取各种策略的概率分布就是毫无
意义的），那么他就不会考虑对手做出各种应对的概率分别有
多大。因为他的考虑并非针对现实的对手，而是一切逻辑上可
能的对手，所以，他不仅无从估计对手的强弱，而且从当前的
问题来说，这种估计根本不合法。他要考虑的只是当前局面
下，他采取某一策略时，在逻辑上对手可能采取的应对，并找
出其中的最佳应对，而他自己在这一局面下的最合乎棋理的策
略，也就是所谓"正着"，就是在对方做出最佳应对时自己获

利最多的策略。因此，对当前考虑而言，他的理性选择应当遵循最大最小原则。需要强调的是，这里之所以适用最大最小原则而不适用最大化原则，不是因为信息不完全，而是因为关于对手大概将采取何种应对的信息与当前的考虑不相关；这类信息之所以不相关，是因为棋手当前考虑的策略是要应用于所有可能世界的普遍原则。

这个例子为我们提供了一个模型，来说明我们如何选择一个适用于所有可能事例的普遍原则。我们可以预期我们的选择在每个可能事例中会带来的功利，但每个可能事例成为现实的概率则是一个不相关的问题，从而计算功利的总和不可能。棋类游戏的例子以及所有其他同类游戏的例子都表明，这种情况下的理性选择是最大最小模式的选择。

按照黑尔的逻辑，做出道德判断就是选择应用于所有普遍属性相同的可能世界的规定性原则。这类似于棋手的穷理求道，而非争强斗胜。只不过，这里涉及的不是在诸可能世界中对手会采取何种应对，而是我处于哪一方的地位上。所以，上述用来指导棋手学习棋理的策略可以应用于道德思考。某个局面下合乎棋理的正着，是对手采取最佳应对时己方获利最大的策略；关于某个境遇的道德判断是使我在处于最不利地位时满足最大的那种普遍规定。因为某个结果对偏好的满足程度，标志着对这个结果的接受程度。如果我同意应当施行 a，我就要接受在所有的可能世界中施行 a。如果在某个可能世界 W_i 中施行 a 对相应的偏好满足最小，意味着我最不能接受在 W_i 中施行 a。而我在多大程度上不能接受在 W_i 中施行 a，我就在多大程度上不能接受"应当做 a"这个判断。因为接受这个判

断就必然要接受在 W_i 中施行 a 这个后果，并且它不能被接受这个判断导致的其他的后果所补偿。换言之，我对某个判断的接受程度就是我对其最差后果的接受程度。由此可得，在所有可供选择的判断中，我会赞同的是我对其最差后果接受程度最高的那个判断。很显然，这就是最大最小原则。这种论证要能够成立，离不开我们一再强调的那个限制条件，即，不论我如何选择，我所选择的必须是一个普遍原则，我不能拒绝一切普遍原则。

上述论证意味着，当我做出道德判断时，我必须无偏私地考虑所有有关各方的偏好，在道德上我总是赞同无偏私地对待所有人的偏好的行为，把所有人的偏好都当作仿佛是自己的偏好，但是必须同时承认所有人都是独立的个体，故此，不能够把权衡一个人的得失的方法用于权衡不同个体的得失。如果人际的偏好存在冲突，也就是说没有任何可能的做法能使所有各方都得到完全的满足，因而无论怎样选择都会使得有人处于最不利的一方，那么就应当使得最不利的那一方的境况尽可能地可接受。这样的结论，虽然并不一定与罗尔斯的结论完全相同，但至少是类似的。这样的结果不应当使人过分惊讶，因为我们已经看到黑尔与罗尔斯之间的相似之处。实际上，黑尔承认，在直觉层次上，"如果我们要解决什么特殊行为是正义的或正当的，或者人有什么权利这样的问题，我们必须有罗尔斯称的'正义原则'，包括决定人的权利的原则"[①]。黑尔对罗尔斯的批评更多的是在方法上，而

---

① R. M. Hare. "Arguing about Rights", in *Essays on Political Morality*, p. 107.

罗尔斯对功利主义的批评则主要在直觉上，因为功利主义的最大化原则没有认真对待每个人都是一个独立的个体。而我们已经发现在批判层次上可以为罗尔斯的这种批评找到根据，而这种批判层次的思考方式却恰恰是黑尔提供的。注意到我们达到结论的方法与罗尔斯不同非常重要。罗尔斯那种无知之幕之下的理性立约者是否会像罗尔斯所想象的那样选择他的正义原则已经受到质疑。这种质疑之一来自决策论研究的质疑。[①] 这种质疑主要在于，罗尔斯的理性立约者所要做的选择是一种信息不充分的情况下的理性选择，因而，人们可以问，最大最小原则是这种情况下的理性选择吗？在罗尔斯设定的那种情况下拒绝使用主观概率是理性的吗？但这种质疑与我们目前使用的方法无关。因为我们这里已经证明道德选择是一种跨可能世界的原则决定，因此不存在概率问题。

如果我们在本节所做的论证是正确的，那么普遍规定主义本该达成的立场不是一种典型的功利主义立场，既不同于古典功利主义，也不是平均功利主义。那么，我们就可以像黑尔问"康德本可以是一个功利主义者吗"那样问："黑尔本该不是一个功利主义者吗?"当然这要取决于对功利主义的定义。如果最大化原则是功利主义的必要特征（这一点似乎不会有太大争议，因为公认的功利主义者都赞同最大化原则），那么我们可以说黑尔本该不是一个功利主义者。如果对功利主义持一种广义的理解，即凡是认为道德评价与人的利益相关的观点都是功利主义的观点，至

---

① 例如：Harsanyi, John C. "Review: Can the Maximin Principle Serve as a Basis for Morality? A Critique of John Rawls's Theory", in *The American Political Science Review*, Vol. 69, 1975.

少仍然与功利主义有亲缘关系，那么，黑尔还会是一个这种广义上的功利主义者。然而在这个意义上，罗尔斯也将是一个功利主义者。

第十章

若干综合评论

我们已经考察了黑尔哲学的重要环节：他对道德语言的分析，这种分析所遇到的攻击，并且尽力表明了面对这种攻击他的分析如何能得到辩护；他的道德推理的方法，厘清了这种推理方法所包含的前提；最后，考察他是如何论证功利主义的，并指出这种论证是错误的，并力图表明他的道德推理方法所应得的结论是什么。在最后一章中，我们将侧重从总体上对黑尔的哲学进行分析和评价。

第一节
对道德的定义

黑尔认为，规定性和可普遍化性是道德哲学的两个逻辑特征，并且由此提出了一种道德论证理论。但是，这两个特征是典型的价值判断的共有特征，并不能区分道德判断和非道德判断。① 因此玛丽·沃诺克指责他的《道德语言》与道德并没有什么关系。黑尔在《道德语言》中也讨论了道德判断和非道德判断的区分问题。他坚持认为，价值词在道德语境中的用法与非道德语境中的用法并没有根本差别，或者说这种差别不是意义上的差别。

黑尔归纳了认为道德语境中的价值词与非道德语境中的价值

---

① 黑尔曾经认为，道德判断和非道德评价判断的区别在于它们的可普遍化在程度上有差异，但这只是他在短期内持有的观点。参见第六章第二节。

词意义不同的几种理由。第一种理由涉及内在价值（作为目的的价值）和外在价值（作为工具的价值）之间的区别。这一区分为很多哲学家所赞同，特别是摩尔，他甚至认为没能做出这种区分是通常的伦理学出现困难的原因[①]。不过斯蒂文森则质疑这一区别。在这个问题上，黑尔与斯蒂文森一样。黑尔之所以认为内在价值与外在价值没有截然的区分，是因为"价值词"总是具有随附性（这是摩尔没有看到的），因此赞扬某个东西总是因为它的某种特征而赞扬它。如果我们是因为一个东西能带来某种效果而赞扬它，这能否区别于赞扬这个东西本身？黑尔认为，就像第一性质和第二性质之间难于做出区分一样（甜是一种第一性质还是一种可以使我产生某种感觉的第二性质?），因一个对象本身的性质而称赞它和因一个对象能带来的效果而称赞它也很难区分。

第二个理由是使人们称赞一个人道德上好的属性与称赞一个计时器好的属性全然不同。但是，按照黑尔的观点，这只是评价标准的不同，而评价标准只是价值词的描述意义。在这个意义上，"好仙人掌"和"好苹果"也是不同的。但是，它们的首要意义，也就是评价意义并无不同。

第三种理由是道德上的好比较重要、比较庄严，因此，似乎道德语境中的价值词应该有一套自己的逻辑。黑尔并不否认道德价值具有更大的重要性，但是反对因此认为道德语境中的价值词有特别的意义。黑尔试图用另外的方式来解释道德价值何以会让人感到更重要、更庄严。他的观点是，我们的评价是指导选择的，而选择总是在一定的类中进行的，例如，什么是好苹果，涉

[①] *Principia Ethica*, p. 73.

及在苹果中做出选择，什么是好人的生活则涉及在人的生活之间做出选择。我们在其中进行选择的类称为比较类（class of comparison）。黑尔认为道德的好与其他的好涉及的比较类不同。建筑师对什么是好的建筑设计特别重视，因为他需要在建筑设计之间做出选择。但是，如果我不是一个建筑师，什么是好的建筑设计就可能与我要采取什么行为无关。道德判断是那些涉及做一个什么样的人的判断。我们可以不做建筑师，但是，我们却不能不做人，所以我们必须在人的生活之间做出选择，决定要做什么样的人。另外，对于绝大多数道德分歧，都不能采取搁置争议（agree to differ）的态度，因为这些判断会对他人的选择造成影响。对于什么是好苹果，如果我和他人有分歧，我可以采取搁置争议的态度，因为他人选择什么样的苹果不一定影响我对苹果的选择。虽然一个探险队的队员对建造什么样木筏也不能搁置争议，但是这类境遇不是每个人都会遇到的不可摆脱的境遇。而共同生活于社会中则是一个无法摆脱的事实。道德判断就是那些总是会影响到我们的选择的判断，这就是道德判断更加重要的原因。道德判断与其他价值判断的不同在于它们涉及的比较类不同，而不是有不同的意义和逻辑。

在《自由与理性》中，黑尔改变了他的看法，认为道德语词的确有自己特有的逻辑特征。他在将道德原则与审美原则进行比较时，认为审美原则可以被压倒，我们可以坚持一个审美原则但在某个具体境遇中不按照它来行动而按照别的原则行动，但这并没有改变这个原则，也没有对它做出限制。例如，假如按照我的美学观点来修我的房子将会给邻居带来不便，我就放弃按我的美学原则来修房子的打算，但我的美学观点并不因此有任何变化。

而道德原则则不然，它不可被压倒。如果在某种情况下没有按照某个道德原则行动，我就是放弃了或改变了这个原则，或者对它进行了限制。道德原则的这种特征被他称为压倒性，并且作为"道德"这个词的意义的一部分。而"它们的这种特征与道德原则比别的原则更优先和更权威这一事实相联系，当然这种事实需要以某种方式来阐明"①。弗兰克纳已经指出，规定性已经包含了压倒性，因为按照黑尔对规定性的定义，一个东西具有规定性就意味着真诚地同意它就要按照它去行动。②故此，"他并不像他仿佛认为的那样需要一个独立的压倒性概念；他只需要一个等价的强意义的规定性概念，加上一个弱意义的规定性概念，和可普遍化性概念"③。弗兰克纳的这个观点看起来更有道理。在第四章第五节，我们也已经看到，承认一个弱的规定性概念可以缓解黑尔的规定主义在道德软弱问题上的困难。

无论如何，黑尔已经改变了原来的想法，试图给予道德一个形式定义，将压倒性作为道德判断除规定性和可普遍化性之外的第三个特征，将道德判断与非道德的价值判断区分开。但是，这个定义会遇到困难。这个困难主要来自两个方面，一个是道德软弱，另一个是义务冲突。在道德软弱中，一个人没有按自己真诚地赞同的道德原则的要求行事；在义务冲突中，一个人没有办法同时履行两个道德义务。这两种情况下，道德原则都被压倒了。

---

① *Freedom and Reason*, p. 169.

② William Frankena. "Hare on Moral Weakness and the Definition of Morality", in *Ethics*, Vol. 98, 1988, p. 783.

③ "Hare on Moral Weakness and the Definition of Morality", in *Ethics*, p. 784.

所以，在道德思考中，黑尔对道德的定义做了一个重要的补充：道德原则可以分为两个亚类，第一个亚类是批判性道德原则，它们是非常具体的、在特殊境遇中采用的、不可压倒的普遍规定原则。第二亚类是直觉性道德原则（初显原则），它们是一般的、可压倒的，但是，它们是借助前一亚类的原则通过批判思考挑选出来的。所以，准确地说，道德判断或者具有不可压倒性，或者以某种方式与不可压倒的判断相联系。

黑尔之所以主张道德的形式定义，反对福特、沃诺克和弗兰克纳等人关于道德定义应当包含道德内容的主张，是因为他认为道德定义应该是中立的，能够容纳不同的甚至对立的道德观点。如果道德的定义不是中立的，那么，道德的定义在解决道德分歧方面就不能发挥作用，因为道德分歧将会成为定义的分歧，从而变成语词之争。

道德中立的要求是一个有力的理由，但是黑尔对道德的定义作为一种形式定义却是不能令人满意的。因为显然不是所有情况下道德原则都具有压倒性，所以黑尔不得不借助他的两个层次理论来解决这个问题。这就要求那些可压倒的道德原则能够得到批判思考的支持。然而，并不是所有的道德原则都能得到批判思考的支持。例如，黑尔所说的那种狂热分子的道德理想，就不能得到批判思考的支持，但是，黑尔也承认，狂热分子的观点是一种道德观点，尽管这种观点是可以反驳的。再如，如果我们前面关于黑尔的道德推理方法不能得出功利主义的主张是正确的，那么，功利主义原则是否还是一种道德原则呢？还有，福特与黑尔争论时所使用的怪异道德的例子，一个人把一小时紧握手三次看作道德所要求的行为，这既不能用黑尔的批判思考来论证，也不能反驳。所以，用压倒性作为道德判断与非道德的价值判断的区别，是非常困难的。

不过，定义道德的困难并没有妨碍黑尔的道德论证。黑尔认为压倒性"不会在我们的论证中起非常大的作用。'道德'这个词本身也不会"①。究其原因，就在于黑尔的道德论证模式只对**部分**道德判断起作用，即会影响他人的那些行为的道德判断。对于那些不影响他人的行为，如果发生了道德分歧，黑尔的论证就无能为力。例如，受严重病痛折磨的人自杀是否不道德（康德认为这是不道德的）？而会对他人产生影响的行为，总是道德所考虑的中心内容，所以，关于它们的普遍规定判断无疑属于通常人们认为的道德判断。这就是为什么黑尔的道德论证不需要建立在对"道德"的确切定义上。

第二节
为什么要有道德？

在前面对黑尔的道德论证方法的考察中，我们已经看到，他的论证方法实际上必需有五个规则。规则 1 来自道德判断的规定性，而规则 2 来自道德判断的可普遍化性，规则 3 来自条件映射原理，规则 4 来自对偏好这种意向的表达形式的分析，那么规则 5，即"只能在应当判断之间进行选择"的根据何在？否定这个

---

① *Moral Thinking: Its Levels, Method and Point*, p. 54.

规则，黑尔的论证就会失效。

他完全意识到他的论证依赖于这个规则。在《自由与理性》中，黑尔注意到存在一条逃避他的论证的路线："其显著特征是，B虽然以与我们相同的方式使用道德语词，但在所有确定的情形中都拒绝做出肯定的道德判断。"① 这种立场，黑尔称之为非道德主义。非道德立场正是对规则5的否定。非道德立场之所以能存在，是因为规定性与可普遍化性是两个分离的特征。一个人在决定如何行动时，总要同意某种规定，但是，由于可普遍化性与规定性的分离，这种规定就不必然可普遍化。即使黑尔对"应当"的分析是完全正确的，并且排除了道德软弱，即应当判断衍推祈使句，也只能说，任何人如果同意了一个应当判断，他就同意了其中所蕴涵的祈使句，但是对于那些没有同意任何应当判断的人来说，他们就不必赞同其中所蕴涵的祈使句。在《自由与理性》中，黑尔最初提出他的论证方式的时候，他将他的论证方式与波普尔的证伪方式相类比。但是，波普尔的证伪主义只能通过观察证据排除某些科学假设，却不能证实任何科学假设。同样的道理，如果没有规则5，也就是说，没有排除非道德主义，那么他只能排除某些应当判断，但不能确保得出某种应当判断。例如，如果一个人说："我应当把我的债务人送进监狱。"我们的确可以用黑尔的那种论证方式让他承认，这种做法不是应当的，但是，却不能确保他同意"我不应当把我的债务人送进监狱"。因为这两个判断并不是非此即彼的关系。这两个判断不能同时被肯定，但却可以同时被否定，就如同全称肯定陈述和全称否定陈述

---

① *Freedom and Reason*，p. 169，100.

可以同时被否定而没有任何逻辑上的不一致一样。除非这个人预先已经同意，"要么我应当把我的债务人送进监狱，要么我不应当把我的债务人送进监狱"。但这并不是一个重言式，就像"要么所有人都是要死的，要么所有人都是不死的"不是一个重言式一样。

黑尔论证了某些非道德主义是不可行的。例如，对别人的行为做出道德判断，但对自己的行为采取非道德主义立场，或者对自己和别人的某些行为做道德判断，但对另一些行为采取非道德主义立场。对于这种非道德主义者，"我们可以问，他区别对待这些行为的标准是什么。我们就可以问他，他在这些纷繁事例之间做出区分根据的是什么原则。这是可普遍化要求的一个特殊应用"①。例如，在债权人和债务人例子中，如果 b 认为他把 a 送进监狱是道德中立的，即既非不应当，也非应当，但却认为 c 不应当把他送进监狱，他就是不一致的。如果他要保持一致，承认 c 送他进监狱也是道德中立的，那么他就是允许 c 送他进监狱。但是，因为 b 不想进监狱，所以他不会**允许** c 送他进监狱，就像不会**规定** c 这样做一样。也就是说，除非做一个不做任何道德判断的普遍非道德主义者，否则总会陷入逻辑不一致。不论黑尔的这个论证是否有说服力，它都不能反驳所有形式的非道德主义。

在《自由与理性》中，黑尔似乎没有十分在意非道德主义的存在。他承认对于那种彻底的非道德主义者是无法用任何理性的方法去说服的，但他认为这不应当打扰我们。因为非道德主义者，就像一个根本不下象棋的人，从而无法在象棋比赛中战胜

---

① *Freedom and Reason*, p. 102.

他，"这样的人没有进入道德争议的领域，因此不可能与之争辩。他也必须——这很重要——放弃对他自身利益的道德保护。"①不过对于放弃对自身利益的道德保护意味着什么，黑尔并未做任何论述。在上一节中我们已经看到黑尔的道德论证理论的一个限制，即只能用于那些会影响他人的行为，那么，现在我们看到另一限制，这就是，只能用于道德立场的内部争论。除非预设争论各方都站在道德立场上，即他们只寻求某种可以接受的道德观点，而不考虑任何非道德立场，否则，黑尔的论证方式就无所作为。

当然，黑尔可以这样来辩护：按照他的理性概念，一个选择是理性的，其必要条件之一就是要遵循逻辑。黑尔认为，不同的问题会要求不同的逻辑，或者说会限制回答的逻辑属性。② 而道德哲学研究的是道德问题，道德问题所问的就是"我应当做什么？"问题限制了回答。对道德问题的回答必须是一个应当判断，而这又要求我理解什么是应当判断；而应当判断的最终理解，将会引出黑尔所提出的那些道德推理的规则；最终，这些规则将限定对道德问题的回答。但是，我们需要进一步问，我们为什么要回答道德问题？或者说我们为什么要对自己问道德问题或者相互之间要进行道德争辩？道德问题在生活中到底占有什么地位？在这个问题上思考和争辩有何意义？没有回答这个问题，对道德语言的分析无论多么透彻都是不完备的。

很显然，道德问题历来被看作属于实践问题。实践问题问的

---

① *Freedom and Reason*, p. 101.
② "What Makes Choices Rational", in *Essays in Ethical Theory*, pp. 45—46.

是"我准备做什么?"① 对这个问题的回答，按照黑尔的理论，将是一个规定，直接决定我的行动。实践问题是一个我们不得不问的问题，因为"我们不像石头，必须对做什么做出选择和决定"②。也就是说，我们是自由的。道德问题的意义取决于它与实践问题的关联。回答道德问题最终是为了回答实践问题。黑尔在他的《道德语言》中说，伦理学值得研究的原因就在于"'我准备做什么'是一个我们无法长久回避的问题"。③ 如果把道德问题看作与实践问题相联系的，我们是为了回答实践问题而回答道德问题的，那么，我们就需要问，为什么我们要通过回答道德问题来回答实践问题？麦凯指出，假定像黑尔认为的那样，规定性和可普遍化性都是道德语词的逻辑特征，"在指导一个人行为选择的思考中，让具有这种特殊逻辑的术语或概念起关键作用，将是一个实质性的实践命题"④。这个实践命题，指的就是我们所说的黑尔道德论证的规则 5。它不能从概念分析中得出。对这个规则的论证，就是要回答"为什么要有道德"或者"为什么要过道德生活"或者"为什么要用道德来指导实践"。这个问题得到了回答，道德问题才能得到奠基。

对康德来说，对这个问题的回答已经包含在"理性"这个概

---

① "what shall I do"与"what ought I to do"在黑尔那里是两个既有密切联系，又有严格区别的问题。我们将前一问题（shall-问题）译为"我准备做什么"，后一问题译为"我应当做什么"。按照黑尔的术语，前一问题还不是一个道德问题，但它是一个实践问题，因为这个问题是关于要如何行动的问题，而所有的道德问题都是实践问题。

② *Freedom and Reason*，p. 169，51.

③ *The Language of Morals*，p. 1.

④ *Ethics：Inventing Right and Wrong*，p. 88.

念之中。因为有理性者具有按原则来行动的能力，如果这种理性是完全的，他就必定按照原则来行动。因而，对康德来说，理性地回答实践问题就是回答道德问题，即回答"我应当做什么"。如果一个人不愿用原则来指导行动，或者说，他不认为回答"我应当做什么"就是回答"我要做什么"，那是因为他的理性不能完全支配行动，甚至缺乏理性。而一个存在者如果完全缺乏理性，就仅仅是感性的存在者，从而没有自由，只能受制于自然法则，从而也就不可能有实践问题。

然而，黑尔却不能用康德的这套方式来解决问题。因为他的"理性"概念不同于康德。在黑尔那里，理性思考是一种以回答问题为导向的思考所具有的属性，"如果我们利用可获得的事实，按照我们正在问的问题中使用的概念产生的逻辑要求来推理，我们在我们的批判思考中就是理性的"[①]。这样一个理性概念并不必然导向按照法则来指导行动，在黑尔看来，即使是回答"要不要来一杯咖啡"这样的问题，也可以是理性的，因为这种回答可以是审慎的。如果一个人理解了这个问题，知道对这个问题回答"要"或"不要"意味着什么，并且知道喝了咖啡会对他产生什么影响，包括长远的影响，这种情况下的选择就是理性的。这明显区别于他没有听懂这个问题或不知道咖啡的味道也不知道咖啡的影响就盲目地做出肯定或否定回答。他并没有像康德那样区分感性欲求与意志，而只是区分了普遍欲求和非普遍欲求；非普遍欲求的表达就是单称规定，普遍欲求的表达是普遍规定。在康德那里，按照纯粹理性的法则来决定行动才是自由的，自由体现为

[①] *Moral Thinking*：*Its Levels*，*Method and Point*，p. 218.

在决定行为时思考"我应当做什么"这样的问题。但对黑尔来说，"自由"是一个更为宽泛的概念，人能够使用和理解规定语言，包括祈使句这样的单称规定，会问："我准备做什么"这样的问题，就体现了人的自由。这样的理性概念本身不能排除非道德主义，如果一个人面对"我准备做什么"这样一个实践问题，不肯把它转化为"我应当做什么"，从而在他的选项当中不是仅仅包括应当判断，而是包括所有可能的规定，包括单称祈使句，他并没有违背这个问题所涉及的逻辑，也没有无视事实，那么，就不能说他是非理性的。

由于麦凯等人的批评，黑尔认识到非道德主义的存在对他的整个道德哲学的影响并非像自己开始认为的那样不重要。在《道德思考》中黑尔提出了一种论证，来回答"为什么要有道德"这个问题。黑尔是通过把道德与审慎相联系的方式来论证的。他当然明白审慎与道德的区别："必须从一开始就确认，并非……我们在道德上应当做的事情总是合乎我们审慎的利益。"① 不过他还是以一种特殊的方式将道德与审慎联系起来，这种方式利用了他的二层次理论。他认为，在教养我们的孩子时，为了孩子自身的利益，我们需要教给他们指导未来生活的规则。由于孩子的未来生活的细节不可预知，这些规则必须是简单而一般的，是初显的审慎规则。他认为我们不会教孩子做一个狡猾的、不道德的利己主义者，只要发现能逃脱惩罚就干不道德的事情来获取尽可能多的利益，因为"除少数天才，成功地做一个这种类型的利己主

---

① *Moral Thinking*：*Its Levels*，*Method and Point*，p. 191.

义者所需要的能力，对绝大多数人都是遥不可及的"①。除了个人能力上的限制之外，更主要的是社会环境的限制："世界和社会让犯罪在总体上没有好报，这不是偶然的。"② 因为"人类已经发现，使得道德总体上有好报可能使生活大大地改善"③。因此这种初显审慎原则与初显道德原则是相同的。"如果我们纯粹为了孩子自身的利益而教养孩子，我们应当努力在他心中培养某些初显道德原则和伴随的道德情感。"④ 黑尔进一步得出，既然我们应当这样教养我们的孩子，对于我们自己也同样应该如此。

这是一个经验性的论证，恐怕很难让人信服。虽然的确如黑尔所说，让孩子养成美德常常符合孩子的长远利益，但是说初显审慎原则与初显道德原则完全一致，则有疑问。而且初显审慎原则只是直觉的原则，它们可能被批判的审慎思考所修正。因此，为了孩子自身的利益，我们不会让孩子变成僵化而不知变通的人，我们也会培养他们批判地审慎思考的能力，而这种思考完全不同于道德思考。而说我们的社会是一个总体上使得好有好报、恶有恶报的社会，也不符合事实。也许，从总体上说，极端的恶行不会得到好报，但是，追求道德完满的人也同样如此。能够得到好报的大概是那些将总体上遵守世俗的道德，同时又掺杂精明的自私的人。总的来说，黑尔的这个论证并不比历史上已有的基于审慎的道德证明更有说服力。因而，对于为什么要有道德的问题，他并没有给出令人满意的回答。

---

① *Moral Thinking*：*Its Levels*，*Method and Point*，p. 195.
② *Moral Thinking*：*Its Levels*，*Method and Point*，pp. 195－196.
③ *Moral Thinking*：*Its Levels*，*Method and Point*，p. 196.
④ *Moral Thinking*：*Its Levels*，*Method and Point*，p. 203.

第三节
黑尔陷入了自然主义吗？

正像很多人怀疑康德不可能从形式原则得出具有内容的义务一样，很多人也质疑黑尔道德论证方法是否与他对道德语言的分析一致。非描述主义的元伦理学立场是否能引出可以在某种程度上有助于解决实质性道德问题的道德推理理论？我们已经提到，有人认为黑尔所能提供的道德推理模式只能是一种可以成为"可演绎性－承认"的模式，道德原则和道德判断之间虽然存在推理关系，但终极的道德原则却只能依赖于非理性的决定，所以归根到底，黑尔的道德哲学将使理性地解决道德问题不可能。而他后期发展出的道德推理理论，特别是《道德思考》中的道德推理理论，则被认为要么并不能真正得出实质性的道德结论，要么暗中偷用了自然主义。因为按照反自然主义立场，事实判断和道德判断之间存在逻辑鸿沟。因此，人们很自然地会认为从反自然主义立场出发，仅仅依赖逻辑和事实不能得出确定的道德结论；既然黑尔认为仅凭逻辑和事实就能确立某种确定的道德结论，那么他就很可能是暗中转向了自然主义。

可能性之一是黑尔的可普遍化性原理使他陷入了自然主义。例如，内格尔认为，黑尔在《道德思考》中所发展出的理论之所以认为我们能得出某种确定的道德结论，"那是因为在他后期对道德判断意谓什么的说明，包括了一个对普遍性的解释，它相当于一个强的实质性要求，即在所有人之间不偏不倚"①。如果道德判断的可普遍化性指的是，倘若我做了一个关于我或其他人应当做什么的道德判断，我就承认了所有处于相似环境中的人应当做同样的事，那么，这是道德判断形式上的特征，内格尔也不否认道德判断有此特征。但是他强调从道德判断的可普遍化性本身得不出以无偏私性为内容的道德判断。②

但是，黑尔是否在进行道德论证时把可普遍化性偷换为无偏私性？诚如内格尔所言，仅凭纯粹的可普遍化性不能得出确定的道德结论，因为可普遍化性原理只是要求关于所有相似境遇的道德判断要保持一致，并没有对道德判断的内容施加别的限制。对此，黑尔回答说："我从来没有声称可普遍化性本身可得出超过形式无偏私性的东西（即在道德判断的内容或实质上的无偏私性）。我需要添加的是吉巴德称为条件映射原则的东西，在《道德思考》第五章中对它做过论证，它独立于可普遍化性。"③ 所以，实质性的无偏私性原则并不是单靠可普遍化性产生的。在黑尔的道德论证中，可普遍化性仍然只是一个逻辑命题。它只是主张，如果我认为在当前境遇中应当做某一行为，那么我就必须同意在所有相似的境遇中，包括我处于他人的地位，具有他人偏好的假想境遇中，也应当做该行为。至于我是否愿意同意在那样的境遇中做该行为是应当的，可普遍化性命题对此并未置一词；对此施加限制的是条件映射原则。一旦注意到黑尔的道德论证有 5 条规则，由可普遍化性而来的规则这是其中一条，就会看出内格

---

① Thomas Nagel. "Foundation of Impartiality", in *Hare and Critics*, p. 102.
② "Foundation of Impartiality", in *Hare and Critics*, p. 102.
③ "Comments", in *Hare and Critics*, p. 249.

尔的指责不成立。

责难黑尔偷用了自然主义的另一个可能目标就是条件映射原则。因为按照黑尔的这个原则，如果我知道了他人对发生于他之事有什么样的偏好这个事实，那么，关于在假想的境遇（我处于他人的地位并具有他人的偏好）中发生于我之事，我将形成同样的偏好。事实表达为描述，偏好表达为规定，[①] 如果知道了一定的事实，将强制我形成某种偏好，这似乎意味着可以从描述性前提中得出规定性结论，因而违反了黑尔本人在《道德语言》中提出的规则。

这里需要考虑到偏好是一种意向，并且规定是偏好的表达。关于意向的陈述总是涉及这种意向的内容本身。以信念为例，"我相信明天会下雨"是关于我的信念的描述[②]，如果我同意这个描述是正确的，那么，我必须断定"明天会下雨"。如果有人想了解我有什么样的信念，问我"你相信明天会下雨吗"我回答"是的"，同时，对于关于天气情况的询问"明天会下雨吗"我却回答"不会"，那么我就陷入了自相矛盾。这表明，关于信念的事实和信念的内容之间有着某种逻辑关系，但是这并不等于可以从"我相信明天会下雨"这个心理事实的陈述，有效地得出"明天会下雨"这个关于天气的事实陈述。同理，"我喜欢明天下雨"是关于我的愿望的描述，"让明天下雨吧"是表达我的愿望的语

---

① 我们已经提到，只有承认规定有一种弱的意义，这一点才成立（第七章第四节）。不过规定强与弱不影响这里的论证，故为了简化问题，我们不考虑弱的规定。

② 这种表达式还有另外一种用法，即作为断定明天会下雨的一种方式，而不是作为关于我持有这个信念这一心理事实的描述。但此处是在描述心理事实的意义上使用这个表达式的。

句；如果在其他条件相同时，我同意前一个语句，而不同意后一个语句，那么我就在某种意义上是自相矛盾的；但是我们却不能说这两个语句之间有衍推关系。一般而言，如果从前提到结论的推理是有效的，那么，任何人，不论是作为说话者还是听话者，当他认可前提时，就必须认可结论，否则就是逻辑上不一致。但是，上述两种情形中只是对于说话者本人才是这样，对于听话者却并非如此。当我说"我相信明天会下雨"，别人可以同意我说的是真的，但仍然可以不同意"明天会下雨"这个语句；与此类似，当我说"我喜欢明天下雨"，别人可以同意我说的是真的，但并不同意"让明天下雨吧"。概而言之，对关于意向的事实的描述包含意向的内容，要理解我有何种意向，就要了解我的意向的内容是什么，所以关于我有某种意向的描述与这种意向的表达之间有逻辑关系，但这种关系不是前提与结论的关系。对于偏好来说，由于具有某个偏好就是接受某个规定，因此关于我的偏好的描述必然将这个规定包含于其中，但是这个规定是以加引号的方式包含于其中的。例如"我偏好 x 发生"可以改写为"我同意'让 x 发生'"。其中"让 x 发生吧"这个规定被加上了引号，所以整个语句的口吻是描述性的，没有规定力量。但是要理解整个描述，就要理解其中包含的这个规定，就要理解不加引号的规定，因而这个描述与规定之间具有某种逻辑关系，但无论如何不是衍推关系。因而，尽管如果我真诚地说"我偏好 x 发生"，逻辑上我就必须同意"让 x 发生吧"，但是这并不等于可以从前者（描述）得出后者（规定），因为这个逻辑关系只存在于第一人称的情况，所以它不是逻辑衍推的关系。

现在让我们考察第三人称的情况。当我们说某人有某个偏好，也就等于说他接受了某个规定，因而在这个关于他人的偏好的描述中也包含加引号的规定。"他偏好 x 发生"可以改写为"他同意'让 x 发生吧'"。在这里，要理解这个描述，同样需要理解其中包含的"让明天下雨吧"这个规定。要知道这个规定的意思就要理解它的规定力量，也就是要去掉引号，换言之需要在某种意义上把这个规定转化为我的规定。正因为这样，黑尔才主张要知道别人的偏好是什么就要能想象自己拥有这个偏好。承认自己具有一个实际的偏好就要做出一个针对实际境遇的规定，与此类似，想象自己具有一个偏好就是要做出一个针对假想境遇的规定。因而，除非我同意"在我处于他的地位、具有他的偏好时，让 x 发生吧"这个规定，否则我不能同意"他偏好 x 发生"这个描述，就像除非我同意"让 x 发生吧"这个规定，我不能同意"我偏好 x 发生"这个描述。但是，正像"我偏好 x 发生"和"让 x 发生吧"之间不存在衍推关系一样，"他偏好 x 发生"这个描述和"在我处于他的地位、具有他的偏好时，让 x 发生吧"之间也不存在衍推关系。其理由是同样的，对于说话者一方，不能同意前者而不同意后者，但对于听话者一方，则没有这样的逻辑强制。故此，我们认为，条件映射原则并没有违反描述性前提不能衍推规定性结论的规则。

有人坚持认为，如果能从概念分析中得出确定的道德结论，那么这种分析就一定陷入了自然主义。例如，H. M. 罗宾逊（H. M. Robinson）说："如果某人说'那是好的（正当的），但我不赞许（规定）它，'根据黑尔，他是在加引号的含义上使用'好'或'正当'的；即，报告他人的判断或人们接受的观点，但他自己没有采用或认可那些标准。但是，使用黑尔的新模式，这样的无动于衷将是可能的，因为某人肯定可以认识到道德概念分析的正确性，但他自己并不做任何选择或价值判断。"[①] 因此，他认为，如果黑尔声称他的道德结论是从他对道德概念的分析中得出的，他就和某种自然主义或描述主义的立场没有区别。

的确，黑尔常常声称他的道德论证是从对道德概念的分析中得出的。但这并不是一个确切的说法。因为，他的论证所要求的 5 条件规则并不都来自对道德概念的分析。只有规则 1 和规则 2 直接来自道德判断的规定性和可普遍化性。而规则 3 来自条件映射原理，这条原理依赖于意向分析，而不是道德概念的分析。更重要的是规则 5，这条规则来自道德问题本身对回答的可能范围的限制。只有愿意回答道德问题，才会承认规则 5。在象棋中，我们问："王如何才能避免车的攻击？"显然，我们不能回答说"把王向旁边移动两格"，因为这违反了象棋的规则，而我们问的是一个关于象棋的问题。同样，如果一个人打算参与"道德游戏"，回答道德问题，"道德游戏"的规则也就会对他有约束。罗宾逊说一个人可以认识到道德概念分析的正确性，但并不做出任何道德判断，只不过是在说一个人可以是一个黑尔所称的非道德主义者。而我们在上一节已经说明，黑尔的道德论证只在某种限度内才有效，即一个人愿意回答道德问题，或者用另一种表达方式，他总是通过回答"我应当做什么"来回答实践问题。如果罗宾逊注意到这个黑尔明确承认的限度，他就不会认为黑尔把"我应当做一个黑尔的道德结论要求做的事情"作为必然真理。因为非道德主义者

---

① H. M. Robinson. "Is Hare a Naturalist?", in *The philosophical Review*, Vol. 91, 1982, p. 77.

可以否定这个判断，但并没有改变构成这个判断的任何概念的意义，因为非道德主义可以否定任何道德判断。如果黑尔的道德结论是唯一可能的道德结论，它也不是唯一可能的实践结论。

我们可以总结一下黑尔对道德语言的分析与自然主义的区别。对于一种极端的自然主义者来说，道德判断是纯粹描述性的，我们可给道德判断下一个纯粹描述性的定义，这种意义的道德判断与我们的行为没有任何关系。另一种意义的自然主义者，我们可以称为新自然主义者，他们会同意道德判断对行为的指导作用，但他们认为道德判断有确定的真值条件，可以给道德概念下一个描述性定义。特别是对次级价值词［或者厚实的（thick）价值词］，如勇敢、粗鲁等等。按照这两种观点，"是"都可以推出"应当"，但极端自然主义的"应当"没有实践性；而新自然主义的"应当"仍然具有实践性。但是，假如我们持有新自然主义的观点，想要说服某个人不要做粗鲁的事情，我们告诉他，他的行为完全符合"粗鲁"的描述性定义，并且，告诉他承认一个行为是粗鲁的，就是承认那样做不应当，就要放弃那种做法。假如这个人在经过我们的这番解释之后，仍然拒绝他不应当那样做，因而拒绝放弃那种做法，我们就只能说他没有理解"粗鲁"这个词，普特南（Hilary Putnam）说："如果一个人丝毫不分享相关的伦理观点，他就永远不能获得一个厚实的伦理概念，对这样一个概念的熟练使用要求认同（至少在想象中）那种观点的持久能力。"① 照这个观点，我们不但不可能通过教会"粗鲁"这

---

① Hilary Putnam. *The Collapse of the Fact/Value Dichotomy*, Cambridge: Harvard University Press, 2002, p. 39.

个词来改变他的观点，甚至不可能教会他"粗鲁"这个词。至于黑尔的普遍规定主义，将不能从"是"推出"应当"，即使我们告诉一个人所有相关的事实，并象告诉"应当"这个词的逻辑特征（即规定性和可普遍化性），他仍然可以否定任何应当判断，只要他愿意做非道德主义者。但是，非道德主义者尽管不会赞同普遍规定主义的道德结论，还是可以理解普遍规定主义对"应当"的解释，他会懂得，当他称任何行为是应当的，他就是承认要做这样的行为，只不过，他可以不认为任何行为是应当的。如果一个人不打算做黑尔所说的非道德主义者，愿意回答道德问题，那么，黑尔的道德论证理论就有可能帮助他达到一个道德结论。但是，新自然主义者却做不到这一点。他们不仅不能让非道德主义者理解他们的道德概念，而且不能让与他们有不同道德观点的人理解他们的道德概念，因为理解他们的道德概念就是认同他们的道德观点。

第四节
与康德的比较

　　黑尔称自己的观点大大受惠于康德，[①] 不过，他却是一个功利主义者。即使像我们在第九章第四、第五节证明的那样，他的

---

　　① R. M. Hare. "Political Obligation", in *Essays on Political Morality*, Oxford: Clarendon press, 1989, p. 10.

道德结论本不应该是一种典型的功利主义立场，因为他的道德论证方法所得出的结论不应该赞同最大化原则，而应该赞同最大最小原则，他还是分享了很多功利主义观点。

例如，在他的道德观点中（即使经过了修正）经验事实与道德思考是相关的。有一种观点认为，不能在道德思考中考虑经验事实，因为经验事实是偶然的，缺乏普遍必然性，因此，假如加入了经验因素，将使道德原则失去普遍必然性。康德通常被当作这种观点的代表。康德声称："实践的法则仅仅与意志相关，而不管通过意志的因果性做到了什么，而且为了纯粹地拥有法则，人们可以把那种因果性（作为属于感官世界的东西）抽掉。"[①]道德法则"完全先天地、不依赖于经验原则而自为存在"。[②]

康德认为道德判断应该摆脱经验因素影响的理由是，建立在经验基础上的法则是偶然的，没有道德原则所要求的那种普遍性。如果康德的意思是**仅仅**根据经验事实不能得出道德判断，那么黑尔与他一致，不过黑尔的理由不是这会使道德判断成为偶然的，而是这会使道德判断失去规定性。但是，不能**仅仅**依据经验事实做出道德判断，并不意味着要**完全**独立于经验事实来做出道德判断。因为黑尔认为道德判断具有可普遍化性意味着它们具有描述意义，也就是它们受描述意义规则的支配，描述意义规则是普遍的，但不必是一般的，所以不是不受经验事实影响的。由于康德并未区分普遍与一般，对他来说，道德判断的可普遍化性意味着道德判断应当是一般的，或以一般原则为根据的。黑尔则认

---

① 《康德著作全集》（第五卷），第 21 页。
② 《康德著作全集》（第五卷），第 50 页。

为道德判断的可普遍化性只意味着道德判断是普遍的，或以普遍原则为根据的，但这种原则可以高度具体。康德认为，如果掺杂了经验事实，像"人不应当撒谎"这样的一般原则就建立不起来，而没有一般原则，我们就不能做出具体的道德判断。黑尔则认为在道德思考最基本的层次上，我们不需要这样的一般原则，而只需要提供一种可以帮助我们在具体境遇中做出道德判断的道德论证程序，而这样的程序并不需要借助一般原则。"永远不应当撒谎"这样的原则，对于黑尔只是大体上正确，但不是必然正确；在道德思考的基本层次上，能建立的原则是"永远不应当**在这种情况下**①撒谎"这样的具体原则。在决定应不应当撒谎时，需要考虑我是不是处于"永远不应当**在这种情况下**撒谎"这一原则中所提到的"这种情况下"，因此，道德思考中不能没有事实因素。我们认为，在道德思考中纳入对事实的考虑，的确像康德所认为的那样，将不会得到放之四海而皆准的一般原则；相反，我们将必须考虑不同的环境条件、考虑时代的变化、考虑行为的后果，根据具体的境遇来做选择。但是，这并不必然导致道德相对主义。因为"在这样的境遇中应当这样行动"与"在那样的境遇中应当那样行动"是两个可以并行不悖的道德判断，主张两个并行不悖的判断都正确不是相对主义，就如同说"在大气压为 a 时，水的沸点为 x"和"在大气压为 b 时，水的沸点为 y"都正确不是相对主义一样。认为道德判断要考虑具体的境遇并不必然使得道德判断堕落为权宜之计，因为说"在如此这般的境遇中应

---

① 这里的"这种情况"只是一种简化的说法，它可以非常具体，以至于用再多的言词都难以将它精确地陈述出来。

当如此这般地行动"同样是说出了一个普遍原则，这样一个原则仍然可能是严格的和必然的。相反，要求道德原则一定是无视具体境遇的一般原则，那么这样的原则倒是可能要么成为对具体的道德实践毫无帮助的空洞原则，要么成为僵化的教条。

黑尔的道德理论的另一个特征是，要考虑有关各方的偏好，这是道德论证中的一个关键因素。而一般认为，康德反对把偏好作为道德原则的依据。我们有必要弄清的是康德真正反对的是什么，以及反对的理由是什么。康德的确说过，道德行为"不能出自偏好，而只能**出自义务**去做出这些行为"①。他反对把人所欲求的对象是什么作为决定实践原则的根据，但这是因为人欲求的对象不是确定如一的，如果以此作为道德原则的根据，道德原则将失去普遍有效性："因为在这种情况下，所有人的意志并不具有同一个客体，而是每个人都有他自己的客体（他自己的福利），这个客体虽然也能够与其他人的同样是针对其自身的意图偶然相合，但还远不足以构成法则，因为人们有权偶尔做出的例外是无穷无尽的，根本不能确定地包含在一条普遍的规则之中。"② 康德坚决主张要把道德与审慎、德性与自爱区分开。一个行为是道德的，决不是因为它满足了行为者的欲求，行为的道德性不能建立在自爱的基础上，道德原则决不是教人们如何满足自己欲求的法则。否则，道德法则将不是直言命令，而成了假言命令。假言命令只能告诉人们为达某一目的，应采取何种手段，而不涉及目的是否合理。如果理性只能给出假言命令，那么理性就只能局限

① 《康德著作全集》（第四卷），第 405 页。
② 《康德著作全集》（第五卷），第 30 页。

于决定手段，目的的决定就被委诸非理性。如果道德原则只是假言命令，那么它们在终极意义上是没有理性根基的，因为手段的选择是相对于给定的目的的。对于那些没有一致目的的人，将不存在任何理性的方式能使它们达成道德上的一致。但是，道德规则不能以**行动者**自身的欲求为根据，并不意味着我们在道德思考中应当完全无视人的欲求与偏好。康德也承认促进他人幸福的责任，只不过并非来自我有使他人幸福的欲求或偏好，而是来自法则形式的限制，"唯有从这种限制中，而不是从一个外在的动机的附加中，才能产生出把我的自爱准则也扩展到别人的幸福上去的责任概念"①。这与黑尔的论证形式是一致的。

康德提出的检验行为道德性的方法，是看行为的准则能否成为普遍法则，或我们能否愿意它成为普遍法则。在后一种情况中，必须考虑人的欲求。我们之所以不愿意一条行为准则成为普遍法则，是因为它成为普遍法则与我们的意愿相矛盾。如果人是无情无欲的，就不会有什么行为准则普遍化后与人的意愿相矛盾。因此康德的后一标准（为方便起见，姑且称为标准II），与黑尔的论证路线是一致的。按黑尔的理解，不愿意一条准则普遍化，就是不同意该准则普遍化后所蕴涵的单称规定，这就涉及人的偏好。因为，按黑尔的理解，"拥有一个偏好就是接受一个规定"并且"一切规定都是偏好或广义欲求的表达"。当然，康德还有另一条检验行为道德性的标准，即行为的准则是否能够成为普遍法则（标准I）。他认为某些准则本身就不能普遍化，试图把它们普遍化本身就是矛盾的，更谈不上愿意其普遍化。他所举

---

① 《康德著作全集》（第五卷），第38页。

的例子是做虚假的承诺。他认为，把这种情况普遍化本身就是自相矛盾的，因而根本无法设想。这种论证方式似乎不需要涉及人的偏好。康德的这种论证该如何理解，有各种不同的解读。这种论证方法的一种解释是，做出承诺（包括虚假的承诺）是以承诺制度的存在为前提的，而做虚假的承诺一旦成为普遍的，承诺制度就不复存在，因而做虚假的承诺也就不可能了，故而这是件自相矛盾的事情。但是，黑尔认为，一旦区分了普遍与一般，同意普遍原则可以是高度具体的，康德的论证就不那么有力了。因为虽然不能设想在任何情况下任何人的许诺都是虚假的（因为这取消了承诺制度），但是，可以设想人人都在不被人识破的情况下做虚假的诺言（这样承诺制度仍得以保留）。① 况且，即使在论证不应当做虚假承诺时，康德也没有排斥诉诸人的意愿。在《道德形而上学原理》中，当康德论证了普遍地做假承诺将导致没有人相信别人的承诺，从而承诺成为不可能后，他附带提道："或者，如果他们轻率地相信，也会以同样的方式回报我。"② 这样他又回到了标准Ⅱ。在康德使用直言命令的另一表述形式"永远要把自己和他人都当作目的，不能仅仅作为手段"时，这一点表现得更为明显。他论证说，做虚假的承诺就是把别人仅仅当作工具，"我想通过这样一种承诺来为了我的意图而利用的人，不可能会赞同我对待他的方式，因而甚至包含着这个行为的目的"③。也就是说，做虚假的承诺之所以是错误的，是因为它涉及违反他人的意愿。因而，至少对于康德的标准Ⅱ来说，他与黑尔的论

---

① *Sorting out Ethics*, p. 154.

② 《康德著作全集》（第四卷），第410页。

③ 《康德著作全集》（第四卷），第437页。

证模式实际上并非不相容。

需要注意的是，在道德论证中诉诸人的意愿或偏好，并不一定使道德与审慎相混淆，更不必使道德成为精致的自私。因为在黑尔的论证（当然也包括康德的论证）中，人的偏好只有和道德判断的可普遍化性这一形式方面的特征结合起来，才能产生论证的力量。它并没有说，我应当做某一行为，因为这样做从长远来看满足我的意愿，也没有说，我不应当做有违他人意愿的事，否则我将自食其果，而是说由于道德判断的可普遍化性，做道德判断时只考虑自己的意愿而不考虑他人的意愿将使我陷入矛盾。

康德被批评为只提供了空洞的形式原则，因此不能得出任何有实质内容的道德结论。例如黑格尔、密尔、萨特等等，我们仅以当代的麦金太尔为例："康德对真正的道德指令的检验是，它是我可以一致地加以普遍化的指令。然而，实际上，只要足够机灵，几乎每个指令都能够被一致地普遍化。"[1] 也就是将我的准则加上具体条件，使得只适合于我当前的情况，而不适合别人按照这个准则行动会给我带来麻烦的情况。但是，麦金太尔提出的这种策略实际上类似于"作弊的限定摹状词"，其实是使得这个准则没有真正的普遍化。而黑尔的可普遍化概念实际可以排除这种情况，这一点我们已经在第六章第六节讨论过了。

---

① *A Short Story of Ethics*，p. 197.

第五节
结语

如何评价黑尔的道德哲学？黑尔的道德哲学是不是成功的？而这个问题又首先在于，黑尔对道德语言的分析是不是成功的？当然，黑尔对道德语言的分析肯定是有瑕疵的，前面的章节尽力指出了这些瑕疵，例如，黑尔可能需要一个弱的规定性概念作为补充，来应付道德软弱问题和义务冲突问题。不过，这些瑕疵可以以某种方式加以弥补，从而对他的整个理论来说不是重大问题。可能更为重要的反对意见是像麦金太尔等人所提出的这类批评："当黑尔刻画评价与规定时，他是不是实际上在以某种方式定义这些术语以保护他的论点不受可能的反例攻击？"① 这种批评是很难避免的，因为语言分析，按照某些哲学家的观点，需要依赖于说话者的直觉，而这种直觉来自说话者自己对这种语言的掌握。尽管按照黑尔的观点，说同一种语言的人在语词的理解上通常能达成一致，但是由于自然语言的复杂性、灵活性和模糊性，以及将自己对某种语言用法的掌握清楚表述出来的难度，即使是说同一种语言的人也不总能在一切问题上分享相同的语言直觉。在遇到边缘性情况时，常常不存在"判决性观察"来决定哪种分析是正确的。故此，不可避免地，语言分析会多少带着"为

---

① *A Short Story of Ethics*，262.

语言立法"的色彩。

但是与其将这种"立法"看作一种逃避反例的伎俩，不如将其看作把问题摆到明处的方式。我们已经在本章第四节讨论过对道德语言的不同分析，从极端描述主义到普遍规定主义，会造成什么后果。同样，我们可以问，如果不像黑尔那样，将评价性定义为规定性，将规定性定义为衍推祈使句，会造成什么样的后果。例如，如果我们说某个人真诚地赞同一个道德判断，但他却丝毫不打算按照这个判断行动，那么，真诚地赞同一个道德判断和只是口头上赞同有什么区别？我们可以取消真诚地赞同和口头上赞同的区别，但是认为赞同一个道德判断和照它行动是两回事；但是这种做法会使一个人是否持有某个道德观点成为无关紧要的事情。因为一个人赞同一个道德判断不过就是指他**说**他赞同这个判断。我们将不再关心一个人赞同什么道德观点，而关心一个人**践行**什么道德观点。我们也可以认为真诚地赞同一个道德判断和按照它行动是一回事，从而一个人是否真诚地赞同一个道德观点的唯一标准就取决于他是否有按这个观点去行动的动机。但是，我们会发现前一种情况与后一种情况并没有实质性的差别。因为在前一种模式下一个人践行什么观点，相当于后一种模式下一个人赞同什么观点。换言之，不管我们把分界线划在哪里，我们关心的都是道德观点与行为的联系。因而，对道德语言的分析，很大程度上取决于我们希望道德判断与事实的联系更紧密，还是与实践的联系更紧密。而黑尔的分析显示这二者难以两全。如果我们要认为道德判断并不能满足黑尔的动机性条件，那么，也许像有些人认为的那样，我们可以把道德判断解释为描述了事实，从而具有"客观性"，但这就使得道德与实践之间出现了鸿沟。因为，在这种解释下，虽然道德判断有了客观标准，而不取决于人的意愿，所以可以使任何有理性的人都承认某个道德判断，但是，我们却不能因此而要求他们采取任何行动。^①假如有人希望这二者同时得到满足，那么，他将使得有不同道德观点的人不能互相理解，甚至，他会使得不同道德观点的人看到事实不一样。这不但不会使道德变得客观，而且反而使得事实也不那么客观了。所以，当麦金太尔问："如果他只是立法使得评价与规定是他说它们是的那种东西，为什么我们应该赞同他的立法?"^②我们可以回答说，尽管黑尔的分析带有"立法"的性质，但这种"立法"却不是任意的。我们可以说，黑尔的那种分析方式，以一种方式勾勒出了我们在道德思考中关心的问题。我们对道德问题的关心，就是因为道德问题关系到我们和他人如何生活如何行动；道德问题之所以关系重大，就是因为它不是涉及某一个人某一时刻会做什么，如果是那样，那会是一些琐碎的问题；道德问题不是琐碎的，因为它是原则性的。在萨特所举的那个学生的例子中，他之所以面临艰难的选择，是因为他的选择并非仅仅涉及他个人在这个特殊场合的特殊选择，而是涉及所有的人在这种情况下该怎样做；否则他不必感到责任重大、负担沉重。

至于如何评价他的道德推理理论，取决于我们在哪一个限度内来谈。我们在本章第一节和第二节已经指出了这个推理理论的

---

① 当然，黑尔的规定性概念可以放宽，来容纳道德软弱和义务冲突。但是，在这两种情形下，道德判断仍然要满足动机性条件，也就是说，虽然一个道德判断被压倒了，但仍然并不是没有按照这个判断去行动的动机，而是被其他更强的动机所压倒。这个问题的讨论见第四章第五节。

② *A Short Story of Ethics*, pp. 262-263.

限度：(1) 它所处理的问题是对他人会产生影响的行为，而不能覆盖所有的道德问题；(2) 它只能回答"我应当做什么"这样的问题，即只能用来在所有可能的道德观点之间进行选择。这个推理理论包括了五个规则（对它们的完整列举见第九章第三节），我们已经分别考察过它们的根据。由于这个推理理论的应用范围被限定在回答道德问题而不是一般的实践问题，规则 5 有了根据；而如果我们同意黑尔对道德语言的分析，也就会同意规则 1 和规则 2。作为偏好与规定之间的联系，规则 4 一般不会受到反对。至于规则 3 所依据的条件映射原理，黑尔给予的论证还不够充分，不过直觉上似乎是可以接受的。按照这 5 个规则，一个人所可能选择的道德判断就受到了限制，所有按照这 5 个规则进行思考的人，如果他们对于同一个境遇有相同的了解，那么他们就将对在这个境遇中应当做什么做出相同的回答。换言之，如果这就是回答道德问题必须遵守的全部规则，那么，遵循这些规则做出的对道德问题的回答将对所有理性的道德思考者普遍有效。但是，正如我们在第九章所论证的，对道德问题的这类回答不是像黑尔所认为的那种功利主义的回答，即不是使所有受行为影响的人的偏好满足总体上最大化，而是尽可能平等地促进每个受影响者的偏好的满足。黑尔将自己的理论引向了奉行最大化原则的功利主义，是一个错误。他由此被看作功利主义的一个当代代表，从而扭曲了他的道德哲学的实质性结果，这是一件非常令人遗憾的事情。不过，无论如何，他的道德哲学不是空洞的形式研究，而是可以富有成果的。它表明，康德的道德哲学方案，在某种解释下，并非像黑格尔、密尔、萨特乃至麦金太尔等等所认为的那样是空洞的形式，不能得出实质性的道德结论。同时，它也表明，并非像休谟想的那样，由于道德涉及的是意志问题，没有真假，就不属于理性的范围。

当然，我们已经注意到，黑尔的道德推理方法只适合于处理那种会影响他人的行为。对于那种不会影响他人的行为，或者两种选择对他人的影响是大体上相同的，如何对它们做出道德判断，黑尔的道德推理方法就无能为力，而只能把它们交给个人选择。但是，同样要注意到，黑尔的道德推理方式适用的那些问题恰恰是我们需要达成一致的问题，在这些问题上我们不能搁置争议。而对于那些不会对他人产生影响的行为，例如一个人是否选择自杀来避免受病痛的折磨，又如是过一种勤勉的生活还是闲适的生活，则是我们并不需要至少不迫切需要达成一致的问题。因而，他的道德哲学显示出明显的自由主义特征："理性将自由留给我们，但强制我们尊重他人的自由，并与他人联合起来行使它。"① 既然那些行为和选择不会影响他人，因此对于它们我们可以搁置争议，因而对于这些问题没有给出理性论证的方法，并不能算作一个严重的问题。相反，黑尔的道德哲学可以看作画出了一个自由的边界。那种不能通过理性达成一致的问题，就是人自由选择的领地。

黑尔的道德推理理论可以被我们用来得出一种与罗尔斯的正义观类似的道德观点，而这种方法与罗尔斯本人的方法完全不同。他的方法是非直觉主义的。这不是说他完全反对道德直觉，而是他主张有比道德直觉更优先的思考方式，即批判的思考方式，批判的思考方式不能从任何道德直觉出发，不能借助任何直

① *Moral Thinking*: *Its Levels*, *Method and Point*, p. 228.

觉性道德判断作为根据。相反，任何基于道德直觉的判断与其他偏好一样，都必须在这种批判思考中得到检验。这种批判的性格是黑尔的道德哲学的特征。无怪乎他将自己的道德推理方法与波普尔的证伪主义相类比。黑尔道德哲学的另一特征是他的普遍主义。在我们这个文化多元主义的时代，形形色色的文化相对主义和种族中心主义盛行，很多哲学家都不再坚持存在跨文化的、普遍的理性了。而黑尔则在"逆着我们这个文化多元主义时代的潮流而动"。① 因为他仍然坚持存在并非内在于文化之中而是可以适用于不同文化的普遍理性；他仍然相信，理性地讨论文化间的差异并最终达成一致是可能的。这也是他反对各种直觉主义，包括罗尔斯式的直觉主义的原因。批判性与普遍性是结合在一起的。正是因为可以对任何道德观点进行理性的反思，不管我们自己的还是其他文化的，我们才有可能在不同文化和种族之间就道德问题达成一致。这种批判性和普遍性既体现在他的道德推理方法中，也体现在他对道德语言的分析中。安斯康姆、吉奇、福特、普特南和麦金太尔等人要求关注那些内容更丰富的次级价值词，这些词被认为是更厚实的价值词，而"好"、"应当"和"正当"则是一些单薄的价值词。而黑尔始终坚持首要价值词的重要性，因为首要价值词具有较不固定的描述内容，因而更具有普遍性。不同的文化、不同的时代可能不能分享共同的次级价值词，但可以分享共同的首要价值词。即使某些文化没有这些价值词，原则上也可以向他们解释清楚这些词的含义。

---

① Peter Simpson. *Vices*, *Virtues*, *and Consequences*: *Essays in Moral and Political Philosophy*, Washington, D. C: Catholic Univ of Amer Pr, 1999, p. 23.

一旦我们转向更一般的实践问题，正如我们在本章第二节指出的，黑尔的道理哲学没有能够充分地回答为什么要有道德，从而在黑尔的道德哲学中存在道德问题与实践问题的裂缝。尽管如果一个人致力于道德问题的思考也就是致力于实践问题的思考，但反过来却不成立，一个思考实践问题的人并不就是在思考道德问题，因为他可能不会把自己的选项限制在普遍规定的范围内。后一种情况下，黑尔的道德哲学将不能对这种人思考实践问题提供帮助。但是，这种道德问题与实践问题的裂缝，与前面所说的按照描述主义造成的道德与实践的鸿沟不同，因为对这种描述主义而言，认可一种道德判断，并不能指导我们的行为。而按照黑尔的解释，认可一种道德判断就是认可一种行动，因为道德具有指导行为的功能，只不过有些人可以拒绝认可任何道德判断，从而道德也就无法对他们提供指导。

我们已经说过，由于黑尔与康德的"理性"概念有差异，他不能说非道德主义的立场是非理性的。但是，使用康德的"理性"概念是有代价的。黑尔的"理性"概念是极其宽泛的，只有弄错事实或违反逻辑才是非理性的。尽可能获得相关事实和遵循逻辑是这个"理性"概念施加的唯一限制。这几乎是一切"理性"概念都会包含的一般限制。而对于康德的理性概念，一个人可以问："为什么我要受**这种**理性的约束？"而对这种人，我们不能在最宽泛的意义上说他是非理性的，因为他既非弄不清事实，也不能说他不合逻辑。因而我们不能通过展示事实或指出不受这种理性的约束就是逻辑上不一致来说服他。我们唯一的办法就是告诉他，这种理性是把人与动物以及更低级的东西区分开的东西，是使得人有尊严的东西。但这已经是在告诉他一种价值观了，因而对于那些没有分享这种价值观的人来说，仍然是无效的。这类似于笛卡尔说我们不能用信仰来证明上帝存在和灵魂不朽时说的话："不过这个理由［信仰］不能向不信教的人提出，因为他们会以为我们在这上面犯了逻辑学家们称之为循环论证的错误。"① 弗兰克纳提出："如果 A 具有充分的理性，并且知道所有关于他自己和周围世界的事实，那么他所选择的生活当然有赖于他是什么样的一种人（人是不同的）；但是，如果心理利己主义对我们所有人都是不真实的，那么结果总可能是 A 将选择一种道德上善的生活方式……"② 很显然，弗兰克纳并没有证明，如果 A 有充分的理性他就必然选择道德上善的生活，他只是假设，他选择道德上善的生活总是可能的。这与黑尔的观点并没有根本的不同。

这个难题，最终是现代道德哲学的难题。因为现代道德哲学预设了人自主地通过理性来确立道德的任务。这一点在康德那里得到了最明确的表述，而黑尔不过是这条路线的继承者而已。所以，这不是黑尔道德哲学特有的难题。至于在现代道德哲学框架内有没有希望解决这个问题，这里不是轻率地下断言的地方。但可以说，黑尔的道德哲学，作为现代道德哲学的一种典型形式，已经尽可能清晰地提供了一种解决道德**内部**争端的方法。

---

① 笛卡尔：《第一哲学沉思集》，庞景仁译，商务印书馆，1996 年，第 1～2 页。

② 弗兰克纳：《伦理学》，关键译，三联书店，1987 年，第 242 页。

参考文献

一、黑尔的论著

[1] Review of S. E. Toulmin, An Examination of the Place of Reason in Ethics, in The Philosophical Quarterly, Vol. 1, 1950.

[2] The language of Morals, Oxford: The Clarendon Press, 1952.

[3] Philosophical Discoveries, in Mind, Vol. 69, 1960.

[4] Freedom and Reason, Oxford: Clarendon Press, 1963.

[5] Review of G. J. Warnock's ContemporaryMoral Philosophy, in Mind, Vol. 77, 1968.

[6] Practical Inference, University of California Press, 1972.

[7] Essays on the Morals Concepts, Berkeley and Los Angeles: University of California Press, 1973.

[8] Moral Thinking: Its Level, Methods and Point, Oxford: Clarendon Press, 1981.

[9] Plato, Oxford: Oxford University Press, 1982.

[10] "Comments", Hare and Critics, Oxford: the Clarendon Press, 1988.

[11] Some Sub-Atomic Particles of Logic, in Mind, Vol. 98, 1989.

[12] Essays in Ethical Theory, Oxford: The Clarendon Press, 1989.

[13] Essays on Political Morality, Oxford: The Clarendon Press, 1989.

[14] Essays on Religion and Eduction, Oxford: The Clarendon Press, 1992.

[15] Sorting out Ethics, Oxford: The Clarendon Press, 1997.

二、相关外文论著

[16] Adams E M. Mr. Hare on the Role of Principles in Deciding, in Mind 65, 1956.

[17] Adu-Amankwah P A, The Moral Philosophy of R. M. Hare: A Vindication of Utilitarianism? New York: Peter Lang Publishing, Inc. 1997.

[18] Anscombe G E M. Modern Moral Philosophy, in Philosophy, Vol.

33, 1958.

[19] Anscombe G E M. On Brute Facts, in Analysis, Vol. 18, 1958.

[20] Austin J L. How to Do Things with Words, Oxford: The Clarendon Press, 1962.

[21] Ayer A J. Language, Truth, and Logic, London: Penguin Books Ltd, 1971.

[22] Bambrough, Renford, Moral Scepticism and Moral Knowledge, London: Routledge & Kegan Paul, 1979.

[23] Baron M W, Pettit P, Slote M. Three Methods of Ethics: A Debate, New Jersey: Blackwell Publishers, 1997.

[24] Bentham, Jeremy. An Introduction to the Principles of Morals and Legislation, Oxford: The Clarendon Press, 1907.

[25] Brandt R B. A Theory of the Good and the Right, Oxford: The Clarendon Press, 1979.

[26] Brandt R B. Act-Utilitarianism and Metaethics, Douglas Seanor and N. Fotion (ed.), Hare and Critics, Oxford: The Clarendon Press, 1988, p. 27.

[27] Brandt R B. Morality, Utilitarianism and Right, Cambridge: Cambridge University Press, 1992.

[28] Cox J W R. From Universal Prescriptivism to Utilitarianism, in Philosophical Quarterly, Vol. 36, 1986.

[29] Ewing A C. The Definition of Good, New York: Hyperion Press, Inc. 1979.

[30] Flew Antony. On not Deriving "Ought" form "Is", in W D Hudson (ed.), The Is-Ought Question, New York: St. Martin's Press, Inc, 1972.

[31] Foot Philippa. Virtues and Vices, and Other Essays in Moral Philosophy, Oxford: Basil Blackwell Publisher, 1978.

[32] Frankena W. The Naturalistic Fallacy, in Philippa Foot (ed.), Theories

of Ethics, Oxford: Oxford University Press, 1967.

[33] Frankena W. Hare on Moral Weakness and the Definition of Morality, in Ethics, Vol. 98, 1988.

[34] Gauthier D P. Hare's Debtors, in Mind, Vol. 77, 1968.

[35] Geach P T. Good and Evil, in Philippa Foot (ed.), Theories of Ethics, Oxford: Oxford University Press, 1967.

[36] Gibbard A. Hare's Analysis of "Ought", in Douglas Seanor and N. Fotion, (ed.), Hare and Critics, Oxford: The Clarendon Press, 1988.

[37] Goodman, Nelson, The Problem of Counterfactual Contionals, in Leonard Linsky(ed.), Semantics and the Philosophy of Language, Champaign: University of Illinois Press, 1952.

[38] Hancock R. Refutation of Naturalism in Moore and Hare, in Journal of Philosophy, Vol. 57, 1960.

[39] Hancock R. A Note on Hare's The Language of Morals, The Philosophical Quarterly, Vol. 13, 1963.

[40] Harsanyi, John C. Review: Can the Maximin Principle Serve as a Basis for Morality? A Critique of John Rawls's Theory, in The American Political Science Review, Vol. 69, 1975.

[41] Harsanyi, John C. Morality and the Theory of Rational Behavior, in Social Research, Vol. 44, 1977.

[42] Harsanyi, John C. Bayesian Decision Theory and Utilitarian Ethics, in The American Economic Review, Vol. 68, 1978.

[43] Honderich, Ted, (ed.). The Oxford Companion to Philosophy, Oxford: Oxford University Press, 1995.

[44] Hudson W D. The "Is-Ought" Controversy, in W. D. Hudson(ed.), The Is-Ought Question, New York: St. Martin's Press, Inc, 1972.

[45] Hudson W D. Modern Moral Philosophy, London: The Macmillan

Press, 1983.

[46] Hudson W D. Development of Hare's Moral Philosophy, in Seanor, Douglas and Fotion, N. , (ed.), Hare and Critics, Oxford: The Clarendon Press, 1988.

[47] Hume, Divid. A Treatise of Human Nature, Oxford: The Clarendon Press, 1946.

[48] Kripk, Saul. Naming and Necessity, Oxford: Basil Blackwell Publisher, 1980.

[49] Lee, Keekok. A New Basis for Moral Philosophy, London & New York: Routledge & Kegan Paul Public, 1985.

[50] Lessnoff M H. Justice, Social Contract, and Universal Prescriptivism, in The Philosophical Quarterly, Vol. 28, 1978.

[51] Lycon W G. Hare, Singer and Gewirth on Universalization, in Philosophical Quarterly, Vol. 29, 1969.

[52] MacIntyre A C. What Morality Is Not, in Philosophy, Vol. 32, 1957.

[53] MacIntyre A C. After Virtue, South Bend: University of Notre Dame Press, 1981.

[54] MacIntyre A C. A Short Story of Ethics, London & New York: Routlege, 1995.

[55] MacKay A F. Inferential Validity and Imperative Inference Rules, in Analysis, Vol. 29, 1969.

[56] Mackie J L. Ethics: Inventing Right and Wrong, London: Penguin Books, 1977.

[57] Mackenzie J C. Prescriptivism and Rational Behaviour, in The Philosophical Quarterly, Vol. 18, 1968.

[58] McClellan J E, Komisar B P. On Deriving "Ought" form "Is", in W. D. Hudson (ed.), The Is-Ought Question, New York: St. Martin's Press,

Inc, 1972.

[59] McDermott, Michael. Hare's Argument for Utilitarianism, in The Philosophical Quarterly, Vol. 33, 1983.

[60] Mill, John Stuart. Utilitarianism, London: Longmans, Green, and Co. 1907.

[61] Moore G E. Principia Ethica, Cambridge: Cambridge University Press, 1993.

[62] Nowell-Smith P H. Ethics, London: Penguin Books, 1954.

[63] Ogden C K, Richards I A. The Meaning of Meaning, London: The Morland Press Ltd. , 1923.

[64] Pettit, Philip. Universalizability without Utilitarianism, in Mind, Vol. 96, 1987.

[65] Popper, Karl. The Logic of Scientific Discovery, London & New York: Routledge, 2002.

[66] Price A W. Richard Mervyn Hare 1919—2002, in The British Academy, 2004.

[67] Prior A N. Logic and the Basis of Ethics, Oxford: The Clarendon Press, 1956.

[68] Putnam, Hilary. The Collapse of the Fact/Value Dichotomy, Cambridge: Harvard University Press, 2002.

[69] Rawls, John. A Theory of the Justice, Cambridge: Harvard University Press, 1971.

[70] Richards D A J. Prescriptivism, Constructivism and Rights, in Douglas Seanor and N. Fotion (ed.), Hare and Critics: Essays on Moral Thinking, Oxford: The Clarendon Press, 1988.

[71] Ross W D. the Right and the Good, Oxford: The Clarendon Press, 1930.

[72] Robinson H M. Is Hare a Naturalist? in Philosopical Review, Vol. 91, 1982.

[73] Scarre, Geoffrey. Utilitarianism, London & New York: Routledge, 1996.

[74] Scarrow D S. Hare's Account of Moral Reasoning, in Ethics, Vol. 76, 1966.

[75] Schueler G F. Some Reasoning about Preferences, in Ethics, Vol. 95, 1984.

[76] Schurz, Gerhard. The Is-Ought Problem: An Investigation in Philosophical Logic, The Hague: Kluwer Academic Publishers, 1997.

[77] Searle John R. Speech Acts: An Essay in the Philosophy of Language, Cambridge: Cambridge University Press, 1969.

[78] Searle John R. How to Derive "Ought" from "Is", in W. D. Hudson (ed.), The Is-Ought Question, New York: St. Martin's Press, Inc, 1972.

[79] Searle John R. What Is a Speech Act? in A. P. Martinich (ed.), The philosophy of language (3rd. edition), Oxford: Oxford University Press, 1996.

[80] Show W H. Contemporary Ethics: Taking Account of Utilitarianism, New Jersey: Blackwell Publishers, 1999.

[81] Silverstein H S. A Note on Hare Imagining Oneself in the Place of Others, in Mind, Vol. 81, 1972.

[82] Simpson, Peter. Goodness and Nature: A Defence of Ethical Naturalism, Leiden: Martinus Nijhoff Publishers, 1995.

[83] Simpson, Peter. Vices, Virtues, and Consequences: Essays in Moral and Political Philosophy, Washington, D. C.: The Catholic University of America Press, 1999.

[84] Singer, Peter. The Triviality of the Debate over "Is-Ought" and the Definition of "Moral", in American Philosophical Quarterly Vol. 10, 1973.

[85] Singer, Peter. Practical Ethics (2nd edition), Cambridge: Cambridge University Press 1993.

[86] Singer, Peter. R. M. Hare's Achievements in Moral Philosophy, in Utilitas, Vol. 14, 2002.

[87] Smart J J C, Williams B. Utilitarianism: For and Against, Cambridge: Cambridge University Press, 1973.

[88] Stevenson C L. Ethics and Language, New Heven: Yale University Press, 1944.

[89] Taylor C C W. Review of R. M. Hare's Freedom and Reason, in Mind, Vol. 74, 1965.

[90] Thomson, James, Judith. How Not to Derive "Ought" form "is", in W. D. Hudson(ed.), The Is-Ought Question, New York: St. Martin's Press, Inc, 1972.

[91] Toulmin S E. An Examination of the Place of Reason in Ethics, Chicago: The University of Chicago Press, 1986.

[92] Vendler Z. Changing Places? in Douglas Seanor and N. Fotion, (ed.), Hare and Critics, Oxford: The Clarendon Press, 1988.

[93] Warnock G J. Morality and Language, Oxford: Basil Blackwell Publisher, 1983.

[94] Williams, Bernard. Moral Luck, Cambridge: Cambridge University Press, 1981.

[95] Williams, Bernard. Ethics and the Limits of Philosophy, Cambridge: Harvard University Press, 1985.

三、 相关中文论著

[96] 汤姆·L. 彼彻姆. 哲学的伦理学 [M]. 雷克勤，等译. 北京：中国社会科学出版社，1990.

[97] 宾克莱. 二十世纪伦理学 [M]. 孙彤，孙南桦，译. 石家庄：河北人民出版社，1988.

[98] 蔡曙山. 言语行为和语用逻辑［M］. 北京：中国社会科学出版社，1998.

[99] 陈波. 逻辑哲学导论［M］. 北京：中国人民大学出版社，2000.

[100] 笛卡尔. 第一哲学沉思集［M］. 庞景仁，译. 北京：商务印书馆，1986.

[101] 弗兰克纳. 伦理学［M］. 关键，译. 北京：生活·读书·新知三联书店，1987.

[102] 弗雷格. 弗雷格哲学论著选辑［M］. 王路，译. 北京：商务印书馆，2001.

[103] 格沃斯，等. 伦理学要义［M］. 戴杨毅，等译. 北京：中国社会科学出版社，1991.

[104] 黑格尔. 哲学史讲演录：第四卷［M］. 贺麟，王太庆，译，北京：商务印书馆，1978.

[105] 洪谦. 论逻辑经验主义［M］. 北京：商务印书馆，1999.

[106] 康德. 康德著作全集：第四卷［M］. 李秋零，译. 北京：中国人民大学出版社，2005.

[107] 康德. 康德著作全集：第五卷［M］. 李秋零，译. 北京：中国人民大学出版社，2007.

[108] 克里普克. 命名与必然性［M］. 梅文，译. 上海：上海译文出版社，2001.

[109] 拉卡托斯. 科学研究纲领方法论［M］. 兰征，译. 上海：上海译文出版社，1986.

[110] 洛克. 人类理解论［M］. 关文运，译. 北京：商务印书馆，1983.

[111] 欧阳康. 当代英美著名哲学家学术自述［M］. 北京：人民出版社，2005.

[112] 石里克. 伦理学问题［M］. 张国珍，赵又春，译. 北京：商务印书馆，1997.

［113］周辅成. 西方著名哲学家评传［M］. 上海：上海人民出版社，1987.

［114］萨特. 存在主义是一种人道主义［M］. 周煦良，汤永宽，译. 上海：上海译文出版社，1988.

［115］宋希仁. 当代外国伦理思想［M］. 北京：中国人民大学出版社，2000.

［116］涂纪亮. 当代西方著名哲学家评传：第三卷［M］. 济南：山东人民出版社，1996.

［117］万俊人. 现代西方伦理学史：下卷［M］. 北京：北京大学出版社，1997.

［118］维特根斯坦. 逻辑哲学论［M］. 贺绍甲，译. 北京：商务印书馆，1996.

［119］维特根斯坦. 哲学研究［M］. 李步楼，译. 北京：商务印书馆，1996.

［120］沃诺克. 一九零零年以来的伦理学［M］. 陆晓禾，译. 北京：商务印书馆，1987.

［121］西季威克. 伦理学方法［M］. 廖申白，译. 北京：中国社会科学出版社，1993.

［122］徐向东. 自我、他人与道德——道德哲学导论［M］. 北京：商务印书馆，2007.

［123］亚里士多德. 尼各马科伦理学［M］. 苗力田，译. 北京：中国社会科学出版社，1999.

［124］杨玉成. 奥斯汀：语言现象学与哲学［M］. 北京：商务印书馆，2002.

［125］詹姆士. 实用主义：一些旧思想方法的新名称［M］. 陈羽纶，孙瑞禾，译. 北京：商务印书馆，1997.

图书在版编目（CIP）数据

从道德语言到道德思考：R.M.黑尔的道德哲学研究 /
郭立东著. — 2 版. — 成都：四川大学出版社，2023.7
（思问文库）
ISBN 978-7-5690-6212-0

Ⅰ. ①从… Ⅱ. ①郭… Ⅲ. ①伦理学—研究 Ⅳ.
① B82

中国国家版本馆 CIP 数据核字（2023）第 130709 号

书　　　名：从道德语言到道德思考——R.M.黑尔的道德哲学研究
　　　　　　Cong Daode Yuyan Dao Daode Sikao——R.M.Hei'er de Daode Zhexue Yanjiu
著　　　者：郭立东
丛 书 名：思问文库

出 版 人：侯宏虹
总 策 划：张宏辉
丛书策划：张宏辉　张宇琛
选题策划：张宇琛
责任编辑：张宇琛
责任校对：毛张琳
封面设计：周伟伟
责任印制：王　炜

出版发行：四川大学出版社有限责任公司
　　　　　地址：成都市一环路南一段 24 号（610065）
　　　　　电话：（028）85408311（发行部）、85400276（总编室）
　　　　　电子邮箱：scupress@vip.163.com
　　　　　网址：https://press.scu.edu.cn
印前制作：四川胜翔数码印务设计有限公司
印刷装订：成都市金雅迪彩色印刷有限公司

成品尺寸：145mm×210mm
印　　张：12.25
插　　页：2
字　　数：327 千字

版　　次：2010 年 2 月 第 1 版
　　　　　2023 年 10 月 第 2 版
印　　次：2023 年 10 月 第 1 次印刷
定　　价：58.00 元

扫码获取数字资源

四川大学出版社
微信公众号

本社图书如有印装质量问题，请联系发行部调换